T0369722

DUMBARTON OAKS
MEDIEVAL LIBRARY

Jan M. Ziolkowski, General Editor

OLD ENGLISH LIVES OF SAINTS

VOLUME III

ÆLFRIC

DOML 60

Old English Lives of Saints

VOLUME III

ÆLFRIC

Edited and Translated by

MARY CLAYTON
and
JULIET MULLINS

DUMBARTON OAKS
MEDIEVAL LIBRARY

HARVARD UNIVERSITY PRESS
CAMBRIDGE, MASSACHUSETTS
LONDON, ENGLAND
2019

Printed in the United States of America

First Printing

Library of Congress Cataloging-in-Publication Data

Names: Aelfric, Abbot of Eynsham, author. | Clayton, Mary, 1954– editor, translator. | Mullins, Juliet, editor, translator. | Aelfric, Abbot of Eynsham. Lives of saints. | Aelfric, Abbot of Eynsham. Lives of saints. English. (Clayton and Mullins)

Title: Old English lives of saints / Aelfric ; edited and translated by Mary Clayton, and Juliet Mullins.

Other titles: Lives of saints | Dumbarton Oaks medieval library ; 58–60.

Description: Cambridge, Massachusetts : Harvard University Press, 2019. | Series: Dumbarton Oaks medieval library ; 58–60 | Includes bibliographical references and index. | Text in Old English with English translation on facing pages; introduction and notes in English.

Identifiers: LCCN 2019015955 | ISBN 9780674425095 (v. 1 ; alk. paper) | ISBN 9780674241299 (v. 2 ; alk. paper) | ISBN 9780674241725 (v. 3 ; alk. paper)

Subjects: LCSH: Christian saints—Biography—Early works to 1800. | Christian women saints—Biography—Early works to 1800. | Christian literature, English (Old) | Devotional literature, English—Early works to 1800.

Classification: LCC PR1527 .A23 2019 | DDC 270.092/2 [B]—dc23

LC record available at https://lccn.loc.gov/2019015955

Contents

24. Saint Oswald 1

25. Exaltation of the Holy Cross 23

26. Saint Maurice and His Companions 41

27. Saint Dionysius 57

28. Saint Martin 83

29. Saint Edmund 185

30. Saint Cecilia 207

31. Saints Chrysanthus and Daria 235

32. Saint Thomas 263

33. Saint Vincent 295

CONTENTS

Abbreviations 323
Note on the Text 327
Notes to the Text 337
Notes to the Translation 363
Bibliography 385
Index 391

SAINT OSWALD

24

Saint Oswald

Nonis Augustis: Natale sancti Oswaldi, regis et martyris

Æfter ðan ðe Augustinus to Englalande becom,
wæs sum æðele cyning Oswold gehaten
on Norðhymbra lande, gelyfed swyþe on God.
Se ferde, on his iugoðe, fram freondum and magum
to Scotlande on sæ and þær sona wearð gefullod,
and his geferan samod þe mid him siþedon.
Betwux þam, wearð ofslagen Eadwine his eam,
Norðhymbra cynincg, on Crist gelyfed,
fram Brytta cyninge Cedwalla geciged,
and twegen his æfter-gengan binnan twam gearum.
And se Cedwalla sloh and to sceame tucode
þa Norðhymbran leode æfter heora hlafordes fylle
oþþæt Oswold se eadiga his yfelnysse adwæscte.
Oswold him com to and him cenlice wiðfeaht
mid lytlum werode, ac his geleafa hine getrymde,
and Crist him gefylste to his feonda slege.
Oswold þa arærde ane rode sona
Gode to wurð-mynte, ær þan þe he to ðam gewinne come,
and clypode to his geferum: "Uton feallan to ðære rode

24

Saint Oswald

August 5: The Feast of Saint Oswald, King and Martyr

After Augustine came to England, there was a noble king called Oswald in Northumbria, who believed devoutly in God. In his youth, he left friends and relatives and traveled by sea to Scotland and was immediately baptized there, together with his companions who traveled with him.

In the meantime, his uncle Edwin, king of Northumbria, who believed in Christ, was killed by a British king called Cadwalla, as were his two successors within two years. And this Cadwalla killed the Northumbrian people and treated them shamefully after the fall of their lord until the blessed Oswald put an end to his wickedness. Oswald advanced to meet him and fought bravely against him with a small troop, but his faith strengthened him, and Christ helped him to slaughter his enemies. Immediately before advancing into battle, Oswald raised a cross to honor the glory of God and called to his companions: "Let us fall down before the cross

and þone Ælmihtigan biddan þæt he us ahredde
wið þone modigan feond þe us afyllan wile.
God sylf wat geare þæt we winnað rihtlice
wið þysne reðan cyning to ahredenne ure leode."
Hi feollon þa ealle mid Oswolde on gebedum,
and syþþan on ærne-morgen eodon to þam gefeohte
and gewunnon þær sige swa swa se wealdend him uðe
for Oswoldes geleafan, and aledon heora fynd,
þone modigan Cedwallan mid his micclan werode,
þe wende þæt him ne mihte nan werod wiðstandan.
Seo ylce rod siððan þe Oswold þær arærde
on wurð-mynte þær stod, and wurdon fela gehælde
untrumra manna and eac swilce nytena
þurh ða ylcan rode, swa swa us rehte Beda.
Sum man feoll on ise þæt his earm tobærst
and læg þa on bedde gebrocod forðearle
oðþæt man him fette of ðære fore-sædan rode
sumne dæl þæs meoses þe heo mid beweaxen wæs,
and se adliga sona on slæpe wearð gehæled
on ðære ylcan nihte, þurh Oswoldes geearnunga.
Seo stow is gehaten Heofonfeld on Englisc,
wið þone langan weall þe þa Romaniscan worhtan,
þær þær Oswold oferwann þone wæl-hreowan cynincg,
and þær wearð siþþan aræred swiðe mære cyrce
Gode to wurð-mynte þe wunað a on ecnysse.
Hwæt ða Oswold ongann embe Godes willan to smeagenne,
sona swa he rices geweold, and wolde gebigan
his leoda to geleafan and to þam lifigendan Gode.
Sende ða to Scotlande, þær se geleafa wæs ða,
and bæd ða heofod-menn þæt hi his benum getiþodon

and pray to the Almighty that he save us from the proud enemy that intends to bring us down. God himself knows well that we are fighting justly against this cruel king to save our people."

Then they all fell down in prayer with Oswald, and afterward at break of day they went into battle and won the victory there that the heavenly ruler granted them because of Oswald's faith, and they overcame their enemies, the proud Cadwalla with his great troop, who thought that no army could resist him.

Afterward, the same cross that Oswald had raised there stood in honor, and many sick people and animals also were healed through the same cross, as Bede has told us. One man fell on ice and broke his arm and then lay in bed severely hurt until someone fetched him a piece of the moss with which the cross of which we spoke before was covered, and the sick man was immediately healed in his sleep that same night, because of Oswald's merits. That place is called Heavenfield in English, near the long wall that the Romans built, where Oswald overcame the cruel king, and afterward a very famous church was built there to honor God who lives forever in eternity.

Well then, as soon as he took control of the kingdom, Oswald began to consider God's will, and he wished to convert his people to the Christian faith and to the living God. Then he sent to Scotland, where that faith was already, and asked the chiefs there to grant his requests and send

and him sumne lareow sendon þe his leoda mihte
to Gode geweman, and wearð þæs getiþod.
Hi sendon þa sona þam gesæligan cyninge
sumne ar-wurðne bisceop Aidan gehaten.
Se wæs mæres lifes man on munuclicre drohtnunge,
and he ealle woruld-cara awearp fram his heortan,
nanes þinges wilnigende butan Godes willan.
Swa hwæt swa him becom of þæs cyninges gifum
oððe ricra manna, þæt he hraðe dælde
þearfum and wædlum mid wel-willendum mode.
    Hwæt ða Oswold cyning his cymes fægnode
and hine ar-wurðlice underfeng his folce to ðearfe,
þæt heora geleafa wurde awend eft to Gode,
fram þam wiþer-sæce þe hi to gewende wæron.
Hit gelamp þa swa þæt se geleaffulla cyning
gerehte his witan on heora agenum gereorde
þæs bisceopes bodunge mid bliþum mode,
and wæs his wealh-stod forþan þe he wel cuþe Scyttysc,
and se bisceop Aidan ne mihte gebigan his spræce
to Norðhymbriscum gereorde swa hraþe þa git.
    Se biscop þa ferde bodigende
geond eall Norðhymbra land geleafan and fulluht
and þa leode gebigde to Godes geleafan,
and him wel gebysnode mid weorcum symle
and sylf swa leofode swa swa he lærde oðrum.
He lufode forhæfednysse and halige rædinge
and iunge men teah georne mid lare,
swa þæt ealle his geferan þe him mid eodon
sceoldon sealmas leornian oððe sume rædinge
swa hwider swa hi ferdon þam folce bodigende.

him a teacher who might lure his people to God, and this was granted. They immediately sent an honorable bishop called Aidan to the blessed king. He was a man famous for living a monastic way of life, and he had cast all worldly cares from his heart, wishing for nothing but God's will alone. Whatever gifts came to him from the king or from rich people, he quickly distributed to the poor and needy with a generous heart.

Well then, King Oswald was delighted at his arrival and received him with honor to help his people, that their faith might be converted back to God, away from the apostasy to which they had been turned. It came to pass then that it was the faithful king who explained the bishop's preaching to his counselors in their own language with a glad heart, and was his translator because he knew Irish well, and bishop Aidan could not translate his speech into the Northumbrian language quickly enough yet.

The bishop then traveled throughout all Northumbria preaching faith and baptism and converted the people to faith in God, and he always set them an example through his actions and lived himself just as he taught others to do. He loved abstinence and holy reading and eagerly educated young men with his teaching, so that all his companions who traveled with him had to learn the psalms or particular lessons wherever they went preaching to the people.

Seldon he wolde ridan, ac siðode on his fotum,
and munuclice leofode betwux ðam læwedum folce
mid mycelre gesceadwisnysse and soþum mægnum.
Þa wearð se cynincg Oswold swiðe ælmes-georn
and ead-mod on þeawum and on eallum þingum cystig,
and man ahrærde cyrcan on his rice geond eall
and mynsterlice gesetnysse mid micelre geornfulnysse.
Hit gelamp on sumne sæl þæt hi sæton ætgædere
Oswold and Aidan on þam halgan Easter-dæge,
þa bær man þam cyninge cynelice þenunga
on anum sylfrenan disce. And sona þa inn eode
an þæs cyninges þegna þe his ælmyssan bewiste
and sæde þæt fela þearfan sætan geond þa stræt,
gehwanon cumene to þæs cyninges ælmyssan.
Þa sende se cyning sona þam þearfum
þone sylfrenan disc mid sandum mid ealle,
and het toceorfan þone disc and syllan þam þearfum,
heora ælcum his dæl, and man dyde ða swa.
Þa genam Aidanus, se æðela bisceop,
þæs cyninges swyþran hand mid swiðlicre blysse
and clypode mid geleafan, þus cwæðende him to:
"Ne forrotige on brosnunge þeos gebletsode swyðre!"
And him eac swa geeode, swa swa Aidanus him bæd,
þæt his swiðre hand is gesundful oð þis.
Oswoldes cyne-rice wearð gerymed þa swyðe,
swa þæt feower þeoda hine underfengon to hlaforde:
Peohtas and Bryttas, Scottas and Angle,
swa swa se ælmihtiga God hi geanlæhte to ðam,
for Oswoldes geearnungum, þe hine æfre wurðode.
He fulworhte on Eferwic þæt ænlice mynster
þe his mæg Eadwine ær begunnon hæfde,

He seldom liked to ride, but traveled by foot, and lived as a monk among the laity with great discretion and true virtues.

Then king Oswald became very charitable and humble in manners and generous in all things, and churches and monastic foundations were built throughout all his kingdom with great devotion. It came to pass on one occasion that Oswald and Aidan sat together on a holy Easter Day, when a regal meal was brought to the king on a silver dish. And immediately one of the king's officials who oversaw his almsgiving entered and said that many poor people were sitting on the street, having come from everywhere for the king's alms. Then the king immediately sent the silver dish together with the food and all on it to the poor, and commanded them to cut up the dish and give it to the needy, to each of them his own portion, and so it was done. Then Aidan, the noble bishop, took the king's right hand with great joy and called out with faith, saying this to him: "May this blessed right hand never rot in decay!" And so it came to pass, just as Aidan had prayed for him, that his right hand is whole to this day.

Oswald's kingdom was greatly enlarged then, so that four nations submitted to him as their lord: the Picts and Britons, Scots and English, as almighty God united them for this purpose, because of the virtues of Oswald, who always worshiped him. In York, he completed the exceptional minster that his kinsman Edwin had begun previously, and he

and he swanc for heofonan rice mid singalum gebedum,
swiþor þonne he hogode hu he geheolde on worulde
þa hwil-wendlican geþincðu þe he hwonlice lufode.
He wolde æfter uht-sange oftost hine gebiddan,
and on cyrcan standan on syndrigum gebedum
of sunnan up-gange mid swyðlicre onbryrdnysse,
and swa hwær swa he wæs he wurðode æfre God
up awendum hand-bredum wiþ heofones weard.
On þam ylcan timan, com eac sum bisceop
fram Romebyrig Birinus gehaten
to West-sexena kyninge, Cynegyls gehaten,
se wæs ða git hæðen, and eall West-sexena land.
Birinus witodlice gewende fram Rome
be ðæs papan ræde þe ða on Rome wæs,
and behet þæt he wolde Godes willan gefremman
and bodian þam hæþenum þæs hælendes naman
and þone soðan geleafan on fyrlenum landum.
Þa becom he to West-seaxan, þe wæs ða gyt hæþen,
and gebigde þone cynincg Kynegyls to Gode,
and ealle his leode to geleafan mid him.
Hit gelamp þa swa þæt se geleaffulla Oswold,
Norðhymbra cyning, wæs cumen to Cynegylse,
and hine to fulluhte nam, fægen his gecyrrednysse.
Þa geafon þa cynegas, Cynegyls and Oswold,
þam halgan Birine him to bisceop-stole
þa burh Dorcanceaster, and he þær-binnan wunode
Godes lof arærende and gerihtlæcende
þæt folc mid lare to geleafan to langum fyrste,
oðþæt he gesælig siþode to Criste.
And his lic wearþ bebyrged on ðære ylcan byrig,
oðþæt Hædde bisceop eft his ban ferode

labored for the heavenly kingdom with constant prayers, much more than he considered how he might preserve in this world the transitory honors that he loved little. After matins he very often used to pray, and from sunrise stand in church in private prayer with great devotion, and wherever he was he always worshiped God with the palms of his hands turned up toward heaven.

At the same time, a bishop called Birinus also came from the city of Rome to the West Saxon king, called Cynegils, who was still a heathen then, as was all the land of Wessex. Birinus came from Rome, indeed, at the command of the pope who was then in Rome, and he promised that he would fulfill God's will and preach the name of the savior to the heathens and the true faith in distant lands. Then he arrived in Wessex, which was still heathen, and he converted the king Cynegils to God, and all his people with him to the faith.

Then it so happened that the faithful Oswald, king of Northumbria, was visiting Cynegils, and he stood as his sponsor in baptism, rejoicing in his conversion. Then the kings, Cynegils and Oswald, gave the episcopal seat of the city of Dorchester to holy Birinus, and he lived therein, promoting the praise of God and guiding the people to faith with his teaching for a long time, until he joyfully departed to Christ. And his body was buried in the same city, until Bishop Hedda afterward brought his bones to Winchester,

to Wintanceastre, and mid wurð-mynte gelogode
binnan Ealdan Mynstre, þær man hine wurðað gyt.
Hwæt þa Oswold cyning his cynedom geheold
hlisfullice for worulde and mid micclum geleafan,
and on eallum dædum his Drihten arwurðode,
oðþæt he ofslagen wearð for his folces ware
on þam nigoðan geare þe he rices geweold,
þa þa he sylf wæs on ylde eahta and þrittig geare.
Hit gewearð swa be þam þæt him wann on Penda,
Myrcena cyning, þe æt his mæges slege ær,
Eadwines cyninges, Cedwallan fylste.
And se Penda ne cuðe be Criste nan þincg,
and eall Myrcena folc wæs ungefullod þa git.
Hi comon þa to gefeohte to Maserfelda begen
and fengon togædere oðþæt þær feollon þa Cristenan
and þa hæðenan genealæhton to þam halgan Oswolde.
Þa geseah he genealecan his lifes geendunge,
and gebæd for his folc þe þær feallende sweolt,
and betæhte heora sawla and hine sylfne Gode,
and þus clypode on his fylle: "God gemiltsa urum sawlum!"
Þa het se hæþena cynincg his heafod of aslean
and his swiðran earm and settan hi to myrcelse.
Þa æfter Oswoldes slege, feng Oswig his broðor
to Norðhymbra rice, and rad mid werode
to þær his broðor heafod stod on stacan gefæstnod,
and genam þæt heafod and his swiðran hand
and mid ar-wurðnysse ferode to Lindisfarnea cyrcan.
Þa wearð gefylled, swa we her foresædon,
þæt his swiðre hand wunað hal mid þam flæsce,
butan ælcere brosnunge, swa se bisceop gecwæð.
Se earm wearþ geled ar-wurðlice on scrine

and with reverence placed them in the Old Minster, where he is still honored now.

Well then, King Oswald kept his kingdom with worldly glory and with great faith, and in all deeds he honored his Lord, until he was killed for the defense of his people in the ninth year in which he ruled the kingdom, when he himself was thirty-eight years old.

It came to pass in this way because Penda, king of the Mercians, who had formerly helped Cadwalla in the killing of his kinsman King Edwin, made war on him. And this Penda knew nothing about Christ, and all the people of Mercia were still unbaptized. They both engaged in battle at Maserfield and fought together until the Christians fell there and the heathens advanced upon the holy Oswald. Then he saw the end of his life approach, and he prayed for his people who died there as they fell, and commended their souls and himself to God, and called out in this way as he fell: "God have mercy on our souls!"

Then the heathen king ordered his head and his right arm to be cut off and had them displayed as a trophy. Then after Oswald's death, his brother Oswig succeeded to the kingdom of Northumbria, and rode with an army to where his brother's head stood fixed on a stake, and he took the head and his right hand and with reverence brought them to the church on Lindisfarne. Then the prophecy was fulfilled, as we said earlier, that his right hand remains whole in the flesh, without any decay, as the bishop had proclaimed. The arm was laid with reverence in a shrine made of silver in

of seolfre asmiþod on sancte Petres mynstre
binnan Bebbanbyrig, be þære sæ strande,
and lið þær swa andsund swa he of aslagen wæs.
His broðor dohtor eft siððan on Myrcan wearð cwen,
and geaxode his ban and gebrohte hi to Lindesige,
to Bardanige mynstre, þe heo micclum lufode.
Ac þa mynster-menn noldon, for menniscum gedwylde,
þone sanct underfon, ac man sloh an geteld
ofer þa halgan ban binnan þære lic-reste.
Hwæt þa God geswutelode þæt he halig sanct wæs
swa þæt heofonlic leoht, ofer þæt geteld astreht,
stod up to heofonum swilce healic sunn-beam
ofer ealle ða niht, and þa leoda beheoldon
geond ealle þa scire swiðe wundrigende.
Þa wurdon þa mynster-men micclum afyrhte,
and bædon þæs on mergen þæt hi moston þone sanct
mid ar-wurðnysse underfon þone þe hi ær forsocon.
Þa ðwoh man þa halgan ban and bær into þære cyrcan
ar-wurðlice on scrine, and gelogodon hi upp,
and þær wurdon gehælede þurh his halgan geearnunge
fela mettrume menn fram mislicum coþum.
Þæt wæter þe man þa ban mid aþwoh
binnan þære cyrcan wearð agoten
swa on anre hyrnan, and seo eorðe siþþan
þe þæt wæter underfeng wearð manegum to bote.
Mid þam duste wurdon afligde deofla fram mannum
þa þe on wodnysse ær wæron gedrehte.
Eac swilce þær he feol on þam gefeohte ofslagen
men namon þa eorðan to adligum mannum,
and dydon on wæter wan-halum to þicgenne,
and hi wurdon gehælede þurh þone halgan wer.

Saint Peter's Minster in Bamborough, by the seashore, and it lies there as whole as when it was cut off.

His brother's daughter afterward became queen in Mercia, and learned about his bones and brought them to Lindsey, to Bardney Minster, which she greatly loved. But, on account of human folly, the monks had no desire to receive the saint, but a tent was pitched over the holy bones within the coffin. Well then, God revealed that he was a holy saint when a heavenly light, extended over the tent, shone up to heaven like a heavenly sunbeam throughout the night, and the people throughout the district looked upon it with great wonder. Then the monks became greatly afraid, and requested that they might receive with honor in the morning the saint whom they had previously shunned. Then the holy bones were washed and brought reverently to a shrine in the church, and they placed them up high, and many infirm people were healed from various illnesses through his holy merit. The water with which the bones were washed within the church was poured out into a corner, and afterward the earth that had absorbed the water was used as a remedy for many. With that dust devils were driven from people who had been afflicted by insanity. Likewise, people took the earth from the place where he fell slain in the battle to sick people, and put it in water for the ill to drink, and they were healed by that holy man.

Sum weg-farende man ferde wið þone feld,
þa wearð his hors gesicclod and sona þær feol,
wealwigende geond ða eorðan wodum gelicost.
Mid þam þe hit swa wealweode geond þone wid-gillan feld,
þa becom hit embe lang þær se cynincg Oswold
on þam gefeohte feoll, swa swa we ær foresædan,
and hit sona aras swa hit hrepode þa stowe,
hal eallum limum, and se hlaford þæs fægnode.
Se ridda þa ferde forð on his weg
þider he gemynt hæfde. Þa wæs þær an mæden
licgende on paralisyn lange gebrocod.
He began þa to reccenne hu him on rade getimode,
and mann ferode þæt mæden to þære fore-sædan stowe.
Heo wearð ða on slæpe and sona eft awoc,
ansund eallum limum fram þam egeslican broce.
Band þa hire heafod and bliðe ham ferde,
gangænde on fotum swa heo gefyrn ær ne dyde.
Eft siððan ferde eac sum ærend-fæst ridda
be ðære ylcan stowe and geband on anum claþe
of þam halgan duste þære deor-wurðan stowe
and lædde forð mid him þær he fundode to.
Þa gemette he gebeoras bliðe æt þam huse.
He aheng þa þæt dust on ænne heahne post
and sæt mid þam gebeorum blissigende samod.
Man worhte þa micel fyr to middes ðam gebeorum,
and þa spearcan wundon wið þæs rofes swyðe
oðþæt þæt hus færlice eall on fyre wearð,
and þa gebeoras flugon afyrhte aweg.
Þæt hus wearþ ða forburnon buton þam anum poste
þe þæt halige dust on ahangen wæs.
Se post ana ætstod ansund mid þam duste,

A traveling man rode toward Heavenfield, when his horse became ill and immediately fell there, rolling over the earth quite as if the creature were insane. While it was rolling through the large field in this way, it came at length to where King Oswald had fallen in battle, as we said previously, and as soon as it touched that place it rose up, healed in all its limbs, and its owner rejoiced at this. The rider then went forth on his way to where he had intended to go. At that place a young woman had lain afflicted for a long time by paralysis. He began then to tell of what had happened to him on that ride, and the young woman was brought to the place of which we spoke before. Then she fell asleep and immediately after awoke, healed in all her limbs from the terrible disease. Then she covered her head and happily traveled home, walking as she had never done before.

Afterward, a rider on an errand passed by that same place and wrapped some of the holy dust from that precious place in a cloth and carried it on with him to where he was traveling. Then he met some cheerful drinking companions at the house. He hung the dust onto a high post and sat with the drinkers celebrating together. A huge fire was made in the midst of the drinkers, and the sparks flew toward the roof quickly until the whole house was suddenly on fire, and the drinkers fled in fear. The house was destroyed by the fire except for the one post on which the holy dust was hanging. Only the post with the dust remained unharmed, and they

and hi swyðe wundroden þæs halgan weres geearnunga,
þæt þæt fyr ne mihte þa moldan forbærnan.
And manega menn siððan gesohton þone stede
heora hæle feccende and heora freonda gehwilcum.
Þa asprang his hlisa geond þæt land wide,
and eac swilce to Irlande and eac suþ to Franclande,
swa swa sum mæsse-preost be anum men sæde.
Se preost cwæð þæt an wer wære on Irlande gelæred
se ne gymde his lare, and he lithwon hogode
embe his sawle þearfe oððe his scyppendes beboda,
ac adreah his lif on dyslicum weorcum
oððæt he wearð geuntrumod and to ende gebroht.
Þa clypode he þone preost (þe hit cydde eft þus)
and cwæð him to sona mid sarlicre stemne:
"Nu ic sceall geendian earmlicum deaþe,
and to helle faran for fracodum dædum.
Nu wolde ic gebetan, gif ic abidan moste,
and to Gode gecyrran and to godum þeawum,
and min lif awendan eall to Godes willan.
And ic wat þæt ic ne eom wyrðe þæs fyrstes
buton sum halga me þingie to þam hælende Criste.
Nu is us gesæd þæt sum halig cyning
is on eowrum earde Oswold gehaten:
nu, gif þu ænig þincg hæfst of þæs halgan reliquium,
syle me, ic þe bidde." Ða sæde se preost him:
"Ic hæbbe of þam stocce þe his heafod on stod,
and gif þu gelyfan wylt, þu wurþest hal sona."
Hwæt þa se mæsse-preost þæs mannes ofhreow
and scof on halig wæter of þam halgan treowe:
sealde þam adligan of to supenne,
and he sona gewyrpte and syððan leofode

were greatly amazed at the holy man's merits, that the fire could not burn that earth. And after that many people sought that place in search of a cure for themselves and for each of their friends.

Then his fame spread widely throughout that land, and likewise to Ireland and south to the Frankish lands, as a certain priest recalled in the case of a particular man. The priest said that there was a learned man in Ireland who paid no attention to his doctrine, and little considered the needs of his soul or his creator's commands, but spent his life in foolish deeds until he became sick and his death neared. Then he called to the priest (who later told this story) and said to him straightaway with a sorrowful voice: "Now I must die a wretched death, and go to hell for my wicked deeds. If I could live longer, I would make amends, and turn to God and to good deeds, and dedicate my whole life to God's will. And I know that I am not worthy of this respite unless some saint intercedes to the savior Christ for me. Now we are told that in your country there is a holy king called Oswald: now, if you have any part of the saint's relics, give it to me, I implore you." Then the priest said to him: "I have a piece of the stake on which his head stood fastened, and if you will believe, then you will be healed immediately." Well then, the priest took pity on the man and shaved some of the sacred tree into holy water: he gave it to the sick man to sip, and he immediately recovered and afterward lived for a long

lange on wurulde and gewende to Gode
mid eallra heortan and mid halgum weorcum,
and swa hwider swa he com he cydde þas wundra.
Forþy ne sceall nan mann awægan þæt he sylf-wylles behæt
þam ælmihtigan Gode þonne he adlig bið,
þe læs þe he sylf losige gif he alihð Gode þæt.

Nu cwæð se halga Beda þe ðas boc gedihte
þæt hit nan wundor nys þæt se halga cynincg
untrumnysse gehæle nu he on heofonum leofað,
forðan þe he wolde gehelpan þa þa he her on life wæs
þearfum and wann-halum and him bigwiste syllan.
Nu hæfð he þone wurð-mynt on þære ecan worulde
mid þam ælmihtigan Gode for his godnysse.

Eft se halga Cuðberht, þa þa he git cnapa wæs,
geseah hu Godes ænglas feredon Aidanes sawle,
þæs halgan bisceopes, bliðe to heofonum,
to þam ecan wuldre þe he on worulde geearnode.
Þæs halgan Oswoldes ban wurdon eft gebroht
æfter manegum gearum to Myrcena lande,
into Gleawceastre, and God þær geswutelode
oft fela wundra þurh þone halgan wer.
Sy þæs wuldor þam Ælmihtigan a to worulde. Amen.

time in the world and turned to God with all his heart and with holy deeds, and wherever he went he told of these miracles. Therefore, no one should neglect what he willingly promises to the almighty God when he is sick, in case he himself should perish if he denies it to God.

Now the venerable Bede who composed this book said that it is no wonder that the holy king should heal sickness now that he lives in heaven, because when he was alive he used to help the poor and ill and give them sustenance. Now he has glory in the eternal life with almighty God as a reward for his goodness.

Afterward, when he was still a young man, the holy Cuthbert saw how God's angels carried the soul of Aidan, the holy bishop, joyfully to heaven, to the eternal glory that he earned on earth. Saint Oswald's bones were afterward brought after many years to Mercia, to Gloucester, and there God often revealed many miracles through the holy man. May there be glory for this to the almighty God forever and ever. Amen.

EXALTATION OF THE HOLY CROSS

25

Exaltation of the Holy Cross

XVIII Kalendas Octobris: Exaltatio sanctae crucis

We wurðiað mid lof-sangum for ures geleafan trymminge
twegen dagas on geare, Drihtne to wurð-mynte,
for þære halgan rode siððan heo afunden wæs.
Þa Iudeiscan hi behyddon mid hetelicum geðance,
noldon þæt se maðm wurde mannum to frofre,
ac seo eadige Helena hi eft þær afunde
þurh Cristes onwrigennesse, swa swa he mid wundrum geswutelode,
and todælde þa rode swa swa Drihten hire gewissode,
and forlet þa ænne dæl on þære ylcan byrig
þe Crist on þrowode, swa swa us cyþað gewritu,
mid seolfre bewunden, and wende ham siððan
mid þam oþrum dæle þæs deor-wurþan treowes
to hire leofan sunu his geleafan to getrymmenne.
Nu freolsige we þone dæg þe heo on afunden wæs
þam hælende to wurð-mynte þe wolde on hire þrowian—
se bið ofer Eastrum on ymb-ryne þæs geares.
And we healdað on hær-fæste mid halgum þenungum

25

Exaltation of the Holy Cross

September 14: The Exaltation of the Holy Cross

To confirm our faith, we celebrate two days a year with songs of praise for the holy cross, to the glory of the Lord, ever since the time it was recovered. With hostile intention, the Jews hid it because they did not want this treasure to be a consolation for people, but the blessed Helena rediscovered it there through Christ's revelation, when he brought it to light by miracles, and she divided the cross as the Lord directed her, and left one piece, encased in silver, in the same city in which Christ suffered death, as writings tell us, and she returned home afterward to her dear son with the other piece of this precious tree to encourage his faith. Now we celebrate the day on which it was recovered in honor of the savior who was willing to suffer on it—this falls after Easter in the circuit of the year. And during the autumn we observe

oþerne freols-dæg on þam þe heo geferod wæs
eft to Hierusalem, swa swa we her-æfter secgað.
Hit gewearð for yfelnysse, swa swa foroft git bið,
þæt þa hæðenan leoda þæt land gehergoden,
and sum arleas cynincg Cosdrue gehaten
com mid micclum here to þære halgan rode,
þær Helena hi gesette on þære fore-sædan Hierusalem.
Gehergode þa þæt land and þa halgan rode genam
ham to his earde, arleaslice dyrstig.
He wæs swa up-ahafen and swa arleas brega
þæt he wolde beon god, and worhte þa of seolfre
ænne heahne stypel on stan-weorces gelicnysse,
and mid scinendum gymmum besette eall þæt hus,
and on þære up-flora eall mid readum golde
his cyne-stol geworhte, and wundorlice mid þeotum
wæter ut ateah: wolde renas wyrcan
swylce he sylf god wære. Ac he wæs ful dysig,
forþan þe se ren ne mihte manegum fremian.
He swanc þa git swiðor: wolde geswutelian his mihte
and het delfan þa eorðan digellice mid cræfte
swa þæt hors urnon embe þæt hus gelome
þurh þa digelan dica, dynigende mid fotum—
wolde þunor wyrcan, gewitleas swaðeah.
He sæt þa on þam huse swa swa healic god,
and gesette þa halgan rode to his heah-setle up
swilce him to geferan on his fracodnysse.
He sæt ða þær swa forð and his suna betæhte
ealne his cynedom, ac Crist hine fordyde.
Sum casere wæs on þam dagum, Cristen and gelyfed,
Eraclius gehaten, unearh on gefeohte,
and he his geleafan geglengde mid godum weorcum

with holy rites a second feast day on which it was brought back to Jerusalem, as we shall describe presently.

It came to pass by ill fortune, as it still often does, that heathen people ravaged the land, and a wicked king called Chosroes advanced upon the holy cross with a great army, to where Helena had placed it, in Jerusalem that we spoke of before. Then, full of wicked presumption, he ravaged that land and took the holy cross home to his country. He was so proud and so wicked a ruler that he wished to be a god, and made a high tower out of silver, in the likeness of stonework, and covered the whole building with shining gems, and on the top floor he made his throne all of red gold, and miraculously drew water through pipes: he intended to create rain as if he himself were a god. But he was full of foolishness, because the rain could not benefit many. Then he worked even harder: he wanted to demonstrate his power and ordered that the earth be dug out secretly by guile so that horses ran constantly around the building through the secret trenches, making a commotion with their feet—he wished to create thunder, though insane. Then he sat in the building like an exalted god, and placed the holy cross up by his throne as if it were a companion to him in his wickedness. Then he sat there from this time on, and he entrusted all his kingdom to his son, but Christ destroyed him.

In those days there was an emperor, a Christian and a believer, called Heraclius, undaunted in battle, and he embellished his faith with good deeds and honored God's

and Godes þeowas wurþode mid wel-willendum mode.
Ða com þæs Cosdruan sunu togeanes ðam casere:
wolde mid gefeohte gewinnan his rice.
Ða gewearð him bam þæt hi bealdlice twegen
to an-wige eodon on þære ea brycge,
and se ðe sige gewunne weolde þæs rices
butan þæra manna lyre þe him mid comon.
Hi þa ealle gecwædon þæt gif ænig man wolde
heora oðrum fylstan, þæt man hine sona gefenge
and foredum sceancum into þære ea wurpe.
Hi eodon þa begen on þære bricge togædere,
and se geleaffulla casere alede þone Godes feond,
Cosdrues sunu, and he siððan geweold
ealles his rices and rad him to Cosdrue.

Þa beah eall se here bliðelice to Eraclio,
and he hi underfeng and to fulluhte gebigde,
and nan man nolde cyþan Cosdrue þæt gewinn
forðan þe he wæs andsæte eallum his leodum.
Eraclius þa astah to þære sticolan up-flora
and cwæð to þam arleasan ardlice þas word:
"Lifes ic þe geann gif þu an-rædlice gelyfst
nu on hælend Crist, and cwyðst þæt þu wille
to fulluhte gebugan, and ic þin freond beo,
and ic þæ læte habban þis land to gewealde.
Gif þu þonne elles dest, þu scealt deaþe sweltan."
Þa nolde se Cosdrue on Crist gelyfan,
and Eraclyus sona his swurd ateah
and hine beheafdode and het bebyrigan.
And nam his gingran sunu siððan to fulluhte,
tyn wintra cnapa, and him cynedom forgeaf,
betæhte ða his here þone heagan stypel,

servants with goodwill. Then Chosroes's son advanced against this emperor: he intended to win his kingdom in battle. Then it was agreed between them both that the two boldly should engage in single combat on the bridge over the river, and that he who won victory would rule the kingdom without the loss of the lives of the men who had come with them. Then they all declared that if anyone intended to help either one of them, he should immediately be seized and thrown into the river with broken legs. Then they both advanced onto the bridge together, and the faithful emperor brought down the enemy of God, Chosroes's son, and he afterward took control of the whole kingdom and rode to Chosroes.

Then all the army happily submitted to Heraclius, and he accepted them and persuaded them to receive baptism, but no one wished to tell Chosroes about the battle because he was repugnant to all his people. Heraclius then climbed to the high upper level and spoke these words quickly to the wicked king: "I will grant you life if you will believe in the savior Christ resolutely now, and declare that you desire to submit to baptism, and I will be your ally, and I will let you keep control of this land. But if you do otherwise, you will be put to death." Chosroes refused to believe in Christ then, and Heraclius immediately drew his sword and beheaded him and ordered him to be buried. And afterward he stood sponsor in baptism to his younger son, a boy of ten years old, and he gave him the kingdom, and then consigned the high

mid eallum þam seolfre, and he sylf genam
þæt gold and þa gymmas into Godes cyrcan.
Ferode ða þa rode mid þæs folces meniu
ongean to Hierusalem, georne mid blisse.
Hi comon þa æt nextan, caflice ridende,
to þære fore-sædan byrig, and sæt se casere
on kynelicum horse, swa him gecwemast wæs.
Ac þa þa he inn wolde, þa wearþ þæt geat belocen,
swa þæt þa stanas feollon færlice togædere
and wearþ geworht to anum wealle swa.
Hi wurdon þa afyrhte for þam færlican tacne,
and beheoldon sarige sona to heofonum
and gesawon Drihtnes rode deor-wurðlice þær scinan,
and Godes engel hi bær bufan þam geate and cwæð:
"Þa þa se heofonlica cyning, Crist sylf, inferde
þurh þis ylce get to his agenre þrowunge,
næs he mid purpuran gescryd, ne mid cyne-helme geglenged,
ne he on stedan ne rad þurh þis stænene geat,
ac on assan hricge he rad ead-modlice
mannum to bysne þæt hi modignysse onscunion."
And æfter ðysum wordum, gewende se engel up.
Hwæt ða se casere caflice lihte,
þancigende Gode þære wissunge,
and dyde of his purpuran and his pellenan gyrlan,
eode þa mid nacodum fotum, and genam þa rode,
mid agotenum tearum God wurþigende.
Wearð þa Godes wundor on þam weorc-stanum:
þa ða se casere com mid ead-modnysse to,
þa toeodon ða stanas and geopenode þæt get.
Wæs eac oþer wundor, swa þæt wynsum bræð
stemde of þære halgan rode þa þa heo hamwerd wæs

tower to his army, together with all the silver, and he himself took the gold and the gems into God's church.

Then, eagerly and with joy, he brought the cross back to Jerusalem accompanied by a crowd of people. Riding quickly, they came at last to the city of which we spoke before, and the emperor sat on a regal horse, as was most pleasing to him. But when he wished to enter the city, the gate was locked, and suddenly the stones collapsed together and in this way were forged into a single wall. They were then afraid because of this sudden sign, and they sorrowfully looked immediately up to heaven and saw the Lord's cross shining exquisitely there, and an angel of God carried it over the gate and said: "When the heavenly king, Christ himself, entered through this same gate to his own passion, he was not clothed in purple, nor adorned with a royal crown, nor did he ride on a horse through this stone gate, but he rode meekly on the back of a donkey as an example to people that they should shun pride." And after these words, the angel ascended to heaven.

Well then, the emperor swiftly dismounted, thanking God for this lesson, and removed his purple and his rich clothing, and went with bare feet, and took the cross, praising God with pouring tears. Then a divine miracle was revealed in the masonry: when the emperor approached it with humility, the stones parted and the gate opened. There was also a second miracle, as a beautiful scent radiated throughout the land from the holy cross and per-

geond þæt land and þa lyfte afylde,
and þæt folc þæs fægnode, afylde mid þam bræðe.
Ne mihte nan wyrt-bræð swa wynsumlice steman,
and se casere þa clypode mid blysse:
"Eala þu wundorlice rod, on þære ðe Crist wolde þrowian
and ure wita adwescan mid his deor-wurþan blode!
Eala þu scinende rod swiþor þonne tungla,
mære on middan-earde, micclum to lufigenne,
halig treow and wynsum, þe wurþe wære to berenne
ealles middan-eardes wurþ! Gemunde þisne heap,
þe her gegaderod is Gode to wurð-mynte!"
Þa ahof se casere þa halgan rode up
on þære ylcan stowe þe heo on stod æt fruman,
ær þan þe se arleasa cynincg Cosdrue hi gename.
On ðam dæge geswutelode se soðfæsta hælend
wundorlice mihte þurh his þa mæran rode,
swa þæt an dead man aras on þam dæge sona,
and feower bed-rydan þær wurdon wundorlice gehælede,
and tyn lic-þroweras fram heora langsumum broce,
and fela wode menn heora gewit underfengon,
and manega untrume fram myslicum coþum
þær wurdon gehælede æt þære halgan rode
Criste to wurð-mynte. And se casere siððan
fela goda gedyde þær, and Godes cyrcan gegodode
mid landum and bigleofum, and Godes lof geedniwode.
Ferde ða to his cyne-stole to Constantinopolim,
mid micclum geleafan Godes mærða smeagende.
Nu is se dæg gecwæden on Cristenum bocum
Exaltatio sancte crucis, þæt is on Engliscre spræce:
"up-ahefednyss þære halgan rode,"
forþan þe heo wæs ahafen mid healicum wurð-mynte

meated the air when it made its way home, and, filled with the aroma, the people rejoiced. Nor could the perfume from any plant release so beautiful a smell, and the emperor called out with joy: "Oh marvelous cross, on which Christ was willing to suffer and put an end to our punishment with his precious blood! Oh cross shining brighter than the stars, glorious on earth, greatly to be loved, holy tree and beautiful, you were worthy to carry the treasure of all the earth! Be mindful of this congregation, which is gathered here in honor to God!" Then the emperor elevated the cross in the same place in which it had stood at first, before the wicked king Chosroes had taken it.

On that day the true savior revealed his wondrous power through his renowned cross, so that a dead man immediately rose on that day, and four bedridden people were miraculously healed there, and ten lepers were cured of their long-lasting disease, and many insane people recovered their sanity, and from various diseases many sick people were cured there at the holy cross to the glory of Christ. And the emperor afterward donated considerable wealth there, and endowed God's church with lands and sustenance, and restored the worship of God. Then he traveled to his royal capital in Constantinople, meditating with deep faith upon the greatness of God.

In Christian books this day is now called *Exaltation of the Holy Cross,* that is in English: "the elevation of the holy cross," because it was raised up with great honor on the day

on þam fore-sædan dæge, Drihtne to lofe.
Is swaþeah to witenne þæt heo is wide todæled,
mid gelomlicum ofcyrfum to lande gehwilcum,
ac seo gastlice getacnung is mid Gode æfre,
a unbrosnigendlic, þeah þe se beam beo tocoruen.
Þæt heofonlice tacn þære halgan rode
is ure guð-fana wiþ þone gramlican deofol,
þonne we us bletsiað gebylde þurh God
mid þære rode tacne and mid rihtum geleafan.
Þeah þe man wafige wundorlice mid handa,
ne bið hit þeah bletsung buta he wyrce tacn
þære halgan rode, and se reða feond
biþ sona afyrht for ðam sigefæstan tacne.
Mid þrym fingrum man sceall senian and bletsian
for þære halgan þrynnysse, þe is þrim-wealdend God.
  Hwilon cweþað preostas þæt Cristes læwa,
Iudas se arleasa, eft ne wurðe fordemed
on þam micclan dæge to þære deopan helle,
and cweþað þæt he mage wið Crist hine betellan,
swilce he neadunge gefremode þæt facn wið hine.
Ac we cweðað þær-togeanes, þæt Cristes word ne bið leas:
he cwæð be þan Iudan þæt him wære betere
þæt he geboren nære þonne he his læwe wære.
Næron þa Iudeiscan ne se dyrna læwe
þurh God geneadode to ðam gramlican geþeahte,
ac þa þa Crist geseah, se þe gesihð ealle þing,
heora yfelan willan, þa awende he hit to gode,
swa þæt heora yfelnyss us becom to hæle.
Ælc man þe yfel deþ mid yfelum willan
is scyldig wið God, þeah þe hit sumum fremige.
And ælc man þe god deð mid godum willan

of which we spoke before, in praise of the Lord. Nevertheless, let it be known that it is dispersed far and wide, with many pieces cut from it distributed to every land, but the spiritual meaning is with God forever, forever incorruptible, though the tree be carved up. The heavenly sign of the holy cross is our war banner against the fierce devil, when we bless ourselves with confidence in God with the sign of the cross and with true faith. Though someone may wave about their hands wondrously, yet it is not a blessing unless he makes the sign of the holy cross, and the fierce fiend will be terrified immediately by that victorious sign. A person must sign and bless himself with three fingers for the Holy Trinity, which is God ruling in glory.

Sometimes priests say that Christ's betrayer, the wicked Judas, will not be condemned afterward on that great day to deep hell, and they say that he may be able to defend himself before Christ, as if he had committed that treachery against him through necessity. But on the contrary, we say that Christ's word is never false: concerning Judas he said that it would have been better for him if he had never been born than to be his betrayer. Neither the Jews nor that secret traitor were compelled by God to that terrible design, but when Christ, who sees all things, saw their evil intention, then he turned it toward good, so that their evil became our salvation. Each person who commits evil with evil intention is guilty before God, even if it benefits some. And each person who performs good with a good intention has his reward

hæfð his mede æt Gode, þeah þe hit hearmige sumum,
forþan þe se riht-wisa dema deð ælcum þa mede,
be þam þe he sylf wolde and his willa him dihte.
Nu synd þa Iudeiscan and se sceamlease læwa
Cristes deaðes scyldige þe syrwdon be him,
þeah þe hit us become to ecere alysednysse,
and heora nan ne becymð to Cristes rice næfre,
butan þam þe hit gebettan and gebugan to Criste.
Swa milde is se hælend þæt he miltsian wolde
his agenum slagum gif hi gecyrran woldon
and biddan his miltsunge, swa swa heora mænig dyde,
swa swa se hundredes ealdor þe hine hetelice stang
on his halgan sidan, and siððan him beah to:
se hundredes ealdor hatte Longinus.
He geseah ða sona hu seo sunne aþystrode
fram mid-dæge oð non, and eall middan-eard bifode,
and stanas toburston. Þa beah he to Criste,
sleande his breost and secgende hlude:
"*Vere, filius dei est hic!*" "Soþlice, þæs is Godes sunu!"
He forlet ða his folgoð and ferde to þam apostolum
and wearð gelæred to geleafan þurh hi,
and mid fulluhte aþwagen fram his fyrlenum dædum.
He dælde þa his eahta ealle on ælmyssan,
and on clænnysse leofode swa swa Cristes ðegen,
on mycelre forhæfednysse, and þam hæþenum bodade
þone soþan geleafan and synne forgifennysse,
and towearp deofol-gild, and wundra gefremode
on Godes naman, oðþæt sum gramlic dema
hine gemartyrode mid micclum witum.
Ac he worhte fela wundra ætforan þam deman
betwux þam tintregum, and ablende þone deman

from God, even if it harms some, because the righteous judge shall give to each his reward, according to what he himself intended and as his will dictated. Now the Jews and the shameless traitor who plotted against him are guilty of Christ's death, though it has brought us to everlasting redemption, and none of them shall ever come to Christ's kingdom, except those who repent of it and turn to Christ.

The savior is so merciful that he would be willing to have mercy on his own executioners if they had been willing to convert and pray for his mercy, as many of them did, like the centurion who violently pierced him in his holy side, and after converted to him: this centurion was called Longinus. Then he saw immediately how the sun darkened from midday until the ninth hour, and all earth trembled, and stones broke apart. Then he turned to Christ, beating his breast and calling out loudly: "*Truly, this is the son of God!*" "Truly, this is God's son!" Then he abandoned his official position and went to the apostles and was instructed by them in the faith, and by baptism was cleansed of his former deeds. He then distributed all his possessions in alms, and lived in purity as a servant of Christ, in great abstinence, and preached true faith and forgiveness of sins to the heathens, and overturned heathen idols, and performed miracles in God's name, until a cruel judge martyred him by terrible tortures. But he performed many miracles before the judge amid his torments, and blinded the judge through the power of God,

þurh Godes mihte, þæt menn mihton tocnawon
hu mild-heort se hælend is þe hine mersode swa.
He wearð þa beheafdod for ðæs hælendes naman
þone þe he ær gewundode wæl-hreowlice on rode,
and wunað on ecnysse on wuldre mid him.
Octauius hatte se hæþena dema
þe hine acwealde, ac he com siððan
þær he ofslagen wæs and gesohte his lic,
biddende forgifennysse mid wope and heofunge.
Þa geseah he sona gesundfullum eagum,
þurh þone ylcan onliht þe hine ær ablende,
and se dema þa deor-wurðlice bebyrigde
Longines lic-haman, and gelyfde on Crist,
æfre wuldrigende God oðþæt he gewat of life.
Sy wuldor and lof þam wel-willendan Gode,
se ðe æfre rixað on ecnysse. Amen.

that people might realize how merciful the savior is who glorified him so. He was then beheaded for the sake of the savior whom he had savagely wounded on the cross, and lives in eternal glory with him.

Octavius was the name of the heathen judge who killed him, but afterward he approached the place where he was slain and looked for his body, praying for forgiveness with tears and lamentation. Then immediately he saw again with healed eyes, given sight by him who had previously blinded him, and the judge gave a costly burial to Longinus's body, and believed in Christ, forever glorifying God until he died. May there be glory and praise to the benevolent God, who reigns forever in eternity. Amen.

SAINT MAURICE AND HIS COMPANIONS

26

Saint Maurice and His Companions

X Kalendas Octobris: Passio sancti Mauritii et sociorum eius

Maximianus hatte sum hæðen casere
se ferde to Franclande mid mycelre fyrdinge:
wolde gewyldan mid wige þa leoda
þe wiþer-ræde wæron and his rice forsawon.
Se casere wæs cene and reðe
and deofol-gild beeode, dwollice libbende,
and acwealde Godes men mid micelre reðnysse.
Þa wæron on þære fyrde fela Cristene menn,
and an synderlic eorod of easternum leodum,
swiþe Cristene menn, þam casere folgiende
forþan þe hi sceoldon fyrdian, swa swa eall folc dyde.
An eorod is gecweden on ðam ealdan getele
six ðusend manna, and six hund and six and syxtig.
Swa fela manna wæron on þam fore-sædan eorode
swiþe gelyfede on þone lyfigendan God,
þeah þe heora hlaford wære wodlice hæðen.
On þam flocce wæron þa fyrmestan menn
Mauricius ærest, and Exuperius,

26

Saint Maurice and His Companions

September 22: The Passion of Saint Maurice and His Companions

There was a heathen emperor called Maximian who traveled to Gaul with a great army: he intended to subdue by means of war those peoples that were rebellious and rejected his rule. The emperor was brave and cruel and practiced idolatry, living heretically, and put God's people to death with great cruelty.

There were many Christian men in that army, and one separate legion of eastern peoples, devoutly Christian men, following the emperor because they had to do military service, as all people did. A legion is said in the old reckoning to consist of six thousand, six hundred and sixty-six men. There were this many men in this legion of which we spoke who devoutly believed in the living God, though their lord was insanely heathen. In this troop the men foremost in rank were Maurice first, then Exuperius, Candidus, and

Candidus, and Uitalis, and fela oþre to him,
and hi wæron geferlæhte on fæstum geleafan,
swa þæt hi noldon bugan to þam bysmorfullum hæþenscipe
fram þam lifigendan Gode þe hi on gelyfdon.
Hwæt þa Maximianus mid micclum þrymme ferde
oðþæt hi comon to muntum, and se manfulla wolde
siððan he þa muntas oferferde
his hæþen-gild habban, and het him to clypian
ealne þone here þæt hi his hæse gefyldon
and mid him geoffrodon ealle heora lac
þam deoflicum godum, Gode ælmihtigan to teonan.
Þa gewende seo eorod þe we ær embe spræcon
forð on heora weg and forflugon þæt deofol-gild:
noldon hi sylfe fordon mid þam deoflicum lacum,
ac ridon ofer twelf mila to Rodan þa ea,
and þær gelihton sona for ðam langsumum færelde.
And se casere wicode mid þam oþrum werode
wiþ ane litle burh Octodorum gehaten,
offrigende his lac mid þam ungeleaffullum
his arleasum godum: wolde hi gegladian
ær þan þe he to þam gefeohte come þæt hi him fylstan sceoldon.
Þa ongeat se casere þæt þa Cristenan þær næron,
and het ða mid graman his gegadan to faran
and beodon þam Cristenum þæt hi comon him to.
Hwæt ða ærend-racan ða ardlice ridon
and budon þam Cristenum ðæs caseres geban,
ac hi ealle cwædon mid an-rædum geleafan
þæt hi on þone lyfigendan God gelyfdon oð þæt,
and æfre on heora life on hine gelyfan woldon,
and cwædon to ðam ærend-racan þus oþrum wordum:

Vitalis, and many others besides them, and they were united in steadfast faith, so that they had no desire to convert to shameful heathenism from the living God in whom they believed.

Well then, Maximian advanced with a great army until they came to the mountains, and the wicked man intended to practice his idolatrous rites after he had traveled over the mountains, and ordered that the whole army be called to him to fulfill his command and all make their offerings to the diabolic gods with him, to the dishonor of God almighty. Then the legion about which we spoke earlier went on their way and avoided the idol worship: they did not intend to corrupt themselves with these diabolical offerings, but rode more than twelve miles to the river Rhone, and immediately dismounted there because of the lengthy journey. And the emperor encamped with the other troop near a little town called Martigny, offering his sacrifices with the infidels to his wicked gods: he intended to appease them before he came to the battle so that they should support him.

Then the emperor realized that the Christians were not there, and in anger he commanded his supporters to go to the Christians and summon them to come to him. Well then, the messengers rode hard and announced the emperor's decree to the Christians, but they all replied with resolute faith that they had believed in the living God until then, and that they intended to believe in him throughout their lives, and said this to the messengers in different words:

"We synd gearwe to gefeohte forð mid ðam casere,
ac we nellaþ gecyrran to his onsægednyssum."
Þa ridon þa ærend-racan raðe eft ongean
and cyddon þam casere þæt þa Cristenan noldon
his hæsum gehyrsumian to his hæþenscipe.
Maximianus wearð þa mid micclum graman ontend
and het þa hæþenan faran and þa halgan ofslean,
þæt men mihton geseon hu Maximianus gewræce
his agenne teonan and eac his goda.
And hi þa caflice ferdon to gefyllenne his beboda.
Hwæt þa Mauricius, se mæra godes ðegn,
and Exuperius, mid ead-modnysse afyllede,
tihton heora geferan þæt hi unforhte wæron,
and bædon þæt hi awurpan heora wæpna him fram
and for Cristes geleafan heora cwellerum onbugon,
bliþe to slæge, swa swa he sylf gebysnode
þa þa he het Petrum behydan his swurd.
Betwux þysum tihtingum tengdon þa hæþenan
mid andþrecum wæpnum to þam æwfaestum heape
and slogon þa Cristena swa swa se casere het,
wodlice mid wæpnum swa swa mann wudu hywð.
And þa Godes þægnas mid glædnysse efston,
astræhton heora swuran to slæge for Criste,
and noldon mid wæpnum winnan him togeanes,
ac efstan to geflites to þam anþræcum swurdum.
Eft ða se casere sende to þam cwellerum
and het þæt hi ne belæfdon of þam geleaffullum werode
nænne mann cucenne þe on Crist gelyfde.
And hi swa dydon swa him se deofles biggenga
mid graman bebead, and þa Godes menn acwealdon,
swa þæt þær an ne belaf of þam werode.

"We are ready to advance into battle with the emperor, but we do not intend to turn to his sacrifices."

Then the messengers rode quickly back again and told the emperor that the Christians refused to obey his command to convert to his heathenism. Then Maximian became consumed with burning anger and ordered the heathens to go and kill the saints, that people might see how Maximian would avenge his own dishonor, and also that of his gods. And then they went swiftly to fulfill his commands. Well then, Maurice, the illustrious servant of God, and Exuperius, filled with humility, encouraged their companions not to be afraid, and asked them to throw down their weapons and submit to their executioners for the sake of their faith in Christ, joyfully accepting death, following the example he himself had given when he ordered Peter to sheathe his sword. In the midst of these exhortations the heathens advanced upon the pious company with formidable weapons and killed the Christians as the emperor had ordered, chopping furiously with their weapons as one fells trees. And the servants of God joyously made haste, stretched out their necks to death for Christ, and refused to fight against them with weapons, but hastened to the terrible swords eagerly.

After this the emperor sent word to the executioners and ordered that they should not leave any man living from that faithful company who believed in Christ. And they did as the devil worshipper in anger commanded them, and killed the men of God, so that no one from that troop there

Þæra sawla underfengon sona Godes englas
manega of heofonum mid micelre blisse,
swa swa þa gelæredan Godes þeowas on lof-sangum singað.
Þa dældon þa cwelleras þæra Cristes martyra
wæpna and gewæda, forþan þe se wæl-hreowa het
þæt heora gehwilc hæfde of þam here-reafe
þæs mannes gewæda þe he mid wæpnum acwealde.
Æfter ðam gedale, þa dyrstigan cwelleras
gesæton him ætsomne mid swiðlicre blisse,
and fengon to gereorde mid fulum handum.
    Þa com þærto ridan sum Cristen man sona,
har-wencge and eald, se wæs gehaten Uictor.
Þa ongunnon þa cwelleras clypian þone ealdan
to heora gereorde, ac he hraðe axode
for hwilcum intingum hi wæron swa wundorlice bliðe,
oððe hu hi mihton ænigne mete þicgan,
betwux þam ofslagenum. Þa sæde heora sum
þæt hi Cristene wæron, and se casere hete
hi ealle ofslean oðrum to bysne.
Se ealde Uictor þa incundlice geomerode,
and hlude clypode: "Eala, come ic ær,
þæt ic mihte geendian mine ylde mid swylcum
and min ealde blod mid þissere eorode ageotan,
þæt ic heora wurð-myntes ne wurde bedæled!"
    Hwæt ða hæþenan þa hine bestodon,
and heton hine secgan mid swyðlicum þreate
hweþer he Cristen wære, þa he wilnode þyllices.
He beseah þa to heofonum, and sæde mid geomerunge:
"Eall middan-eard is mid miste befangen
deopre nytennysse, buton us Drihten Crist
oþþe his leoht forgife oþþe us læde on-weg.

survived. Immediately many of God's angels from heaven received their souls with great joy, as the learned servants of God sing in hymns. Then the executioners divided the weapons and clothes of Christ's martyrs, because the cruel emperor had ordered that each of them should have from the spoil the clothes of the man whom he had killed with his weapons. After the division of spoils, the presumptuous killers sat down together with great pleasure, and began to eat with unclean hands.

Then a Christian man called Victor, who was gray haired and old, immediately came riding to that place. Then the executioners summoned the old man to their feast, but he quickly asked for what reason were they so marvelously happy, or how they could eat any food, sitting among the slain. Then one of them said that they had been Christians, and that the emperor had ordered them all to be killed as an example to others. Old Victor then groaned inwardly, and called out loud: "Oh, had I come earlier, that I might have ended my old age with such men and shed my old blood with this legion, that I might not be deprived of their honor!"

Well then, the heathens surrounded him and with fierce threats ordered him to say whether he was a Christian, since he desired such a thing. He gazed up to heaven then, and with lamentation said: "All the earth is enveloped in a mist of deep ignorance, unless the Lord Christ either grant us his

And geunne me nu Crist, æfter þysre cyþnysse,
þæt ge me færan ne lætan fram þysum ofslagenum halgum!"
Æfter þysum wordum, seo wedende meniu
ofslogon þone Uictor þæt he feallende sweolt,
and he swa geearnode þa ecan myrhðe
mid þam halgum werum, swa swa he wiscte him-sylfum.
Hwæt wille we furðor secgan hu se unsæliga casere
his fyrdinge geendode, þonne he forferde on ende?
Ac uton þencan georne þonne we þyllic gehyrað,
þæt we þe beteran beon þurh þa boclican lare.
We sceolon swincan and oferswyðan unþeawas
mid godre drohtnunga Godes rice geearnian,
þæt we mid þam halgum þe we heriað nu
blissian moton, þeah we martyras ne beon.
We sceolon geþencan hu geþyldige hi wæron
þa þe for Cristes naman gecwylmede wæron:
hi man swang mid swipum, and on sæ adrincte,
oððe on fyre forbærnde, oþþe forð-wyrftum limum
to wæfer-syne tucode mid gehwilcum witum.
And on ælcum wawan hi wæron geþyldige,
and ælcne hosp hi forbæron for þæs hælendes naman.
Nu synd we swa asolcene þæt we swincan nellað
nan þincg fornean, ne urum lustum wiðcweþan,
wið þam þæt we moton þa micclan geþincða
habban on heofonum mid þam halgum martyrum.
Ne we nellað forberan an bysmorlic word
for ures Drihtnes naman, swa swa we don sceoldon,
ac butan geþylde and þeawfæstnysse we yrsiað
swa swa leo, and lythwon þencað hu we earmingas sceolon
æt þam ælmihtigan Gode ænige miltsunge begitan,
nu we swa recelease syndon and swa reþe us betwynan.

light or lead us away. And may Christ now grant me, after this confession, that you will not let me part from these slaughtered saints!" After these words, the infuriated crowd killed Victor so that he fell slain, and so he earned that eternal joy with the holy men, as he had wished for himself.

What further will we say about how the unfortunate emperor ended his campaign, seeing that he died at the end? But let us diligently contemplate when we hear of such things, that we may be improved through bookish learning. We have to struggle and overcome vice by good deeds in order to earn God's kingdom, that we may rejoice with the saints whom now we praise, though we are not martyrs. We must consider how long-suffering those who were killed for Christ's name were: they were beaten with whips, and drowned in the sea, or burned in fire, or with amputated limbs tormented with every punishment as a spectacle. And they were long-suffering through each ordeal, and they endured every scorn for the savior's name. Now we are so sluggish that we are hardly willing to work at anything at all, or to deny our desires, so that in exchange we might share those great honors in heaven with the holy martyrs. Nor are we willing to endure a single scornful word for our Lord's name, as we ought to do, but without patience and constancy we grow angry as a lion, and scarcely consider how we wretches ought to obtain any mercy from almighty God, now that we are so careless and so cruel among ourselves.

Geþyld is micel mægen and mannum nyd-behefe,
swa swa ure hælend cwæð to his halgum apostolum:
In patientia vestra possidebitis animas vestras.
"On eowrum geðylde ge geahniað eowre sawla."
Gif se geþyldiga man mid his þol-modnysse
his sawle gehylt, swa swa us sæde Crist,
þonne forlyst se yrsigenda wer his agene sawle
þurh wea-modnysse, and heo gewislice forfærð.
Gif we wislice libbað, swa swa us wissiað bec,
þonne mage we becuman to Cristes halgum
æfter ure geendunge and æfre mid him wunian.
Forþan þe þes middan-eard flihð aweg swyðe,
and ure dagas gewitað swa swa weg-færende men,
and se forþ-gewitena dæg ne went næfre ongean,
ac ælc tid us drifð forð to deaþe unþances.
Þa halgan þe we heriað and heora gelican
forsawon þisne middan-eard, þeah þe he myrge wære,
þa ða hi on life wæron, forþan þe hi gewilnodon þæs ecan.
Þa wæs langsum lif and liþe gewederu;
hælo on lic-haman on langsumere sibbe,
wæstm-bærnys on eorþan, and genihtsumnyss on spedum.
Ac swaþeah þa halgan eall þæt forhogodon,
and þæs ecan lifes eallunga gewilnodon.
Efne nu þæs middan-eard is for micclum geswenct
and mid manegum earfoðnyssum yfele geþreatod.
And þeahhwæþere we lufiað his earfoðnysse git,
and to þisum swicolum life we swincað and tiliaþ,
and to þam towerdan life, we tiliað hwonlice,
on þan þe we æfre habbað swa hwæt swa we her geearniað.
Hwilon þæs middan-eard teah menn fram Gode
mid his fægernyssum, and nu he fylst us to Gode

Patience is a great virtue and necessary for people, as our savior said to his holy apostles: *In your patience you will possess your souls.* "In your patience you will possess your souls." If the patient person keeps his soul because of his forbearance, as Christ said to us, then the wrathful man will lose his own soul through anger, and it will certainly perish. If we live wisely, as books direct us, then we will be able to come among Christ's saints after our death and live with them forever. For this earth very quickly passes away, and our days depart like travelers, and the departed day will never come again, but every hour drives us forward, unwillingly, toward death.

The saints that we praise and their like renounced this world, though it was full of pleasure, when they were alive, because they desired the eternal. Then life was long and the weather mild; there was physical health in long-lasting peace, fruitfulness on earth, and sufficiency in riches. But nevertheless, the saints despised it all, and truly desired life eternal. Right now this earth is greatly afflicted and evilly oppressed with many difficulties. And nevertheless we still love its afflictions, and we labor and toil for this treacherous life, and for the next life, in which we will forever have whatever we earn here, we labor little. Once this earth drew people away from God with its beauty, and now it helps us

forþan þe he is afylled mid fela earfoþnyssum.
Uton forþy awendan urne willan to Gode,
and to þam ecan life ure smeagunge nu,
þæt we eft moton þær æfre wunian,
swa swa Crist sylf behet þam þe hine lufiað.
Þam is wuldor and wurð-mynt a to worulde. Amen.

toward God because it is filled with many afflictions. Let us therefore turn our wills toward God, and our contemplation now to the eternal life, that we may live there forever, as Christ himself promised to those that love him. To whom is glory and worship forever. Amen.

SAINT DIONYSIUS

27

Saint Dionysius

VII Idus Octobris: Passio sancti Dionisii et sociorum eius

Paulus, ðeoda lareow, þa ða he geond land ferde
bodigende geleafan swa swa him bebead se hælend,
þa becom he on sumum dæge to sumere mæran byrig
Athenas gehaten, healic and mære,
þære Greciscra heafod-burh, on hæðenscipe wunigende.
Þær wæs Dionisius, se deor-wurða martyr,
þæra hæþenra lareow on heora geleafleaste,
oþþæt Paulus hine awende of woge to rihte.
Se Dyonisius geseah, mid sumum oþrum uðwitan
on Egypta lande þær hi æt lare wæron,
hu seo sunne aþystrode to sweartre nihte
fram mid-dæge oð non þa ða ure Drihten þrowode
for man-cynnes alysednysse, and hi micclum þæs wundrodon.
Þa cwæð Dyonisius: "Þeos deorce niht getacnaþ
micel leoht towerd eallum middan-earde,
þæt God sylf geswutelað soðlice mann-cynne."
He wæs þa iung mann þa ða þis geweard,

27

Saint Dionysius

October 9: The Passion of Saint Dionysius and His Companions

When he was traveling throughout the lands preaching the faith as the savior had commanded him, Paul, the teacher of the peoples, came one day to a great city called Athens, eminent and glorious, the capital city of the Greeks, who were living in heathenism. There Dionysius, the precious martyr, was a teacher of the heathens in their paganism, until Paul converted him from falsehood to righteousness. This Dionysius, with some other philosophers in Egypt where they were studying, had seen how the sun darkened to black night from midday until the ninth hour when our Lord suffered for the redemption of humanity, and they marveled greatly at it. Then Dionysius said: "This dark night signifies a great light approaching all the earth, which truly God himself will reveal to humanity." He was a young man when this

and him com þæt leoht to þurh Paules lare syððan,
swa swa we her secgað on þisre soðan rædincge.
Paulus eode þa gleawlice and heora godas sceawode,
ealle be ende-byrdnysse, and eac þa weofoda,
oþþæt he funde an weofod þe þis gewrit on stod:
Deo ignoto, þæt is on Englisc: "Uncuðum gode
is þis weofod halig." Þa bewende hine Paulus
to Dionisie, þam Drihtnes men, and cwæð:
"Hwæt is se uncuða god þe ge arwurðiað þus?"
Þa cwæð Dyonisius: "He is digle git mannum,
and is towerd on worulde, and gewylt ealle þing,
heofonas and eorþan, and his rice wunað
a, buton ende." Ða andwyrde Paulus:
"Hwæt þincð eow be þam gode: biþ he gast oððe man?"
Dyonisius andwyrde þam ar-wurðan Paule þus:
"He bið soðlice God and soðlice man,
and he sylf geedniwað þisne ealdan middan-eard,
ac he is git uncuð forþan þe he cucu wunað
mid Gode on heofonum." Þa cwæð se halga Paulus:
"Þone God ic eow bodige þone ðe ge hatað uncuðne:
he is acenned of Marian, þam mæran mædene,
and he þrowode deað sylf-willes for mannum,
and aras of deaðe þurh his drihtenlican mihte.
He astah eac to heofonum, to his halgan Fæder,
and sitt on his swiðran hand, soð God and soð man,
þurh þone synd geworhte ealle þincg on worulde,
and he cymð to demenne ælcum be his dædum
on ende þyssere worulde mid wuldorfullum englum."
Þa ða Paulus þær lange dæges geleafan þær bodode,
þa gelyfde Dyonisius on þone lifigendan God

happened, and the light came to him later through Paul's teaching, as we tell here in this true lesson.

At that time Paul diligently went and examined their gods, all in their order, and also the altars, until he found an altar on which this writing was inscribed: *To the unknown god*, that is in English: "This sacred altar is dedicated to an unknown god." Then Paul turned to Dionysius, the man of the Lord, and said: "What is this unknown god whom you venerate in this way?" Then Dionysius said: "He is still hidden from humanity, and is destined to come to the world, and will rule all things, heaven and earth, and his kingdom will endure forever, without end." Then Paul answered: "How does it seem to you: will this god be a spirit or a human?" Dionysius answered the honorable Paul in this way: "He will be truly God and truly human, and he himself will renew this old world, but he is still unknown because he is alive and living with God in heaven." Then Saint Paul said: "I will preach to you about that God whom you call unknown: he is born of Mary, the eminent virgin, and he suffered death of his own free will for the sake of humanity, and he rose from death through his divine power. He ascended also into heaven, to his holy Father, and sits on his right hand, true God and true man, by whom all things in the world are made, and he will come with glorious angels to judge each according to his deeds at the end of the world." When Paul had preached the faith there the whole day long, then Dionysius believed in the living God and recognized that his

and oncneow þæt his godas gramlice deofla wæron.
He bæd þa georne Paulum þæt he him gebæde fore
þone mild-heortan Drihten þæt he his discipulus wurde.
Eft on þam oþrum dæge, eode Paulus be þære stræt
and gemette ænne blindne mann se wæs geboren swa.
Se bæd gemahlice þone mæran Paulum
þæt he hine gehælde on þæs hælendes naman,
and se eadiga apostol his eagan gemearcode
mid þære halgan rode, þone hælend biddende
þæt he him gesihðe forgeafe, and he geseah sona
se ðe blind wæs geboren, and him bebead Paulus ðus:
"Gang to Dyonisie, nu þe God onlihte,
and sæge þæt he onette, swa swa he ær behet,
þæt he beo gefullod fram fyrnlicum synnum."
Þa eode se gehæleda, gehyrsum þam apostole,
and bead his hæsa bealdlice Dyonisie.
Dyonisius þa axode þone ærend-racan, ofwundrod:
"Eart þu, la, se blinda þe swa geboren wære?"
He andwyrde sona þam ar-wurþan were:
"Ic eom se ylca þe þu embe sprycst,
þe blind wæs geboren, and seo beorhte sunne
minum eagum ne scean oþ þisne andwyrdan dæg.
Ac se eadiga Paulus mine eagan onlihte
þurh his Drihtnes mihte, þe he mannum embe bodað."
Dionisius þa aras and hraðe efste to Paule
mid eallum his hiwum to ðam halgan fulluhte,
and wearð gefullod and folgode Paule
þreo gear tosomne swa hwider swa he siðode,
and deoplice undernam Drihtnes lare æt him
oðþæt se halga apostol hine gehadode to bisceope
to þære Atheniscan byrig, þær he geboren wæs,

gods were cruel devils. He then eagerly begged Paul to pray on his behalf to the merciful Lord that he might be his disciple.

Again, the next day, Paul went along the street and met a blind man who was born this way. He persistently begged the renowned Paul to heal him in the savior's name, and the blessed apostle marked his eyes with the sign of the holy cross, praying to the savior to grant him his sight, and he who was born blind saw immediately, and Paul ordered him to do this: "Go to Dionysius, now that God has granted you sight, and say that he should hurry, as he promised before, so that he may be cleansed of his former sins through baptism." Then the healed man went, obedient to the apostle, and boldly announced his command to Dionysius. Amazed, Dionysius then asked the messenger: "Are you the man who was born blind?" He answered the honorable man immediately: "I am the same man you speak about, who was born blind, and the bright sun never shone on my eyes until this very day. But the blessed Paul has given sight to my eyes through the power of his Lord, about whom he preaches to everyone." Dionysius then rose and hurried quickly with all his household to Paul for holy baptism, and he was baptized and followed Paul for three years in succession wherever he traveled, and he received the Lord's teaching from him with deep understanding until the holy apostle consecrated him as bishop over the city of Athens, where he had been born,

and het hine bodian bealdlice geleafan
and þæt halige god-spel þam hæðenum leodum.
Dionisius þa wunode, deoplice gelæred,
on þære fore-sædan byrig æt his bisceop-stole,
and bodode þam land-folce Godes lare georne,
þam þe he ær wæs lareow on heora geleafleaste.
He gebigde þa þa burh-ware to Gode
and þone mæstan dæl þæs man-cynnes to geleafan
and fela bec gesette be ðam soðan geleafan
and be engla werodum mid wundorlicre smeagunge
and to oþrum bisceopum þa bec asende
þa ðe Paulus gehadode and se halga Iohannes.
Sum þæra hatte Titus, sum Timotheus,
sum Policarpus, and gehwilce oþre.
Eac to Iohanne þam ar-wurðan god-spellere
he sende gewritu, þa þa he on wræc-siðe wæs
on Pathmo þam ig-lande, þa þa se arlease casere
Domicianus hine fordemde þyder.
Dionisius hine gefrefrode mid fore-witegunge þa
and sæde þæt he wiste þa gewislice þurh God,
þæt Iohannes sceolde siþian of þam ig-lande
eft to Asian lande, swa swa hit gelamp siððan,
and þær god-spel awritan, swa swa hit gewearð eft.
Dionisius þa ferde geond fela burga gehwider,
and geond land bodigende bealdlice geleafan,
and gebigde man-cynn micclum to Gode
and untrume gehælde on þæs hælendes naman,
oððæt he geaxode þæt þa ar-wurþan apostolas
Petrus and Paulus on cweart-erne wæron
on Romana byrig under þam reþan Nero.
Þa wolde Dionisius, gif hit gewurðan mihte,

and ordered him boldly to preach the faith and the holy Gospel to the heathen peoples.

Dionysius, a deeply learned man, then lived at his episcopal seat in the city of which we spoke before, and diligently preached God's doctrine to the people of that land, to whom he had previously been a teacher in their idolatry. He converted the citizens to God then and the majority of the people to faith and wrote many books about the true faith and with marvelous scrutiny about the orders of angels and sent these books to other bishops whom Paul and Saint John had consecrated. One of them was called Titus, another Timothy, one Polycarp, and several others. He also sent writings to John the honorable evangelist, when he was in exile on the island of Patmos, when the cruel emperor Domitian sentenced him to exile there. Dionysius comforted him at that time with prophecy and said that he knew certainly then, through God, that John would travel from that island back to Asia, as it afterward came to pass, and there he would write the Gospel, as it later transpired.

Dionysius then traveled through many cities in every direction, boldly preaching the faith throughout the region, and he converted people wholeheartedly to God and healed the sick in the savior's name, until he discovered that the honorable apostles Peter and Paul were in prison in the city of Rome under the cruel Nero. Then Dionysius hoped to

þrowian martyrdom mid þam apostolum,
and gewende þa ham mid wundorlicum ofste,
betæhte his bisceop-stol oþrum bisceope sona,
and ferde fram Greclande mid geferum to Rome
ofer langne wæg, æfre geleafan bodigende.
Hit gelamp ða swa, for his langsuman fære,
þæt þa halgan apostolas, swa swa se hælend wolde,
wæron gemartyrode æt þam manfullan Nero
ær þam þe Dionisius to Rome become.

He com þa æt nextan, siððan se casere Nero
his lif geendode earmlicum deaðe,
and wæs Clemens papa on Petres setle þa.
Se underfeng mid ar-wurðnysse þone æþelan bisceop,
and mid lufe geheold for his halgan drohtnunge.
Þa wunode se bisceop binnan Romebyrig,
mid Clemente papan cuðlice sume hwile,
oðþæt Clemens him cwæð to, swa swa Crist him gewissode:
"Gesihst þu, min leofa broðor, hu fela lande wuniað
gyt on hæðenscipe? And ures hælendes gerip
mænigfeald is on man-cynne and feawa wyrhtan þærto,
and þu eart gelæred geleaffullice þurh God
and on halgum mægnum micclum geglencged.
Far nu on Godes naman to Francena rice
swa swa Cristes cempa, mid cenum geleafan,
and beo þe forgifen to bindene and to alysenne,
swa swa ic underfeng æt minum fore-gengan,
þam halgan Petre, swa swa se hælend him forgeaf.
Ic cweðe þæt þu underfo eall Francena rice
to þinre bodunge, and beo Crist sylf mid ðe,
swa hwider swa þu gecyrst, swa swa he soðlice wæs
mid þam eadigan Petre and Paule on life.

suffer martyrdom with the apostles, if it could come to pass, and he then returned home with amazing speed, immediately committed his episcopal see to another bishop, and traveled with companions from Greece to Rome by a long route, always preaching the faith. Because of his lengthy journey, it came to pass that the holy apostles had been martyred by the wicked Nero, as the savior intended, before Dionysius reached Rome.

At last he arrived, after the emperor Nero had ended his own life in a miserable death, when Pope Clement was on Peter's throne. Clement received the noble bishop with reverence and treated him with love because of his holy conduct. The bishop then lived within the city of Rome for a while, on close terms with Pope Clement, until Clement said to him, as Christ guided him to: "Do you see, my dear brother, how many lands still remain in heathendom? Our savior's harvest is abundant among humanity, but there are few workers to reap it, and through God you are learned in accordance with the faith and magnificently adorned in holy virtues. Go now, in the name of God, to the Frankish kingdom as Christ's soldier, with bold faith, and may the power to bind and to release be granted to you, just as I received it from my predecessor, Saint Peter, as the savior granted it to him. I tell you that by your preaching you will take over responsibility for all of the Frankish kingdom, and may Christ himself be with you wherever you go, as truly he was with blessed Peter and Paul throughout their lives. Do not

Ne wanda þu nateshwon for þan wæl-hreowan folce;
swa man swiðor swincð, swa man selran mede underfehð."
He funde him þa geferan and he ferde gebyld
þurh þone Halgan Gast, þam hæðenum bodigende
Cristendom and fulluht, oðþæt he com to anre byrig
Parisius gehaten þam hæðenum tomiddes
on þæra Francena rice, and him fylste se hælend
mid tacnum and wundrum, swa þæt he gewylde þa hæþenan
and to geleafan gebigde þa burh-ware forhraðe.
He gebohte þa land æt anum geleaffullan men
and þær cyrcan arærde hraðe mid cræfte,
and Godes þeowas gehadode þe þam heofonlican Gode
þeowian mihton on mynsterlicre drohtnunge.
Hwæt þa Dionisius dæghwamlice gebigde
fela to geleafan mid his fægeran lare,
and his Drihtne geþeodde þam þe he þam deofle ætbræd,
and menn sohton þa cyrcan swiðe mid geleafan.
Swa fela wundra worhte se eal-wealdenda God
þurh þone halgan wer þæt þa wundra gebigdon
þa wiðer-rædan hæðenan to þæs hælendes geleafan
eallswa swiðe swa his bodung, swa us bec secgaþ.
He sende his geferan sume to Ispaniam
and to oðrum landum Godes lare to sawenne,
and he sylf unforht mid þam Francum wunode,
þe þa swiðost dweledon on deofles biggencgum.
Gelome þa hæðen-gildan þe þær heteloste wæron
gesamnodon heora gegadan and ceaste astyrodon
and comon mid wige to þam ar-wurðan were.
Ac swa hraðe swa hi gesawon his scinendan neb-wlite
mid þam heofonlican leohte, þonne ledon þa hæðenan
heora wæpna adune, and mid wundrunge hi astræhton

falter in any way on account of cruel people; the harder a person works, the better the reward he shall receive."

Dionysius provided himself with companions and went, emboldened by the Holy Spirit, preaching to the heathens about Christianity and baptism, until he came to a city in the midst of the heathens in Francia called Paris, and the savior assisted him with signs and miracles, so that he subdued the heathens and converted the citizens to faith very quickly. Then he bought land from a man of faith and quickly erected a church with skill, and consecrated servants of God who might serve the heavenly God in the monastic life.

Well then, Dionysius converted many to the faith on a daily basis with his fine teaching, and united to his Lord those whom he had rescued from the devil, and people sought the church eagerly with faith. The all-ruling God worked so many miracles through the holy man that the miracles converted the hostile heathens to the savior's faith just as much as his preaching, as books tell us. He sent some of his companions to Spain and to other lands to sow God's doctrine, and he himself remained unafraid among the Franks, who at that time erred most in worship of the devil. Often those idolaters who were the most hostile gathered their companions together and stirred up conflict and advanced upon the honorable man armed. But as soon as they saw his shining face glowing with heavenly light, then the heathens laid their weapons down, and in awe they

to þam halgan bisceope, biddende forgifennysse.
Oððe gif heora ænig nolde þonne git gelyfan,
ðonne wearð se afyrht and fleah him aweg.
Wundorlic Godes gifu, þæt þam wæpenleasan menn
ne mihton þa wæl-hreowan mid wæpnum wiðstandan,
ac him onbugon þa Francan and þa fyrlenan Norðmenn,
to þam wynsuman iuce wuldres cynincges.
Wurdon þa tobrocene wide geond þæt land
þæra hæþenra goda hus and anlicnyssa
þurh þæra manna handa þe hi macodon and guton,
and Godes gelaðung weox on geleafan swyðe.
Se ealde deofol, þe is mid andan afylled,
nam micelne graman ongean þone Godes man
for þæs folces gecyrrednysse fram his fulum biggengum,
and smeade hu he mihte þone micclan Cristendom
on suman wisan adwescan mid his searo-cræftum.
Ða wurdon æt nextan þa wæl-hreowan hæþen-gildan
mid teonan astyrode, swa swa hi tihte se deofol,
and sendon to Domiciane, þam deoflican casere
se ðe æfter Nero genyrwde þa Cristenan,
cyðende on gewritum be þam halgan were—
hu þurh his lare þæt land-folc wæs gebiged,
and eall seo burh-waru to Cristes biggengum—
and bædon hine inwerdlice þæt he his ar-wurðum godum
sumne ræd funde, þæt þe hraðor nære
heora gemynd adylegod þurh Dionisies lare.
Þis gewrit com ða to þam casere on Rome,
and he wearð sona wodlice astyrod,
swa þæt he het acwellan ealle þa Cristenan
þe he ofaxian mihte on eallum landum:
wolde þæt nan man ne belæfde Cristen.

prostrated themselves before the holy bishop, begging forgiveness. Or if any of them was still not willing to believe, then that one became afraid and ran away. God's grace is wondrous, that the bloodthirsty people with their weapons could not withstand this weaponless man, but the Franks and the foreign Northmen bowed in submission to the beautiful yoke of the king of glory.

Then the temples and images of the heathen gods were broken into pieces widely throughout the land by the hands of those people who had formed and cast them, and God's church grew greatly in faith. The old devil, who is filled with envy, took great offense against the man of God because of the people's conversion to Christianity from their foul worship of him, and he pondered how he might in some way extinguish this flourishing Christianity by his tricks. Then at last the cruel idolaters were provoked by anger, as the devil incited them, and they sent word to Domitian, the diabolic emperor who oppressed the Christians after Nero, reporting in letters about the holy man—how through his teaching the people of the land and all the citizens of the towns were converted to Christ's worship—and they asked him earnestly that he might form some plan for his venerated gods, so that their commemoration would not be obliterated at all through Dionysius's teaching.

Then this letter came to the emperor in Rome, and he immediately became insanely vexed, to the extent that he ordered that all the Christians that he could find in all the regions be killed: he intended that no Christian would

He sende eac sona sumne heah-gerefan
Sisinnius gehaten, swiðe hetel deofol,
mid manegum geferum to þæra Francena rice
þæt hi Dionisius, þæs Drihtnes þægen, sceoldon mid wæpnum acwellan
buton he wolde bugan to þam bysmorfullum godum.
  Hwæt þa Sisinnius mid swiðlicum prasse ferde
oðþæt he to þære byrig com þær se bisceop on wæs
lærende þæt læweda folc to geleafan georne.
Þa het se wæl-hreowa þone halgan wer gebindan,
and ænne mæsse-preost þe he him mid funde
Rusticus geciged and sumne erce-diacon
Eleutherius gehaten mid heardum cnottum samod.
Þas halgan weras æfre wunodon mid þam bisceope,
oðþæt hi togædere ealle to Gode ferdon.
Þa axode Sisinnius mid swiðlicum þreate
þone halgan wer sona hwylcne god he wurðode.
Hi cwædon þa ealle þry swilce mid anum muðe:
"We andettað mid muðe and on mode gelyfað
on þa Halgan Ðrynnysse, þe is heofonlic God,
þæt is Fæder, and Sunu, and se frefrigende Gast,
and we bodiað mannum middan-eardes alysednysse
þurh ðone halgan Sunu, þe se heofonlica Fæder
sylf-willes asende to slege for us."
  Sisinnius ða cwæð: "Secgaþ gif ge willað
þam casere gehyrsumian and on his godas gelyfan;
gif ge þonne nellað, nelle ic leng mid wordum
ac mid heardum swinglum his hæsa eow cyðan."
He het ða þone halgan bisceop unscrydan
and unmæðlice swingan, and he sang his gebeda
betwux þam witum, wurðigende his Drihten,

survive. He also immediately sent a prefect called Sisinnius, a really malevolent devil, with many companions to the Frankish kingdom to kill Dionysius, the Lord's servant, with weapons unless he would submit to the shameful gods.

Well then, Sisinnius traveled with great pomp until he came to the city in which the bishop was teaching the lay people diligently in faith. Then the cruel prefect ordered that the holy man be bound with stiff knots, together with a priest called Rusticus whom he found with him and an archdeacon called Eleutherius. These holy men had always lived with the bishop until they all departed to God together. Then immediately Sisinnius asked the holy man with a dire threat which god he worshiped. They all three answered as with one voice: "We confess with one mouth and believe with one heart in the Holy Trinity, who is the heavenly God, that is Father, Son, and comforting Spirit, and we preach the world's salvation to humanity through the holy Son, whom the heavenly Father sent of his own free will to die for us."

Sisinnius then said: "Say if you intend to obey the emperor and believe in his gods; if you do not intend to, then I shall not declare his orders to you any longer with words but with violent blows." Then he ordered the holy bishop be stripped and beaten remorselessly, and he sang his prayers between the tortures, worshiping his Lord, who could easily

þe hine eaðe mihte wiþ þa manfullan ahreddan.
Ac se halga sceolde on þam sceortum witum
his Drihtne geefenlæcen, and deað þrowian for hine,
swa swa Crist sylf dyde, þe sealde hine sylfne for us.
    Eft þa Sisinnius het swingan þone mæsse-preost
and eac þone diacon, Dionisies geferan,
and het hi siððan lædan tosomne on racen-teagum
to leohtleasum cweart-erne for heora geleaffulnysse.
He het hi eft swingan, and siððan þone bisceop
on isenum bedde astrehte and byrnenda gleda dyde
under his nacode lic, swa man Laurentium dyde,
ac se halga hine gebæd on þam bedde to Gode.
Þa het se wæl-hreowa hine wurpan deorum
þe wæron ofhingrode, þæt hi þone halgan wer abiton,
ac þa reðan deor swa hraðe swa hi him to comon,
lagon æt his fotum swylce hi afyrhte wæron.
Þa het se dema awurpan þone Drihtnes ðægen
into byrnendum ofne, ac his gebedu adwescton
ealne þone lig, and he belaf þær gesund.
Git þa se wæl-hreowa dema het wyrcan ane hencgene,
and het hon þone bisceop to bismore þæron,
and he swa hangigende þone hælend bodode
eallum ætstandendum, swa swa Andreas dyde.
Þa het se dema eft don hine of þære hencgene,
and lædan hi ealle þry to leohtleasum cweart-erne,
and fela oðre Cristene to þam cwealm-bærum huse.
    Hwæt ða se bisceop bliðelice tihte
mid lare þa Cristenan on þam cweart-erne to Gode
and him eallum mæssode. Þa mid þam þe he tobræc
þæt halige husel, þa com þær heofonlic leoht
ofer ealle þa meniu, swilc swa hi ær ne gesawon.

have saved him from these cruel men. But the saint had to imitate his Lord in these brief torments, and suffer death for him, as Christ himself did, who gave himself for us.

After this, Sisinnius ordered the priest and also the deacon, Dionysius's companions, to be beaten, and afterward he ordered them to be brought together in chains to a dark prison for their faith. He ordered them to be beaten again, and afterward he stretched the bishop on an iron bed and placed burning coals under his naked body, as was done to Lawrence, but the saint prayed to God on that bed. Then the cruel prefect ordered him to be thrown to the wild animals that were starving, that they might devour the holy man, but as soon as the fierce beasts came to him, they lay at his feet as if they were afraid. Then the judge ordered them to throw the Lord's servant into a burning oven, but his prayers extinguished all the flame, and he remained there unharmed. In addition, the cruel judge then ordered them to make a cross, and ordered them to hang the bishop in shame upon it, and as he was hanging there he preached the savior to all the bystanders, just as Andrew did. Then the judge ordered him to be taken down again from the cross, and to bring all three men to a dark prison, and many other Christians to that murderous place.

Well then, with his teaching the bishop happily exhorted the Christians in the prison to turn to God and celebrated the Mass for them all. When he broke the holy communion wafer, a heavenly light descended there over all the crowd, such as they had never seen before. The savior also appeared

Þær com eac se hælend mid þam heofonlican leohte,
and fela engla mid him, þær menn onlocodon,
and nam þæt husel þe ðær gehalgod wæs,
and cwæð to þam bisceope mid blyðre ansyne:
"Min leofa, underfoh þis, and ic mid minum Fæder
þe mid fulfremednysse gefylle þa gerynu,
forðan þe mid me is mycel med þe sylfum,
and þam ðe gehyrað hæl on minum rice.
Ongin nu stranglice, and þin gemynd stent on heorunge.
Seo lufu and wel-willendnys þe wunað on þinum breoste
for swa hwæne swa heo bit, heo bið tiða simle."
And æfter þysum wordum he gewende to heofonum.
Sisinnius eft het sona þæs on mergen
gefeccan þa halgan of þam fulum cweart-erne,
and het geoffrian heora lac þam lifleasum godum
gif hi heora lifes rohton oþþe rædfæste wæron.
Þa halgan þa þurhwunodon on ðæs hælendes geleafan,
and se woda dema wolde þa git cunnian,
gif he mihte, hi gebigan fram Godes biggencgum.
Het hi þa ealle beswingan eft swyðe mid gyrdum,
and siððan beheafdian for þæs hælendes geleafan.
Þa læddon þa hæðenan þa halgan to slæge,
and Dionisius þancode his Drihtne mid herunge
ealra þæra wundra þe he worhte þurh hine.
And hi wurdon beheafdode swa se wæl-hreowa het
mid scearpum æxum, and þær geswutelode God
swiðe micel wundor þurh þone mæran bisceop.
Þær com þa micel leoht to þæra martyra lice,
and þæs bisceopes lic mid þam leohte aras,
and nam his agen heafod, þe ofaheawen wæs
uppan ðære dune, and eode him forð þanon

there with that heavenly light, and a multitude of angels with him, where the people looked on, and he took the communion wafer that had been consecrated, and with a happy face said to the bishop: "My beloved, receive this, and with my Father I will fulfill these sacraments to perfection for you, because there is a great reward for you with me in my kingdom, and salvation for those who listen to you. Act bravely now, and your memory will be praised. The love and kindness that dwell in your heart will always receive what they ask for, no matter on whose behalf they ask." And following these words he returned to heaven.

Immediately afterward Sisinnius ordered the saints be fetched from the foul prison in the morning, and ordered them to make their sacrifices to the lifeless gods if they valued their lives or were prudent. The saints then persevered in their faith in the savior, and the infuriated judge wanted to try again to convert them from the worship of God, if he could. He ordered them all to be beaten again viciously with rods, and afterward to be beheaded for their faith in the savior. Then the heathens led the saints to their death, and Dionysius thanked his Lord with praise for all the miracles that he had performed through him. And they were beheaded with sharp axes as the cruel judge had ordered, and God revealed there a great miracle through his eminent bishop. A great light descended upon the bodies of the martyrs there, and the body of the bishop rose with the light, and he took his own head, which had been cut off upon the

ofer twa mila, þam mannum onlocigendum,
his Drihten herigende mid halgum lof-sangum.
And engla werod eac þær wynsumlice sungon,
oðþæt þæt lic becom þær ðær he licgan wolde
mid heafde mid ealle, and þa halgan englas
singallice sungon, swa swa us secgað bec.
Hwæt ða hæþenan þa þe gehyrdon þone sang
and þæt wundor gesawon awurpon heora gedwyld
and gelyfdon on Crist, and eac þa cwelleras sume.
And þær nan ne belaf þe gelyfan nolde,
ac gewendon him aweg, for þam wundrum afyrhte.
Þæt wæs syllic wundor: þæt se soðfæsta martyr
heafodleas mihte gan, God ælmihtigne herigende,
and eac swylce yrnan mid engla heapum.
Ac God wolde geswutelian þurh þæt syllice tacn
þæt his sawl leofode, þeah þe se lic-hama wære ofslagen,
and wolde mannum æteowian hu micelne geleafan
se halga wer hæfde to þam hælende on life.
Sisinnius swaþeah, se ungesæliga dema,
nolde on Crist gelyfan, ac het acwellan ealle
þe þurh Dionisies lare gelyfdon on God
mid mislicum witum swiþe wæl-hreowlice,
and heora sawla ferdon to þam soðfæstan life.
Þæs halgan preostes lic and þæs geleaffullan diacones,
Rusticus and Eleutherius, lagon uppan þære dune
þær hi beheafdode wæron mid þam halgan bisceope,
þa ða his lic awæg eode, swa swa we awriton ær.
Þa bæron þa hæðenan cwelleras þæra halgena lic
sona to scipe: woldon hi besencan on flode,
ac se ælmihtiga scyppend wiðsloh þam unræde.

hill, and went forth from there over a distance of two miles, with the people looking on, praising his Lord with holy hymns. And a troop of angels also sang beautifully there, until the body came to the place where he intended to lie with the head and all, and the holy angels sang continuously, as books tell us.

Well, those heathens who had heard the song and had seen the miracle cast aside their false belief and believed in Christ, as did some of the executioners also. And no one remained there who refused to believe, but they went away, frightened by the miracles. That was an extraordinary miracle: that the righteous martyr could walk headless, praising God almighty, and likewise move among troops of angels. But through this extraordinary sign God wished to reveal that his soul lived, though his body was slain, and he wished to demonstrate to people what great faith the holy man had in the savior during his life.

Nevertheless Sisinnius, the accursed judge, refused to believe in Christ, but ordered all who believed in God because of Dionysius's teaching be killed very savagely with various tortures, and their souls went to the true life. The bodies of the holy priest and the faithful deacon, Rusticus and Eleutherius, lay up on the hill where they had been beheaded with the holy bishop, when his body got up and left, as we recorded before. Then the heathen executioners immediately brought the bodies of the saints to a ship: they intended to sink them in water, but the almighty creator undid that evil scheme.

Sum æþelboren wif wæs þe wiste heora unræd
and gelaðode þa cwelleras swilce for cyððe hire to,
and fordrencte hi mid wine, and het dearnunga faran
þa hwile to þam scipe and forstelan þa lic,
and heold hi ar-wurðlice oþþæt seo ehtnys geswac
and se Cristendom acucode æfter þære cwealm-bærnysse.
Eft siðþan on fyrste feng þæt Cristene folc to
and worhton mære mynster ofer þæra martyra lic,
þær hi ealle ðry licgað on ænlicum wurð-mynte.
Þær beoþ fela wundra geworhte gelome
þurh þa halgan martyras mannum to frofre:
þær underfoð þa blindan þurh heora bena gesihðe,
and þa deafan heorcnunge, and þa healtan færeld,
and þa wodan þær beoð gewittige þurh hi,
and ungerime wundra þær wurðað foroft,
to lofe þæm Ælmihtigan þe leofað a on ecnysse. Amen.

There was a noble woman who was aware of their wicked plan and invited the executioners to her house as if for companionship, and she made them drunk with wine, and ordered men to go secretly to the ship meanwhile and steal the bodies, and she kept them honorably until the persecution ceased and Christianity revived after that destruction. Some time afterward the Christian people set to work and built an impressive minster over the bodies of the martyrs, where they all three lie in singular honor. Many miracles are frequently performed there through the holy martyrs to comfort people: there the blind receive sight through their prayers, and the deaf hearing, and the lame the ability to move, and the insane are restored to their wits through them, and countless miracles are performed there very often, to the praise of the Almighty who lives forever in eternity. Amen.

SAINT MARTIN

28

Saint Martin

Incipit vita sancti Martini,
episcopi et confessoris, Anglice

Sulpicius hatte sum snotor writere
ðe wolde awritan þa wundra and mihta
þe Martinus se mæra mihtiglice gefremode
on þisre worulde, and he wrat þa be him
þa ðing þe he ofaxode, oððe æt him sylfum
oððe æt oþrum mannum, forðan þe manegum wæron
his wundra cuþe þe God worhte þurh hine.
And we þæt Englisc nimað of þære ylcan gesetnysse,
ac we ne writað na mare buton his agene wundra.
1. Martinus, se mæra bisceop, wæs geboren on þam fæstene
Sabaria gehaten, Pannoniscre scire,
and on Ticinis he wæs afed Italian landes.
He com of hæðenum magum, æþel-borenum swaðeah,
of wurðfulre mægðe æfter woruld-þingum.
His fæder wæs ærest cempa and eft cempena ealdor,
and Martinus wæs gewenod to wæpnum fram cildhade
and campdome fyligde betwux larlicum gefylcum,

28

Saint Martin

[November 11]: Here Begins the Life of Saint Martin, Bishop and Confessor, in English

Sulpicius was the name of a wise writer who used to record the miracles and deeds of power that the famous Martin performed with his power in this world, and he wrote down those things about him that he had discovered, either from Martin himself or from other people, because the miracles that God performed through him were known to many. And we translate the English from that same account, but we will not record anything more than his own miracles.

1. Martin, the great bishop, was born in the fortified town called Sabaria, in the province of Pannonia, but he was brought up in Pavia in Italy. He came from parents who were heathen, though noble born, from a line honorable from a worldly point of view. His father was first a soldier and afterward a military tribune, and Martin was accustomed to weapons from his childhood and engaged in combat among the soldiers in training, first under Constantine,

ærest under Constantine, þam æþelan casere,
and eft under Iuliane, þam arleasan wiðer-sacan.
Na swaþeah sylf-willes, forþan þe he fram cildhade wæs swyðor
onbryrd þurh God to godcundlicum þeowdome
þonne to woruldlicum campdome, swa swa he cydde syððan.
Þa ða he wæs tyn wyntra þa wearð he gecristnod
his maga unþances, and on wundorlicum gemete,
sona to Godes þeowdome he wæs eall gehwyrfed.
And þa þe he wæs twelf wintra he gewilnode to westene,
and he hit eac gefremode gif he þa ylde hæfde.
His mod wæs swaþeah æfre embe mynstru smeagende,
oþþe embe cyrcan, and Godes gesetnyssum.
He smeade þa on cildhade þæt he siððan gefremode.
Þa wæs þæs casere bebod þæt þæra cempena suna
þe wæron forealdode wurdon genamode
to þam ylcan campdome þe heora fæderas on wæron,
and Martinus þa wearð ameldod fram his fæder,
þe on his weorcum andode. And he wearð geracen-teagod,
þa þa he fiftyne wintre wæs, betæht to þam gewinne
mid anum his þeowan, þe his gesiðe wæs
þam he sylf þenode swiþor þonne he him,
and samod hi gereordoden swa swa gelican.
Þreo gear he ferde mid þam folclicum cempum
buton gewæpnunge, ær þan þe he wære gefullod,
ungewemmed swaþeah fram woruldlicre besmitennysse
on þære þe mennisc-cynn micclum on syngað.
Embe his efen-cempan he hæfde wel-willendnysse,
and micele lufe, and gemetfæst geðyld,
and soðe ead-modnysse ofer mennisc gemett.
Swa micele forhæfednysse he hæfde on his bigleofan,

the noble emperor, and later under Julian, the wicked apostate. Nevertheless, this was not of his own free will, because from childhood he was more inspired by God to divine service than worldly warfare, as he afterward said. When he was ten years old he was catechized against the will of his family, and he was at once fully converted to God's service, to a miraculous extent. And when he was twelve years old he wished to retreat to the desert, and he would have accomplished it had he been old enough. Nevertheless, his mind was always contemplating the monasteries, or the churches, and God's commands. What he contemplated in childhood he later achieved.

Then there was an imperial edict that the sons of soldiers who had been discharged because of their age should be appointed to the same military service as their fathers had been in, and Martin was reported by his father, who was envious of his deeds. And when he was fifteen years old, he was bound in chains and assigned to the battle with one of his slaves, who was his companion whom he himself served rather than he him, and they ate meals together as equals. For three years he traveled with the ordinary soldiers without weapons, before he was baptized, nevertheless untarnished by worldly defilement in which humanity greatly sins. Toward his fellow soldiers he showed kindness, and great love, and gentle patience, and true humility beyond human measure. He showed such restraint in his food, as

swilce he munuc wære swiðor þonne cempa,
and for his æðelum þeawum his efen-cempan ealle
þa hine arwurðodon mid wundorlicre lufe.
He næs þa git gefullod, ac he gefylde swaþeah
þæs fulluhtes dæda mid fulfremedum weorcum
swa þæt he swincendum fylste, and fedde þearfende,
and nacode scrydde, and nan þing him sylfum
of his campdomes scipe on his seode ne heold
buton þæt he dæghwamlice to bigleofan hæfde,
swa swa þæt god-spel sægð: "Ne þenc þu be mergene."
2. On sumere tide, he ferde forð þurh ane burh
Ambianis gehaten on hetelicum wintra,
on swa swiðlicum cyle þæt sume men swulton þurh þone.
Þa gemette he ðær ænne þearfan nacodne,
biddende þa riddon þæt hi him sum reaf sealdon,
ac hi ridon him forð: ne rohton his clypunge.
Martinus þa ongeat þæt he moste him helpan
þa ða þa oþre noldon, ac he nyste swaþeah
hwæt he sealde þam nacodan, forþan þe he sylf næfde
naht butan his gewædum and his gewæpnunge,
forðan þe he on swilce weorc aspende ær his ðing.
He gelæhte ða his sex and forcearf his basing,
and sealde healfne dæl þam gesæligan þearfan
and þone healfan dæl he dyde on his hricg.
Þa hlogon his geferan þæs forcorfenan basinges;
sume eac besargodon þæt hi swilces naht ne dydon
þonne hi butan næcednysse him bet mihton tiðian.
On þære ylcan nihte he geseah on swefne
þone hælend, gescrydne mid þam healfan basinge
þe he sealde þam þearfan, and het þæt he beheolde

if he were a monk rather than a soldier, and because of his noble behavior all his fellow soldiers honored him with marvelous love. He was not yet baptized, but nevertheless he behaved as if he had been baptized with perfect actions so that he helped those in distress, and fed the needy, and clothed the naked, and in his purse he kept nothing from his military pay for himself except that which he needed for daily food, as the gospel says: "Do not think of tomorrow."

2. On one occasion, he was traveling through a city called Amiens in bitter winter, in such severe cold that some people died of it. Then he met a naked beggar there, entreating the riders that they give him some clothing, but they rode on: they paid no attention to his appeal. Martin then realized that he had to help him since the others refused, but he did not know, however, what he should give the naked man, because he himself had nothing except his clothes and his weaponry, because he had already distributed his possessions in similar works. Then he drew his short sword and divided his cloak, and gave one half to the delighted beggar and the other half he put on his own back. Then his companions laughed at the cut cloak; but some also regretted that they had not done something similar when they could have granted his request better without being naked.

In the same night, Martin saw the savior in a dream, dressed in the half cloak that he had given to the beggar, and

to his Drihtne werd and oncneowe þæt reaf þe he sealde þam þearfan.
Þær-rihte gehyrde se halga Martinus
þone hælend clypian to his halgum englum
mid beorhtre stemne, and to him ymbstandendum cwæð:
"Martinus, þe git nis gefullod, me mid þysum reafe gescrydde."
He gemunde þa his cwydes þe he cwæð on his god-spelle:
"Þæt þæt ge doð on minum naman anum of þysum læstum,
þæt ge doþ me sylfum," and forþi he geswutelode
hine sylfne Martine on swefne mid þam reafe
þe se þearfa underfeng for his naman on ær.
Se halga wer swaþeah næs ahafen þurh þa gesihþe,
ac Godes godnysse he oncneow on his weorce.
And þa þa he wæs eahtatyne wintre, he wearð gefullod on Gode,
nolde þeah git forlætan for his leofan ealdor-menn
þone folclican campdom, ac for his benum swa wunode
twa gear fullice siððan he gefullod wæs.
3. Hwæt ða færlice wearð þæs fyrlenan leodscipes
onræs into Gallias, and Iulianus se casere
gegaderode his here and began to gifenne
ælcum his cempum cynelice sylene,
swa swa hit gewunelic wæs. Þa wende Martinus
þæt he þa wel mihte wilnian æt þam casere
þæt he of þam campdome þa cuman moste:
him ne ðuhte na fremfullic þæt he fenge to þære gife
and syððan ne campode mid þam casere forð.
He cwæð þa to þam arleasan: "Oð þis ic campode þe;
geþafa nu þæt ic Gode campige heonon-forð,
and underfo þine gife se ðe feohte mid ðe.

he ordered him to look upon his Lord and recognize the clothing that he had given to the beggar. Immediately Saint Martin heard the savior call to his holy angels with a clear voice, and to those standing round him he said: “Martin, who is not yet baptized, clothed me with this cloak.” Then he was mindful of what he had said in his gospel: “Whatever you do in my name for the least one of these, you do for me myself,” and for this reason he revealed himself to Martin in a dream with the cloak that the beggar had earlier received in his name. Nevertheless, the holy man was not puffed up by this vision, but recognized the goodness of God in his deed. And when he was eighteen years old, he was baptized in God, but because of his beloved tribune he did not yet wish to abandon the worldly battle, but at his entreaties continued like this for two full years after he was baptized.

3. Well then, suddenly there was an invasion of a foreign people into Gaul, and the emperor Julian gathered his army and began to give a royal donation to each of his soldiers, as was customary. Then Martin thought that he could well request of the emperor to be discharged from military service: it did not seem to him to be to his advantage to take the donation and from then on not serve side by side with the emperor. He said to the wicked one: “Until now I have fought for you; allow me now from this time on to fight for God, and let someone who will fight with you receive your

Ic eom Godes cempa; ne mot ic na feohtan."
Đa gebealh hine se casere, and cwæð þæt he for yrhðe
þæs toweardan gefeohtes, na for eawfæstnysse,
hine sylfne ætbrude swa þam campdome.
Ac Martinus, unforht, to þam manfullan cwæð:
"Gif ðu to yrhðe þis telst and na to geleafan,
nu tomergen ic stande on mines Drihtnes naman
ætforan þam truman, and ic fare orsorh
mid rode-tacne gescyld, na mid readum scylde
oððe mid helme, þurh þæs heres werod."
Þa het se arlease healdan þone halgan
þæt he wurde wæpnlæs aworpen þam hæðenum.
On þam æftran dæg dydon þa hæðenan
þæt hi budon sybbe and hi sylfe þam casere
and ealle heora ðing to his anwealde.
Hwam twynað, la, forði þæt þæs geleaffullan weres
wære se sige, þa þa him wæs getiþod
þæt he wæpenleas nære aworpen þam here,
þeah þe se arfæsta Drihten eaþe
mihte gehealdan andsundne his cempan?
He ætbræd þæt gefeoht þæt furðon næron gewemmede
Martines gesihþa on oðra manna deaðe.
Hwilcne oþerne sige sceolde ure Drihten
syllan for his cempan selran þonne þone—
þæt nan man ne swulte, ac þæt hi to sibbe fengon?
4. Đa forlet Martinus, swa he gemynte gefyrn,
þone woruldlican campdom, and to þam halgan were ferde
Hilarium, þam bisceope on þære burh-scyre
þe is Pictauis gehaten, forðan þe he wæs acunnod
on Godes geleafan and on goddre lare,
and he þa wunode mid þam were sume hwile.

donation. I am a soldier of God; I may not fight." Then the emperor grew angry with him, and said that it was for fear of the upcoming battle, and not on account of piety, that he withdrew himself in this way from military service. But, unafraid, Martin said to the evil emperor: "If you consider this to be from fear and not faith, then tomorrow I will stand before the troop in my Lord's name, and without care for myself I shall advance protected by the sign of the cross, not with a red shield nor with a helmet, through the ranks of that army." Then the wicked one ordered the saint be detained so that he might be thrown weaponless to the heathens.

On the next day the heathens offered peace and to put themselves and all their possessions under the emperor's control. Who can doubt that this victory was granted because of this faithful man, when it was granted to him that he would not be thrown weaponless to the army, though the gracious Lord could easily have kept his soldier safe? He prevented the battle so that Martin's sight was not even tarnished by the death of other men. What other victory could our Lord give better than that for his soldier—that no one should die, but that they should make peace?

4. Then Martin abandoned the worldly military service, as he had previously intended, and traveled to the holy man Hilary, the bishop in the city that is called Poitiers, because he was proven in God's faith and in good doctrine, and Martin then stayed with that man for a while. Then the holy

Þa wolde se halga hadian hine to diacone,
ac he wiðcwæð gelome: cwæð þæt he wyrðe nære.
Þa underget se bisceop þæt he mihte hine gibigan
gif he him bude læssan had, and bead him þæt he wære
gehadod to *exorcista,* þæt we hatað "halsigend,"
þe ðe bebyt deoflum þæt hi of gedrehtum mannum faran.
And he þa ne forsoc þone ead-moddran had,
ac wearð swa gehadod æt þam halgan bisceope.

Þa æfter sumum fyrste he wearð on swefne gemynegod
þæt he sceolde his eþel and his eard geneosian,
and fæder and modor, þe fullice wæron hæþene.
And he ferde ða be leafa þæs fore-sædan bisceopes,
and he hine georne bæd þæt he ongean cuman sceolde.
Martinus þa ferde to þam fyrlenan lande,
and þa þa he com to muntum, þa gemette he sceaðan,
and heora an sona his exe up abræd:
wolde hine slean, ac him forwyrnde sum oþer
swa þæt he þæt hylfe gelæhte and wiðhæfde þæt slege.
He wearð swaþeah gebunden bæftan to his bæce
and heora anum betæht þæt he hine bereafode.
Þa ongan se hine befrinan hwæðer he forht wære,
oððe hwæt he manna wære, oþþe he Cristen wære.
Þa andwyrde Martinus him an-rædlice and cwæð
þæt he nære swa orsorh on eallum his life,
forþam þe he wiste towerde Godes
mild-heortnysse, swiþost on þam costnungum;
and cwæð þæt he besargode swiðor his gedwyldes,
þæt he unwyrðe wæs Godes mild-heortnysse.
Began ða to bodigenne þa god-spellican lare
swa lange þam sceaðan oþþæt he gelyfde on God,
and Martine fyligde, micclum hine biddende

man wished to ordain him as a deacon, but Martin frequently refused: he said that he was not worthy. Then the bishop realized that he could persuade him if he offered him a lesser position, and offered him the chance to be ordained as an *exorcist,* which we call "exorcist," who commands devils to leave possessed people. And he did not refuse the humbler office then, but was ordained such by the holy bishop.

Then after a period he was warned in a dream that he should visit his home and his land, and his father and mother, who were entirely heathen. And then he went with the permission of the bishop of whom we spoke, who earnestly requested him to return. Martin then traveled to the distant land, and when he came to the mountains, he met bandits, and immediately one of them raised up his ax: he intended to kill him, but another restrained him by seizing the handle and withholding the blow. However, his arms were tied behind his back, and he was handed over to one of them to rob him. Then this man began to ask him whether he was afraid, or what sort of man he was, or if he was a Christian. Then Martin answered him resolutely and said that he had never been so free from care in all his life, because he knew that God's mercy was present, especially in times of temptation; and he said that he was more sorry on account of his error, that he was rendered unworthy of God's mercy. Then he began to preach the gospel teaching to the bandit until he believed in God, and he followed Martin,

þæt he him fore gebæde. And he forð þurhwunode
on æwfæstre drohtnunge, and eft us þis cydde.
Þa þa he com to Mediolana, þa gemette he ænne deofol
on menniscum hiwe, and he Martinum befran
hwider he siðode. Þa sæde him se halga
þæt he þider ferde þe hine Drihten clypode.
Ða cwæð se scucca sona him to andsware:
"Swa hwider swa þu færst, oððe swa hwæt swa þu beginst,
þe bið wiþer-ræde se deofol." And se halga wer him cwæð to:
"Drihten me is on fultume, ne ondræde ic hwæt man me do,"
and se deofol þær-rihte fordwan on his gesihðe.
Martinus þa ferde forð swa he gemynte,
and his modor gebigde to Godes biggencgum
and to þam halgan fulluhte, þeah þe his fæder nolde
bugan of þam gedwylde. And þeah þurh Drihtnes fultum,
Martinus gerihtlæhte manega of þam folce.
Þa asprang geond ealle woruld Arrianes gedwyld,
and Martinus mid geleafan micclum wan ongean,
oðþæt he wearð geswenct mid swiðlicum witum,
and openlice beswungen, and of þære byrig adræfed.
He ferde þa ongean to Italian lande
and on Mediolana him mynster arærde,
forðan þe se foresæda Hilarius was afaren to wræc-siðe
for þam ylcan gedwylde, þe þa dwollice asprang.
Ac þa gedwol-men sona hine adrifon þanon,
and he ferde swa þanon to sumum iglande
Gallinaria gehaten mid anum halgum mæsse-preoste
se leofode on wæstene be wyrta morum lange.
Martinus þa on þære tide on his mete þigde
þa ættrian wyrt þe elleborum hatte,

persistently entreating him to pray for him. And from then on he maintained a pious way of life, and he later told us this story.

When he came to Milan, Martin met a devil in human form, and he asked Martin where he was traveling. Then the saint told him that he went wherever the Lord called him. Then immediately the demon said to him in answer: "Wherever you go, or whatever you undertake, the devil will be your opponent." And the holy man said to him: "The Lord is my help, I will not fear what anyone might do to me," and immediately the devil vanished from his sight. Martin then journeyed on as he had intended, and converted his mother to the worship of God and to holy baptism, though his father refused to renounce his heresy. And yet, with the Lord's help, Martin directed many of the people toward righteousness.

Then the Arian heresy spread abroad throughout all the world, and Martin vigorously fought against it with faith, until he was tortured with terrible torments, and publicly beaten, and expelled from the city. He then traveled back to Italy and founded a monastery in Milan, because the Hilary of whom we spoke before had gone into exile on account of the same heresy, which had sprung up erroneously at that time. But the heretics immediately drove him away from there, and so he traveled from there to an island called Gallinaria in the company of a holy priest who for a long period had lived on root vegetables in the desert. At that time Martin ate the poisonous herb called hellebore in his food, and

and þæt attor sona hine swiðe þreade,
fornean to deaðe. Ac he feng to his gebedum,
and eall seo sarnys him sona fram gewat.
Þa æfter sumum fyrste, þa ða he ofaxod hæfde
þæt se halga Hilarius ham cyrran moste
of þam wrec-siðe, þa gewende he to him,
and he mid ar-wurðnysse hine eft underfeng,
and Martinus ða siððan him mynster þær arærde
gehende þære byrig þe is gehaten Pictavis.

5. Ða com an gecristnod man and gecuð-læhte to Martine
and wunode mid him: wolde his lare underfon,
ac æfter feawum dagum he wearð færlice seoc,
swa þæt he forðferde ungefullod sona,
and se halga Martinus næs æt ham þa hwile.
Ða gebroþra sarige þa sæton ofer þæt lic,
and Martinus com þa micclum dreorig,
and het hi gan ut and behæpsode þa duru
and astrehte hine sylfne sona ofer þone deadan,
biddende his Drihten þæt he þone deadan arærde.
Þa æfter sumum fyrste he gefredde on his mode
þæt Godes miht wæs towerd, and he astod þa up,
anbidigende unforht his bena tiða.
Þa æfter twam tidum astyrode se deada
eallum limum and lociende wæs.
Þa clypode Martinus, micclum þancigende Gode.
And þa þe þær-ute stodon in stopon sona,
swiðe ablicgede þæt hi gesawon þa libban
þone þe hi ær forleton deadne.
He wearð þa sona gefullod, and he siððan leofode
manega gear, and mannum sæde
þæt he to þæs hextan deman heh-setle wære gebroht,

the poison immediately tormented him savagely, so that he was near to death. But he took to his prayers, and all the pain left him immediately. Then after a while, when he discovered that Saint Hilary had been allowed to return home from his exile, then he went to him, and he received him again with honor, and after that Martin established a monastery for himself near to the city that is called Poitiers.

5. Then a catechumen came and made himself known to Martin and lived with him: he wished to receive his teaching, but after a few days he suddenly fell ill, so that he immediately died unbaptized, and Saint Martin was not at home at that time. Then the brothers sat there sorrowing over the body, and Martin arrived, greatly anguished, and ordered them to leave and locked the door and immediately laid himself prostrate over the dead man, praying to his Lord that he might raise the dead man to life. Then after some time he sensed in his heart that God's power was present, and then he stood up, waiting unafraid for the granting of his prayers. Then after two hours the dead man stirred in all his limbs and began to look around. Then Martin called out, enthusiastically thanking God. And then those who stood outside immediately entered, greatly amazed that they saw him living whom they had previously left for dead. He was then immediately baptized, and he lived many years after, and told people that he had been brought to the

and þær him wæs gedemed to dimre stowe,
þær he unrot wunode mid woruld-mannum,
on witnungum þa hwile. And þa wearð gecyd
þurh twegen englas þam ælmihtigan deman
þæt he se man wære þe Martinus fore gebæd,
and þa wearð eft geboden þurh þa ylcan englas
þæt he wurde gelæd to life ongean
and Martine agifen, and hit wearð þa swa.
Þa asprang Martines hlisa geond þæt land wide,
þæt se þe halig wæs on weorcum wære apostolic wer gelyfed.
6. Eft æfter sumum fyrste, ferde se halga wer
ofer sumes þegenes land Lupicinus gehaten,
þa gehyrde he feorran færlice hream
wependre meniu, and he wearð þa gestedegod,
befrinende georne hwæt þæt færlices wære.
Him wearþ þa gesæd þæt sum ungesælig man
hine sylfne ahenge of þære hiw-rædene,
and swa hangigende hine sylfne adydde.
Martinus þa inneode þær se man læg dead,
and adræfde ut ealle þa meniu,
and hine sylfne astrehte ofer þone sawlleasan lic-haman
sume hwile on gebedum. And he sona geedcucode
and mid geornfulre elnunge up arisende wæs
and nam Martinus swiþran hand, and mid him astod,
and forðstop mid him on þæs folces gesihðe.
7. On þære ylcan tide, þæt Turonisce folc
wilnigende wæs þæt Martinus wære
to bisceope gehalgod to heora burh-scire,
ac Martinus nolde ut of þam mynstre na hwider,
oþþæt sum his neh-gebura gesohte his fet:
sæde þæt his wif lage swiðe gebrocod,

throne of the highest judge, and there he had been condemned to a dark place, where he had lived dejected with people of the world, in torments during that time. And then it was announced to the almighty Judge by two angels that he was the man for whom Martin was praying, and after that it was commanded again by the same angels that he be brought back to life and given to Martin, and so it was done. Then Martin's fame spread widely throughout the land, so that he who was holy in deeds was believed to be an apostolic man.

6. Again, after some time, the holy man traveled over the land of a prefect called Lupicinus, when suddenly from afar he heard the commotion of a weeping crowd, and he stopped, urgently asking what that sudden commotion was. He was told that an unfortunate man from the household had hanged himself, and by this hanging had killed himself. Martin then went in to where the man lay dead, and drove out all the crowd, and laid himself prostrate over the soulless body for a while in prayer. And he immediately returned to life and with eager zeal rose up and took Martin's right hand, stood with him, and proceeded out with him in the sight of the people.

7. At that same time, the people of Tours wanted Martin to be consecrated as bishop for their city, but Martin refused to go anywhere outside of the monastery, until one of his neighbors fell at his feet: he said that his wife lay terribly ill,

and begeat þa uneaþe þæt he ut ferde.
And seo burh-waru cepte hwænne he ut come,
and gelæhton hine sona and gelæddon to þære byrig
Turonia gehaten þæt he wurde gehadod.
Þa clypode eall seo meniu and cwædon an-modlice
þæt Martinus wære wyrðe þæs hades,
and gesælig sacerd to swilcum bisceopdome.
    Þær wæron bisceopas of gehwilcum burgum
to þære gecorennysse, þa wiðcwædon hi sume
þæt Martinus nære wyrðe swa miceles hades
for his wacum gyrlum, and þær wiðcwæð swiþost,
an þæra bisceopa, Defensor gehaten.
Ac he wearð gescynd þurh Godes seþunge:
þa sceolde man rædan sume rædinge him ætforan,
ac se rædere wæs utan belocen. Þa gelæhte sum preost
ænne sealtere sona, and þæt ærest gemette
rædde him ætforan, þæt wæs þis fers:
"Of unsprecendra muþe and sucendra,
þu fulfremedest þin lof, Drihten, for þinum feondum,
þæt þu towurpe feond and defensor."
Sona swa his fers wæs ætforan him geræd,
þa wearð þæt folc astyrod on swiðlicum hreame
þæt Godes sylfes seðung þær geswutelod wære,
and Defensor mihte his man þær tocnawan,
and þæt God wolde wyrcan his lof
on þam unscæððigan Martine and gescyndan Defensor.
    Þa underfeng se halga wer bisceop-hadunge þær,
and þone had swa geheold swa hit is unsecgendlic:
mid þære ylcan an-rednysse þe he ær onwunode,
mid þær ylcan ead-modnysse, and mid þam ærran reafe.
And swa he wæs gefylled mid geþungennysse

and with difficulty succeeded in getting him to go out. And the citizens lay in wait for when he should come out, and they immediately seized him and brought him to the city called Tours to be consecrated. Then all the crowd called out and said unanimously that Martin was worthy of the office, and a blessed priest for such an episcopacy.

Bishops from every city were there at the election, some of whom objected that Martin was not worthy of so prestigious an office because of his poor clothing, and one of the bishops, called Defensor, objected the most. But he was put to shame through God's testimony: for someone was supposed to read a lesson in front of them, but the lector was locked out. Then a priest seized a psalter immediately, and in front of them read the first thing that he found, which was this verse: "From the mouth of unspeaking and nursing infants, you have perfected your praise, Lord, because of your enemies, that you might overthrow the enemy and the defender." As soon as this verse was read out to them, the people were moved to cry out powerfully that God's own testimony had been revealed there, and that Defensor had to acknowledge his guilt, and that God wanted to bring about praise of himself in the person of the innocent Martin and shame Defensor.

Then the holy man received episcopal consecration there, and kept the office in such a way that is beyond telling: with the same resoluteness with which he had persevered before, with the same humility, and with his former clothing. And he was so filled with virtue and with the

and mid þæs hades wurðscype, þæt he mid weorcum gefylde
ge þone bisceopdom mid eallum wurðscipe
ge þone munuchad betwux mannum geheold.
He wæs soð-fæst on dome and estful on bodunge,
ar-wurðful on þeawum and þurh-wacol on gebedum,
singal on rædinge, gestæððig on his lece,
arfæst on gewilnunge, and ar-wurðful on his þenungum.
Eala, hwilc wel-willendnys wæs on his spræcum,
and hwilc geþungennys wæs on his þeawum,
and hu micel glædnys on gastlicum dædum
wunode on þam halgan mid healicre fremminge!
Eadig wæs se wer on þam ne wunode nan facn:
nænne he ne fordemde, ne nanum he ne forgeald
yfel mid yfele, ac he eaðelice forbær
manna teon-rædene mid micclum geþylde.
Ne geseah hine nan man nateshwon yrre,
ne on mode murcnigende, ne mislice geworhtne,
ac on anre an-rædnysse æfre wunigende,
ofer mannes gemet mid mycelre glædnysse.

Sume hwile he hæfde hus wiþ þa cyrcan;
þa æfter sumum fyrste—for þæs folces bysnunge
and for þære unstilnysse—he gestaðelode him mynster
twa mila of þære byrig, and seo stow wæs swa digle
þæt he ne gewilnode nanes oþres wæstenes.
On ane healfe þæs mynstres wæs an ormæte clif,
ascoren rihte adune, and seo deope ea
Liger gehaten læg on oðre sidan,
swa þæt man ne mihte to þam mynstre cuman
butan þurh ænne pæð þæt he in-ganges bæde.
Hund-eahtatig muneca on þam mynstre wunodon,
under Martines lareowdome mærlice drohtnigende,

dignity of the office that he carried out both the episcopal duties with all honor and preserved his monastic state among the people. He was just in judgment and devout in preaching, reverent in habits and vigilant in prayers, constant in reading, steady in his look, pious in desire, and honorable in his ministry. Oh, what kindness there was in his speech, and what excellence in his behavior, and what great joy in spiritual works there was in the saint to an outstanding extent! Blessed was that man in whom there was no deceit: he condemned no one, nor did he repay any evil with evil, but he calmly endured people's slander with great patience. No one ever saw him angry in any way, nor complaining in spirit, nor wavering in his disposition, but he always remained in the same steadfastness, with great joy beyond human measure.

For a while he had a house by the church; then after a time—as an example to the people and because of the noise—he founded a monastery for himself two miles from the city, and that place was so secluded that he desired no other wilderness. On one side of the monastery there was an enormous cliff, sheer right down, and on the other side lay the deep river called the Loire, so that no one could approach the monastery except along a single path where he might ask for admission. Eighty monks lived in that monastery, living gloriously under Martin's instruction, and all

and ealle heora þincg him wæron gemæne,
and þær nan man næfde nan þing synderlices,
ne hi cepes ne gymdon, ne naht syllan ne moston,
buta þam anum þe heora bigleofan forð dydon.
Ne moste þær nan broðor began nænne cræft
buton he hine gebæde oððe bec write.
Þa wæron gebysgode þa yldran gebroðra
on singalum gebedum, and seo iuguð wrat
and wunodon on stilnysse, swa swa him gewissode Martinus.
Atsomne hi æton on gesettum timan,
and hi wines ne gymdon, buton wan-halum mannum,
and manega þær hæfdon hæran to lice
and þær hnesce gewæda wæron to læhtre getealde.
Æþel-borene weras þær wunodon on þam mynstre
þe wæron estlice afedde, ac hi gewyldon hi swaþeah
to þære ylcan stiðnysse þe þær stod on þam mynstre,
and manega we gesawon siððan of þam bisceopas.
La, hwilc burh-scir wæs þe nolde bisceop geceosan
of Martines mynstre, for his mærum gebysnungum?
8. Ðær wæs þa gehende þam halgan mynstre
swilce an halig stow, swyðe gewurðod
fram folces mannum swilce ðær martyres lagon.
And þa ærran bisceopas arwurðoden þa stowe
and þær weofod gehalgodon, wolice swaðeah.
Martinus ða ne gelyfde þam leasum gedwimore,
ac axode smealice þa yldostan preostas
þæs martyres naman oþþe hwænne he gemartyrod wære,
ac heora nan nyste nan gewis be þam.
Þa nolde Martinus geneosian þa stowe
ne þam folce ne lyfde, ac for sume dæg to
mid feawum gebroþrum and stod æt þære byrgene,

their possessions were held in common, and no one there had anything individually, nor were they concerned about buying, nor could they sell anything, except those things that provided for their sustenance. No brother was allowed to engage in any art unless he was praying or writing books. The older brothers were occupied in constant prayer, and the young wrote and maintained silence, as Martin directed them. They ate together at set times, and they didn't care about wine, except for sick men, and many there wore haircloth next to the body and soft clothing was considered a sin. Noble-born men who had been brought up in luxury lived in the monastery, but nevertheless they subjected themselves to the same austerity that was established in the monastery, and we saw many of them become bishops afterward. Oh, what city was there that would not choose a bishop from Martin's monastery, because of his glorious example?

8. There was at that time in the vicinity of the holy monastery something resembling a holy place, devoutly venerated by the lay people as if martyrs were buried there. And the previous bishops had venerated that place and consecrated an altar there, though it was in error. Then Martin did not believe the false deception, but searchingly asked the oldest priests the name of the martyr or when he had been martyred, but none of them knew anything certain about him. Then Martin refused to visit the place or to allow the people to do so, but he set out one day with a few of the

biddende þone ælmihtigan God þæt he be þam geswutelode—
hwæt he soþlice wære oððe hwilcere geearnunge
þe þær bebyrged wæs and gewurðod oþþæt.
Þa beseah se halga wer to his wynstran healfe
and geseah þær standan ane atelice sceade,
and sæde þæt he wære ofslagen for ðyfþe
and on wite wunode, na on wuldre mid martyrum,
and wære gewurðod wolice fram þam folce.
Hit wæs wundorlic swaþeah þæt hine swutollice gehyrdon
ealle þe ðær wæron, ac hi ne gesawon hine
butan Martinus ana, þe hit him eallum sæde.
He het sona þa awæg don þæt weofod of þære stowe,
and þæt folc alysde fram þam leasum gedwylde.

9. Æft on sumne sæl siðode Martinus
on his bisceop-rice þa bær man þær an lic
anes hæðenes mannes þæt hi hine bebyrigdon.
Ða beheold Martinus þa hæðenan feorran,
and wende þæt hi bæron, swa swa heora gewune wæs,
heora deofol-gild dwollice ofer heora land,
and worhte þa rode-tacn wiþ þæs folces werd,
and bead him on Godes naman þæt hi hit ne bæron na furðor,
ac aledon þa byrðene. And þa bær-men sona
stede-fæste stodon, swilce hi astifode wæron.
Þær mihte wundrian se ðe wære gehende
hu þa earman bær-menn gebundene to earðan
wendon hi abutan. Woldon forð gan,
ac ða þa hi ne mihton of þære moldan astyrian,
þa asetton hi þæt lic and beseah ælc to oþrum,
swiðe wundrigende hwi him swa gelumpe.

brothers and stood at the tomb, praying to almighty God that he might reveal something about him—what he really had been or of what merit was the man who was buried and venerated there until now. Then the holy man looked to his left side and saw a hideous shade standing there, and he said that he had been executed for theft and lived in torment, not in glory with the martyrs, and that he was falsely venerated by the people. Nevertheless, it was amazing that all who were there heard him clearly, but no one saw him except only Martin, who reported it to all of them. He ordered the altar be taken away from that place immediately, and he freed the people from the false error.

9. Again, on one occasion Martin was traveling in his diocese when the body of a heathen man was being carried there so that they might bury him. Then Martin saw the heathens from a distance, and thought that they were erroneously carrying their idol throughout the region, as was their custom, and he made the sign of the cross in the direction of the people, and in the name of God commanded them to carry it no further, but lay down the load. And immediately the pallbearers stood fixed in place, as if they were rigid. Anyone who was nearby might wonder how the poor pallbearers turned themselves about in a circle, bound to the earth. They wanted to go forward, but when they could not stir from the ground, they put the corpse down and looked at each other, greatly marveling as to why this had

Ac þa þa Martinus oncneow þæt hi mid lice ferdon
na mid deofol-gilde, þa dyde he up his hand,
and sealde him leafe to siþigenne forð
and þæt lic to berenne to byrgene, swa swa hi gemynton.
Ðus se halga bisceop geband hi mid worde,
and eft þa ða he wolde, let hi awæg gan.

10. Se halga Martinus towearp sum hæðen-gild,
on sumere tide, on sumere stowe;
þa wæs an pin-treow wið þæt templ gefriðed,
swiðe halig geteald on þa hæþenan wisan.
Þa wolde he forceorfan eac swilce þæt treow,
ac ða hæðen-gildan þam halgan wiðcwædon:
sædon þæt hi ne mihton on heora mode findan
þæt he þæt treow forcurfe, þeah ðe he heora templ towurpe.
Ða cwæð se halga bisceop þæt on þam beame
nære nan synderlic halignyss, and sæde þam hæþenum
þæt hi swiðor sceoldon þone soðan God wurðian
and aheawen þæt treow þe wæs gehalgod deofle.
Þa cwæð an ðæra hæþenra to þam halgan bisceope:
"Gif þu ænigne truwan hæbbe on þinum Gode,
we forceorfað þæt treow and þu hit feallende underfoh,
and gif þin God is mid ðe, þu gæst aweg gesund."
Martinus ða unforht fæste on God gebyld,
behet þæt he wolde mid weorcum þæt gefyllan.
Hi þa ealle glæd-mode, begunnon to ceorfenne
þone heagan pin-beam, and he wæs ahyld
on ane healfe þæt man eaðe mihte witan
hwider he sigan wolde. And hi setton Martinum
þær-foran ongean, þæt he hine offeallan sceolde.
Þa wæron his munecas wundorlice afyrhte
and nan oðer ne wendon buton he wurde ðær ofhroren.

happened to them in this way. But when Martin realized that they were traveling with a corpse and not with an idol, then he raised his hand, and gave them his permission to travel on and bring the body to burial, as they had intended. In this way, the holy bishop bound them with a word, and again, when he wished, let them go away.

10. On one occasion, in a certain place, Saint Martin destroyed a heathen temple; there was a pine tree sheltered by the temple, considered very holy in the heathen manner. Then he wanted to cut down the tree also, but the idolaters opposed the saint: they said that they could not find it in their hearts that he should cut down the tree, though he had destroyed the temple. Then the holy bishop declared that there was no special holiness in that tree, and told the heathens that they should rather worship the true God and cut down the tree that was consecrated to a devil. Then one of the heathens said to the holy bishop: "If you have any trust in your God, we will cut down the tree and you will catch it as it falls, and if your God is with you, you will escape safe." Then, unafraid, firmly confident in God, Martin promised that he would act accordingly. Then, all in high spirits, they began to cut down the tall pine tree, and it was leaning in one direction so that one could easily determine where it would fall. And they placed Martin there opposite it, that it might crush him. Then his monks were greatly afraid and expected nothing else but that he would be crushed.

And se beam þa feallende beah to Martine;
Martinus þa unforht ongean þæt feallende treow
worhte rode-tacn, and hit wende þa ongean,
swilce hit sum færlic þoden þydde underbæc,
swa þæt hit offeol fornean þæs folces
micelne dæl þe þær orsorge stodon.
Þa hrymdon þa hæþenan mid healicre wunðrunge,
and þa munecas weopan for þære wundorlican blysse,
and hi ealle Cristes naman clypodon mid herunge,
and eall se leod-scipe to geleafan þa beah.
To þam swiðe hi wurdon þurh þæt wundor gecyrrede
þæt hi geond eall þæt land mid geleafan arærdon
cyrcan and mynstra, and Martinus æfre
swa hwær swa he þa deofol-gild towearp, swa worhte he cyrcan.

11. Hwilon eac se halga wer towearp an hæðen-gild,
þa sette he sona fyr on þæt feondlice templ
þæt hit bradum lige brastligende hreas.
Þa wende þæt fyr forð mid þam winde
to anum þære huse þe þær gehendost stod,
ac Martinus mid ofste uppon þæt hus astah
and sette hine sylfne ongean þone swegendan fyr.
Þær mihte wundor ða geseon se ðe wære gehende,
hu se wind and se lig wunnon him betwinan:
se wind bleow ðone lig, ac he wand ongean,
forbeah þone halgan wer þe on þam huse wæs,
and þæt an forbærnde þe him beboden wæs.

12. Eft on sumere wic ðe wæs Librosum gehaten,
wolde se halga Martinus towurpan an templ
þæt wæs þearle welig hus gewurðod þam deoflum.
Þa forwyrndon þa hæþenan þam halgan were þæs

And as it fell, the tree leaned toward Martin; unafraid, Martin made the sign of the cross against the falling tree, and it turned backward, as if some sudden whirlwind thrust it back, so that it very nearly fell on a large number of the people who were standing there without a care. Then the heathens shouted in great astonishment, and the monks wept in astonishing joy, and they all shouted out the name of Christ with praise, and all the people then turned to faith. They were so fully converted by that miracle that throughout all the region they established churches and monasteries with faith, and wherever Martin destroyed a heathen temple, he always erected a church.

11. Once also the holy man demolished a heathen temple, then immediately set the fiendish temple on fire so that it fell crackling in a vast flame. Then the fire turned away with the wind toward one of the houses that stood closest, but Martin rapidly climbed on top of the house and placed himself opposite the roaring fire. Then anyone who was close by could have witnessed a miracle, how the wind and the fire battled between themselves: the wind blew the flame, but it turned back, avoided the holy man who was on the house, and only burned that which it was commanded to.

12. Again, in a certain town called Levroux, Saint Martin wished to demolish a temple that was a very luxurious building venerated by the devils. Then the heathens refused the

and hine adræfdon gedrefedne þanon.
Þa ferde Martinus na swyðe feor þanon
and scrydde hine mid hæran and mid axan bestreowode,
fæstende þry dagas, and his Drihten bæd
þæt he mid heofonlicre mihte þæt hæðene templ tobrytte
þa þa he mid his cræfte hit tocwysan ne mihte.
Æfter ðam fæstene, him comon færlice to
twegen scinende englas mid sperum and scyldum
swilce on gelicnysse heofonlices werodes,
secgende þam halgan þæt se hælend hi sende
þæt hi þæt cyrlisce folc afligan sceoldon,
and Martine fultumian þæt hi ne mihton him wiðstandan.
Martinus þa ferde to ðam fore-sædan deofol-gilde,
and mid þæra engla fultume, mannum onlocigendum,
þæt tempel eall towearp and þa weofode to duste,
ealle þa anlicnyssa heora ar-wurðra goda.
Þa ne mihton þa hæðenan Martine wiðcweðan,
ac þurh þa godcundan mihte micclum wurdon afyrhte
and gelyfdon on God, mid geleafan clypigende
þæt se God wære to wurþigenne þe se halga wer bodode,
and heora godas to forlætenne, þe him fremion ne mihton.
13. Hwilon on sumere tide, swa swa us segð seo racu,
towearp se halga bisceop sum swiþlice hæþen-gild.
Þa sah him on sona þæt cyrlisce folc,
swyðe wedende swa swa hi wæron hæþene,
and heora an sona his swurd ateah.
Se bisceop, him togeanes, bræd of his ceppan
and aþenode his swuran þam sleandum hæþenum,
and se hæþena ða, þa þa he hine slean wolde,
þa feoll he under-bæc, mid fyrhte fornumen,
and bæd him forgifennysse æt þam halgan bisceope.

holy man this and drove him away from there deeply troubled. Then Martin went to a place not far from there and clothed himself in haircloth and covered himself with ashes, fasting for three days, and prayed to his Lord that with heavenly power he might destroy the heathen temple that he could not demolish by his own might. Following that fasting, two shining angels with spears and shields suddenly appeared to him resembling a heavenly army, declaring that the savior had sent them to the saint to expel the common people, and to help Martin so that they could not oppose him.

Martin then approached the pagan temple we spoke of before, and with the help of the angels, with people looking on, reduced all the temple and the altars to dust, and all the images of their venerated gods. Then the heathens could no longer resist Martin, but were very frightened by this divine power and believed in God, calling out with faith that the God of whom the holy man preached was to be worshiped, and their gods, who could be of no benefit to them, were to be abandoned.

13. Once, on a certain occasion, as the story tells us, the holy bishop demolished a huge pagan temple. Then immediately the common people pressed upon him on all sides, fiercely raging because they were heathen, and one of them immediately drew his sword. Approaching him, the bishop took off his cloak and stretched out his neck to the murderous heathen, and the heathen, when he tried to kill him, then fell backward, seized with terror, and begged forgiveness from the holy bishop.

Þysum weorce wæs sum oþer gelic,
þa þa he eac towearp sum oðer hæþen-gild.
Þa sloh sum hæþen man to þam halgan were,
ac mid þam swenge hæpte þæt swurd him of handum,
and ne mihte nan hit næfre syððan findan.
Witodlice foroft þa þa him wiðcwædon
þa hæþenan þæt he heora hæþen-gild
swa huxlice ne towende, þa bodode he him swa lange
þone soðan geleafan, oðþæt he geliþe-wæhte
to geleafan heora wurðfullan templ.
Swa micele mihte he hæfde menn to gehælenne
þæt nan adlig man naht eaðe him to ne com
þæt he ne wurde sona wundorlice gehæled.
14. On Treveris wæs sum mæden swiðlice geuntrumod,
licgende on paralisin oððæt hire lima ealle
wurdon adeadode and heo unwene læg.
Þa wearþ gecydd þam fæder þæt Martinus come þa
into þære byrig, and he arn to þam halgan
and gesohte his fet, mid swyðlicum wope,
biddende þone bisceop þæt he hi bletsode.
"Ic gelyfe," he cwæð, "þæt heo libbe þurh þe."
Martinus þa cwæð þæt hit his mihta næron
to swilcere dæde. Ac se fæder ne geswac
hine to biddenne mid wope oþþæt þa oþre bisceopas
þe mid Martine wæron gemacodon þæt he eode
to þam licgendan mædene, and ormæte meniu
þær-ute andbidode hwæt se bisceop don wolde.
Þa astrehte Martinus to moldan his lima,
and gehalgode siððan sumne dæl eles
and dyde on þæs mædenes muð, and heo mihte þa spræcan,

This deed was like another, when he also destroyed another heathen temple. Then a heathen man struck at the holy man, but with the blow the sword slipped from his hands, and no one could ever find it afterward. Indeed, often when the heathens resisted him so that he could not destroy their temples so contemptuously, then he preached the true faith to them for a long time, until he adapted their prized temple to the faith. He had such great power in healing people that a sick person could not easily approach him without being miraculously healed immediately.

14. In the city of Trier there was a young woman who was very ill, lying in paralysis until all her limbs were lifeless and she lay without hope of recovery. Then her father was told that Martin had come into the city, and he rushed to the saint and fell at his feet, weeping passionately, begging the bishop to bless her. "I believe," he said, "that through you she will live." Martin then said that his powers were not equal to such a deed. But the father did not stop entreating him with tears until the other bishops who were with Martin forced him to go to the young woman where she lay, and a great crowd waited outside to see what the bishop would do. Then Martin stretched his limbs out prostrate on the ground, and afterward blessed a measure of oil and placed it on the young woman's mouth, and she was able to speak

and ealle hire lima endemes cucodon,
and heo ða hal aras, þam folce on-locigendum.

15. Ða wæs sum heah-þegen gehaten Tetradius,
and his þeowa manna an wæs þearle awed.
Þa bed he þone halgan þæt he his hand him onsette.
Martinus þa het þa þone man him to lædan,
ac nan man ne dorste to þam deofol-seocan gan
forþan ðe he wundorlice wedde mid þam muþe
and elcne wolde teran þe him in to eode.
Tetradius þa sylf com and gesohte þone halgan,
biddende ead-modlice þæt he to þam earman eode.
Þa cwæð se halga wer þæt he to his huse gan nolde
hæþenes mannes and man-fulles lifes.
Se hæðena þegen þa behet þam halgan were
þæt he wolde Cristen beon gif se cnapa wurde hal.
And Martinus sona siðode to þam wodan
and his hand him on asette and gescynde þone deofol
fram þam gewitleasum men, and he wearð sona hal.
Tetradius ða sona þa he þæt geseah,
gelyfde on urne Drihten and let hine cristnian,
and æfter lytlum fyrste he wearð gefullod,
and Martinum wurðode mid wundorlicre lufe
forþan ðe he wæs ealdor witodlice his hæle.

16. On ðære ylcan tide, on þam ylcan fæstene,
eode Martinus to anes mannes huse.
Þa ætstod he færlice ætforan þam þrex-wolde:
cwæð þæt he egeslicne feond on þam in-cofan gesawe.
Martinus þa het þone hetolan deofol
þæt he þanon gewite, and he wearð þa yrre;
gelæhte ænne mannan and wearð him oninnan
of þæs þegenes hiw-rædene, and he þearle þa wedde

then, and at the same time all her limbs came to life, and then she got up healed, in front of the people looking on.

15. There was at that time a proconsul called Tetradius, and one of his slaves was raving mad. He asked the saint to lay his hand upon him. Martin then ordered them to bring the man to him, but no one dared to approach the man possessed by devils because he foamed at the mouth profusely and attempted to bite anyone who approached him. Tetradius himself then came and sought out the saint, humbly entreating that he might come to the poor man. Then the holy man said that he would not go to the house of a man who was heathen and lived an evil life. The heathen noble then promised the holy man that he would become a Christian if the young man was healed. And Martin immediately traveled to the madman and placed his hand upon him and expelled the devil from the insane man, and he was immediately healed. As soon as Tetradius saw that, he believed in our Lord and allowed himself to be made a catechumen, and a short time afterward he was baptized, and honored Martin with extraordinary love because he was truly the source of his salvation.

16. At the same time, in the same fortified town, Martin went to a man's house. Then he suddenly stopped at the threshold: he said that he saw a terrible devil in the inner room. Martin then ordered the hateful devil to depart from there; it then became angry and seized a man from the noble's household and entered him, and he raved madly

and began to toterenne þa þe he to mihte.
Þa fleah seo hiwræden and þæt folc eac swa.
Ac Martinus eode ðam wodan men togeanes,
het hine sona standan, and he stod þa gynigende
and þywde mid muþe þæt he Martinum abite.
Þa dyde Martinus on muð þam wodan
his agenne fingras and het hine fretan,
gif he ænige mihte hæfde, ac he wiðbræd þa ceaflas
fram þære halgan handa swilce fram hatan isene.
Ða adræfde se halga wer þone hetolan deofol
of þam gedrehton menn, ac he ne moste faran
þurh þone muð ut þe Martinus hrepode,
ac fullice ferde þurh his forð-gang ut.
17. Betwux þam þe se bisceop on þære byrig wunode,
þa cydde man geond þa burh þæt þær cuman wolde to
onsigendan here and hergian þa burh.
Þa wearð eall seo burh-waru wundorlice afyrht,
for þæs heres ogan. Þa het Martinus sona
him læden to ænne wodne man, and he wearð him to gelæd.
Se halga wer ða het þone wodan secgan
gif hit soð wære be ðam onsigendan here.
Þa andette se deofol þurh þæs gedrehtan muð
þæt sixtyne deofle wæron þe worhton þisne hlisan
and toseowon geond þæt folc þæt hi afligdon Martinum
þurh ðone ogan swa of þære byrig,
and hit eall wære leas be þam onsigendan here.
Þa se fula gast þis sæde, þa wæron hi orsorge.
18. Martinus hwilon ferde mid micelre meniu
to Parisian byrig, and þa þa he binnan þæt get com
þa wæs þær sum hreofla wundorlice tohroren,
eallum mannum anþræclic, ac Martinus hine cyste

and began to tear at anyone he could reach. Then the household fled and the people also. But Martin walked toward the madman, ordered him to stand still immediately, and then he stood there gaping and threatened to bite Martin with his mouth. Then Martin put his own fingers into the mouth of the madman and ordered him, if he had any power, to eat them, but he withdrew his jaws from the saint's hands as if from hot iron. Then the holy man expelled the hateful devil from the afflicted man, but he could not escape through the mouth that Martin had touched, but foully went out through his anus.

17. While the bishop lived in that city, it was announced throughout the city that an invading army intended to advance upon it and ravage the city. Then all the citizens became remarkably afraid, in terror of this army. Then Martin immediately ordered a madman to be brought to him, and he was brought to him. The holy man then ordered the madman to tell him whether it was true about the invading army. Then the devil confessed through the mouth of the afflicted man that there were sixteen devils who had created this rumor and had sown it among the people in order to drive Martin from the city because of this terror, but that it was all false about the invading army. When the foul spirit said this, they were freed from fear.

18. Once Martin traveled with a great crowd to the city of Paris, and as he entered the gate there was a leper who was extraordinarily diseased, dreadful to all people, but Martin

and his bletsunge hine sealde and he sona wearð hal,
and com þæs on mergen to Martine blyðe
mid gehalre hyde, his hæle ðancigende.
Oft wurdon eac gehælede fela untrume men
þurh his reafes fnæda, þe fela men of atugon
and bundon on þa seocan, and him wæs bet sona.
Eac swilce of his bed-strewe man band on anne wodne;
þa gewat se deofol him of, and he his gewit underfeng.

19. Arborius wæs gehaten sum heah-þegen on þam lande,
swiðe geleafful man, and his dohtor læg on fefore,
þearle gebrocod. Þa brohte man sume dæg
an ærend-gewrit to þam ylcan þegene
fram þam Bisceope Martine, and he hit lede on hire breoste
ða þa hire hatost wæs, and heo wearð hal sona.
Þa wearð se fæder swa onbryrd þæt he sona behet
Gode hire mægþhad and hi to Martine brohte
þæt he his agene mihte on þam mædene oncneowe;
ne he eac nolde þæt anig oðer man sceolde
hire had onsættan butan se halga Martinus.

Sum wer hatte Paulinus, þe wel þeah on gode syððan;
þa wurdon his eagan yfele gehefegode,
mid toswollenum breawum and swiðlicum myste,
swa þæt his seon swyðe þeostrodon.
Þa hrepode Martinus mid anre swingan,
and eall seo sarnis him sona fram gewat,
and se mist samod, þurh Martines hrepunge.
He wæs swiðe welig man, ac he wearð swa onbryrd
þæt he ealle his æhta endemes beceapode
and dælde eall þearfum for his Drihtnes lufon.
Þa herode Martinus þæs mannes dæda swyðe
and oþrum to bysne sealde, oft secgende be him

kissed him and gave him his blessing and he was immediately healed, and in the morning he happily approached Martin with his skin healed, thanking him for his healing. Often, also, many sick people were healed through the fringes of his cloak, which many people pulled away and tied onto the sick, and they were immediately better. In a similar way, people tied some of his bedstraw onto a madman; the devil departed from him, and his sanity was restored.

19. There was a prefect in that area called Arborius, a man of great faith, and his daughter lay in a fever, seriously ill. Then one day someone brought a message to the same noble from Bishop Martin, and he laid it on her chest where she burned hottest, and she was immediately healed. The father was so inspired by this that he immediately pledged her virginity to God and brought her to Martin so that he could acknowledge his own power in the young woman; also he did not intend that any other man should consecrate her to the religious life but Saint Martin.

There was a man called Paulinus, who later flourished in virtue; he was then badly troubled by his eyes, with swollen brows and a severe dimness of eyesight, so that his vision was significantly obscured. Then Martin touched them with a stroke, and all the soreness immediately left them, and also the dimness of sight, through Martin's touch. He was a very wealthy man, but he was so inspired that he sold all his possessions without exception and gave everything to the poor for love of his Lord. Then Martin praised the man's actions profusely and offered him as an example for others, often

þæt he on þam timan gefylde fægere þone cwyde
þe ure Drihten cwæð to sumum rican men:
“Far and syle ealle þine æhta and dæl þæt wurð þearfum;
þonne hæfst þu gold-hord on heofonan rice.”
20. On sumere tide, Martinus stah to anre up-flora.
Þa wæron þære hlæddre stapas alefede on ær,
and toburston færinga þæt he feol adune,
and mid manegum wundum gewæht wearð swiðe,
swa þæt he seoc læg on his synderlican inne.
On þære nihte him com an engel to him
sylfum onlocigendum, and his lima smyrode
mid hal-wendre sealfe, and he sona þæs on mergen
hal forðeode, swilce he untrum nære.
21. Maximus, se casere þe wæs on Martinus dæge,
gelaðede foroft þone ar-wurðan wer,
þa ða he him wið spræc, þæt he wære his gemetta.
Þa forhæfde he hine æfre fram his gebeorscipe:
cwæð þæt he ne mihte his gemetta beon
þe anne casere ofsloh and oþerne aflymde.
Þa andwyrde Maximus Martine and cwæð
þæt he næfre sylf-willes þone anweald ne underfenge
ac wære fram his cempum gecoren unþances
to ðam cynedome, and wiðcweðan ne mihte,
and þæt he ongean Godes willan winnan ne mihte,
and forþy mid wæpnum hine werian sceolde:
cwæð eac þæt nan man nære fram him ofslagen
buton þam anum þe him onfeohtende wæron.
Þa wearð Martinus mid þæs caseres beladunge
and eac þurh his bene gebiged to his gereordunge.
He nolde næfre lyffettan ne mid olecunge spræcan,
ne furðon to þam casere, swa swa his geferan dydon,

saying about him that at that time he had beautifully fulfilled the saying that our Lord said to a rich man: "Go and sell all your possessions and give their value to the poor; then you will have treasure in the kingdom of heaven."

20. On one occasion, Martin climbed up to the upper floor. The steps of the ladder had previously been weakened, and they suddenly snapped so that he fell down, and he was seriously weakened by multiple injuries, so that he lay sick within his private cell. At night an angel came to him as he himself observed, and smeared his limbs with a healing ointment, and immediately in the morning he went out healed, as if he had never been injured.

21. Maximus, who was the emperor in Martin's day, frequently invited the honorable man, whenever he confronted him, to be his guest. But he always abstained from his banquets: he said that he could not be the guest of a man who had killed one emperor and banished another. Then Maximus answered Martin and said that he would never have assumed power voluntarily but had been chosen to take the kingdom by his soldiers against his will, and could not oppose it, and that he could not fight against God's will, and therefore he had to defend himself with weapons: he said also that no man had ever been killed by him except those who were attacking him.

Then Martin was persuaded to attend the banquet by the emperor's excuse and also by his request. He was never willing to flatter or speak with obsequiousness, not even to the emperor, as his companions did, as he revealed by his

swa swa he on þam ylcan gereorde geswutelode mid dæde.
He sæt to þam casere, and hi swyðe blyðe wæron
for Martines gereordunge. And man bær þam casere,
swa swa hit gewunelic wæs, win on anre blede.
Þa het he þone byrle beodon Martine ærest:
wolde æfter ðam bisceope his bletsunge drincan.
Martinus þa dranc, and his mæsse-preoste sealde
healfne dæl þæs wætan þe wæs on þære blede,
forþan þe he wiste þæt he wurþost wæs
æfter him to drincenne, and hi ealle þæs wundrodon,
and mærsodon his an-rædnysse geond ealne þone hired.
He sæde þa þam casere, swa swa him becom siððan,
þæt gif he ferde to gefeohte, swa he gemynte,
ongean Ualentinianum, þe he aflymde ær
of his cynedome, þæt him come sige,
ac æfter lytlum fyrste he sceolde feallan ofslagan,
and hit gewearð swa swa him gewitegode Martinus.
He ferde þa siþþan to feohtenne wið þone casere,
and on þam forman onræse he afligde Ualentinianum,
ac eft embe geares first, he beferde Maximum
binnan anre byrig Aquileiam gehaten,
and hine þær ofsloh, and siððan to his rice feng.
22. Martinus ferde hwilon to Ualentiniane þam casere:
wolde for sumere neode wið hine spræcan,
ac his micele mod and his manfulla gebedda,
þe mid Arrianiscum gedwylde dweligende lyfode,
noldon geðafian þam halgan bisceope
þæt he in-fær hæfde his ærende to abeodenne.
Ac het se arleasa hine utan belucan,
forþam ðe he wiste þæt he wolde þæs biddan
þe he tiðian nolde, and tynde þone halgan.

actions at the same feast. He sat by the emperor, and they were very happy that Martin was feasting with them. And, as was customary, someone brought the emperor wine in a goblet. Then he ordered the cupbearer to offer it to Martin first: he intended to drink after the bishop's blessing. Martin then drank, and gave half of the liquid that was in the goblet to his chaplain, because he knew that he was the most worthy to drink after him, and they were all amazed at this, and they celebrated his decisiveness throughout the household. He told the emperor then, as it afterward transpired, that if he advanced to battle against Valentinian, whom he had previously exiled from his kingdom, as he intended, that victory would come to him, but that after a short period he would fall slain, and it came to pass as Martin had prophesied to him. He afterward advanced to fight against the emperor, and in the first onslaught he put Valentinian to flight, but after the space of about a year, he surrounded Maximus within a city called Aquileia, and there he killed him, and afterward took his kingdom.

22. Once Martin traveled to the emperor Valentinian: he intended to speak with him about a matter of some necessity, but his proud mind and his evil wife, who lived profanely according to the Arian heresy, refused to allow the holy bishop to gain entrance and declare his errand. On the contrary the impious emperor ordered him to be locked out, because he knew that he intended to ask him for something he did not wish to grant, and so he insulted the saint.

Þa com Martinus eft embe ða ylcan spræce
to þam modigan casere, ac man hine beclysde wiðutan.
And he þa gewende to his gewunelican helpe,
scrydde hine mid hæran and mid axum bestreowode,
and fæstende þurhwunode on singallum gebedum
oðþæt an scinende engel on þam seofoþan dæge
him com to and cwæð þæt he to þam casere ferde,
and him ælc get sceolde beon open togeanes,
and þæs modigan caseres mod beon geliðegod.

Se bisceop þa ferde swa swa him bebead se engel,
and him wearð geopenod ælc gæt togeanes,
oðþæt he færlice stod ætforan þam casere.
Þa yrsode se casere for his in-gange
and nolde hine wylcumian, ac þær wearþ Godes miht
swa þæt heofonlic fyr hangode ofer his setl
and þæt setl ontende, and hine sylfne wolde,
gif he þe hraðor ne arise, aworpenre reðnysse,
and þone bisceop cyste, ablicged þurh God,
þone þe he ær geteohhode mid teonan to forseonne.
He behet þa geswicennysse sona þam bisceope,
and he him ælces þinges tiþode ær þan þe he hine bæde
þæs þe he frymdig wæs, and him freondlice tospræc
and him fela gifa bead, ac he heora onfon nolde.

23. Oft Martinus geseah englas him to cuman
swa þæt hi hiw-cuðlice to þam halgan spræcon,
and on sumne sæl sum engel him sæde
hwæt þa oþre bisceopas on heora sinoþe spræcon,
and se halga ða wiste hwæt hi þær ræddon
þurh þæs engles segene, þeah ðe he sylf þær ne come.
Þa halgan apostolas Petrum and Paulum he geseah gelome,

Then Martin came again to the proud emperor concerning the same topic, but he was shut out. And then he turned to his usual source of help, clothed himself in haircloth and covered himself with ashes, and persevered in fasting with constant prayers until on the seventh day a shining angel appeared to him and said that he should approach the emperor, and every gate would be open for him, and the mind of the proud emperor would be softened.

Then the bishop went as the angel commanded him, and every gate was open before him, until he suddenly stood before the emperor. Then the emperor grew angry at his entrance and refused to welcome him, but a miracle of God occurred so that a heavenly fire hung over his throne and set the throne alight, and was about to do it to him also, had he not leaped up more quickly, his anger cast aside, and, struck by the fear of God, he kissed the bishop whom he had previously decided to scorn with insult. He promised immediate cessation to the bishop, and granted him everything he wished for before he asked him, and spoke kindly to him and offered him many gifts, but he refused them.

23. Martin often saw angels appear to him so that they spoke to the saint with familiarity, and on one occasion an angel told him what the other bishops spoke about in their synod, and the saint then knew what they had decreed there by the angel's telling, though he himself never came there. He frequently saw the holy apostles Peter and Paul, as he

swa swa he sæde him sylf Sulpicio þam writere,
þe hine axian dorste ælces þinges þe he wolde.
Se ylca Sulpicius and sum oðer broðor
sæton sume dæg, swiðe afyrhte,
ætforan Martines inne, and he hi þær-ute nyste.
Þa gehyrdon hi motian wið Martine lange,
and he wæs ana ær innan þam huse belocen.
Eft þa ða he uteode, þa axode Sulpicius
and hine ead-modlice bæd þæt he him geopenian sceolde
hwa him wiðspræce. Þa wandode he lange
him þæt to secgenne, ac he sæde swaþeah:
"Ic halsige eow nu þæt ge hit nanum ne secgan.
Maria, Cristes modor, com to me hider
mid twam oþrum mædenum, Tecla and Agne,
and na on þisum anum dæge, ac oft rædlice ær,
hi comon to me." And he sæde him eac
hwilc heora wlitu wæs and hu hi wæron gescrydde.
24. Eac swilce þa deofla mid heora searo-cræftum
him comon gelome to, and he oncneow hi æfre
forþan þe him nan deofol ne mihte bediglian hine sylfne,
ne on agenre edwiste ne on oþrum hiwe.
Mid þusend searo-cræftum wolde se swicola deofol
þone halgan wer on sume wisan beswican,
and hine gesewenlicne on manegum scin-hiwum
þam halgan æteowde, on þæra hæþenra goda hiwe:
hwilon on Ioues hiwe, þe is gehaten Þor,
hwilon on Mercuries, þe men hatað Oþon,
hwilon on Ueneris, þære fulan gyden
þe men hatað Fricg; and on manegum oþrum hiwum
hine bræd se deofol on þæs bisceopes gesihþe.
Martinus þær togeanes mearcode hine sylfne

himself told Sulpicius the author, who dared to ask him anything that he wanted.

The same Sulpicius and another brother sat outside Martin's cell one day, very much afraid, and he did not know that they were outside. Then they heard someone conversing with Martin for a long time, though he had previously been shut up alone inside the house. Afterward, when he came out, then Sulpicius asked and humbly requested that he should reveal to him who had been speaking with him. Then he hesitated to tell him for a long time, but nevertheless he said: "I beg you now that you tell this to no one. Mary, Christ's mother, came to me here with two other virgins, Thecla and Agnes, and they came to me not only today, but often deliberately before." And he also told them what their appearance was like and how they were clothed.

24. Likewise, devils frequently appeared to him with their treacherous arts, and he always recognized them because no devil could hide himself from him, either in his own substance or in another appearance. The deceitful devil intended to trick the holy man in some way with a thousand treacherous arts, and he presented himself visibly to the saint as many different phantoms, in the appearance of the heathen gods: sometimes in the appearance of Jove, who is called Thor, sometimes as Mercury, whom people call Odin, other times as Venus, the foul goddess whom people call Frigg; and the devil transformed himself into many other shapes in the sight of the bishop. Martin always marked himself with the sign of the cross against this, and sang his

symle mid rode-tacn, and sang his gebedu,
unforht þurhwunigende and æfre on God truwigende.
Þa þa se deofol geseah þæt he hine bedydrian ne mihte
mid his searo-cræftum, þa sæde he him hosp-word
and mid manegum talum hine tynde foroft,
ac he næs gestirod for his leasum talum.
Sume munecas eac, þe on þam mynstre wunodon,
sædan to soðan þæt hi swutollice gehyrdon
hu se deofol þreade mid dyrstigum stemnum
ðone halgan Martinum forþam þe he hæfde mid him
sume under-fangene þe synfulle wæron,
and æfter heora fulluhte fela to yfele dydon,
and sæde openlice hwæt heora ælces syn wære.
Martinus þa andwyrde þam manfullum deofle,
and cwæð þæt þa ealdan synna mid heora gecyrrednysse
and beteran drohtnunge mihton beon adylgode,
and þurh Godes mild-heortnysse hi mihton beon alysde
fram heora synnum þa ða hi geswicon yfeles.
Se deofol þa clypode and cwæð him togeanes,
þæt þa leahterfullan næron nanre miltsunge wurðe,
and þa þe æne aslidan þæt hi eft ne sceoldon
æt Drihtne habban ænige miltsunge.
Þa cwæð Martinus to þam manfullan eft ðus:
"Þeah ðu, earming, woldest on þisum end-nextan timan
manna ehtnysse geswican and þine dæda behreowsian,
ic on God truwode þæt ic þe mildsunge behete."
Eala, hu halig dyrstignyss be Drihtnes arfestnysse
he geswutelode his swiðlican lufe,
þeah þe he þa fremminge forðbringan ne mihte!
25. On sumne sæl eft siþþan, com se swicola deofol
in to þam halgan were þær he on his gebedum wæs,

prayers, remaining unafraid and always trusting in God. When the devil saw that he could not deceive him with his treacherous arts, then he made scornful comments to him and frequently insulted him with many reproaches, but he was not stirred by his lying reprimands.

Also, some of the monks who lived in the monastery said that in truth they had clearly heard how the devil threatened Saint Martin with presumptuous voices because he had received into the monastery some people who were sinful, and after their baptism they committed many evil deeds, and the devil openly said what the sins of each of them had been. Martin then answered the wicked devil, and said that by their conversion to religious life and better conduct their former sins could be annulled, and through God's mercy they could be absolved from their sins when they abstained from evil. The devil then called out and said to him in return that the wicked were not worthy of any mercy, and that once they relapsed they should not have any mercy from the Lord again. Then Martin spoke again to the wicked one in this way: "If even you, miserable wretch, had been willing to stop your persecution of humanity in these end times and repent of your actions, I trust in God to such an extent that I would promise you mercy." Oh, what holy daring he revealed concerning the Lord's mercy in his deep love, though he could not bring it to completion!

25. On one occasion afterward, the treacherous devil approached the holy man where he was at his prayers, clothed

mid purpuran gescryd and mid kynelicum gyrlum,
mid gyldenum cyne-helme and mid gold-fellenum sceon,
and mid blyþre ansyne, on micelre beorhtnysse.
Þa ne cwæð heora naðor nan word to oþrum
to langere hwile, and þa embe lang cwæð
se deofol ærest to þam Drihtnes men:
"Oncnaw nu, Martine, þone ðe þu gesihst:
ic eom Crist, þe astah to þisre worulde,
and ic wolde geswutelian me sylfne ærest þe."
Martinus þa suwode, and se swicola eft cwæð:
"Hwæt twynað þe, Martine? Gelyf, ic eom Crist."
Þa underget se halga wer, þurh Haligne Gast,
þæt hit se sylfa deofol wæs, na his Drihten, and cwæð:
"Ne sæde na ure Drihten þæt he mid cyne-helme
oððe mid purpuran gescryd cuman wolde to us.
And ic ne gelyfe þæt he to us cume
buton on þam ylcan hiwe þe he on þrowode,
and butan he æteowige þa ylcan dolh-swaðe
þære halgan rode þe he on ahangen wæs."
Se deofol þær-rihte fordwan swa swa smic
of þæs halgan gesihðe, and þæt hus afylde
mid ormætum stence, þæt man eaðe mihte witan
þæt hit se deofol wæs þe hine dwelian wolde,
and þis sæde Martinus Sulpicio þam writere.
26. On sumne sæl, com se deofol mid swyðlicre grimetunge
in to þam halgan were and hæfde ænne oxan horn on hande,
and cwæð to Martine: "Hwær is þin miht nu ða?
Ænne man ic ofsloh of þinre hiw-rædene nu,"
and wæs his swyðre hand swilce geblodegod.
Þa clypode Martinus his munecas him to

in purple and with kingly attire, wearing a golden crown and with gilded leather shoes, and with a joyous face, surrounded by great brightness. Then neither of them said any word to the other for a long time, and then after some while the devil spoke first to the Lord's man: "Acknowledge him whom you see now, Martin: I am Christ, who came down to this world, and I wished to reveal myself to you first." Martin was silent then, and the treacherous one spoke again: "Why do you doubt, Martin? Believe, I am Christ." Then, through the power of the Holy Spirit, the holy man realized that this was the devil himself, not his Lord, and he said: "Our Lord never said that he would appear to us with a crown or clothed in purple. And I do not believe that he will come to us except in the same form in which he suffered, and unless he displays the same scars of the holy cross on which he was crucified." The devil immediately vanished like smoke from the sight of the saint, and filled the house with a terrible stench, so that it was easily recognized that it was the devil who had intended to deceive him, and Martin told this to Sulpicius the author.

26. On one occasion, the devil approached the holy man with terrible howling and had an ox horn in his hand, and he said to Martin: "Where is your power now? I have killed a man from your community just now," and his right hand appeared bloodied. Then Martin summoned his monks to him

and sæde hwæt se deofol him swutolode,
and het georne secan hwa þær ofslagen wære.
Wæs ða an hyr-man to wuda afaren,
se læg gewundod be þam wege sam-cucu,
and he þa sæde þa þa he his oxan ræpte,
þa scoc an his heafod and mid þam horne hine þyde
on þæt geweald swiðe; and he þa sona gewat.
Fela þing wiste se halga wer on ær,
lange ær hi gelumpon, and þam geleaffullum munecum
sæde þa þing þe him geswutelode wæron,
and hit syþþan swa a eode swa he him ær sæde.
    27. Anatolius hatte sum hiwigende munuc,
iunglicre ylde, se wunode sume hwile
wið Martines mynster mid anum mæran ealdre
Clarus gehaten, and behydde his yfelnysse.
He æteowde þa wiðutan ealle ead-modnysse
and unscæððignysse, and sæde ða æt nextan
þæt him englas wið spræcon and gewunelice foroft.
Eft þa on fyrste, þa he furðor dwelode,
he sæde þæt he dæghwamlice betwux Drihtne and him
ferdon heofonlice englas, and he sylf an witega
unleaslice wære, ac him ne gelyfde Clarus.
He gehet him þa Godes yrre and yfele þreala
hwi he nolde gelyfan þæt he halig wære,
and cwæð ða æt nextan þæt him cuman sceolde
on þære ylcan nihte fram þam ælmihtigan Gode
heofonlic reaf, and he mid þam gescryd
betwux him wunigende, Godes mihte æteowde.
    Hwæt þa on middre nihte wearð þæt mynster astyrod,
and wearð micel gehlyd hlihhendra deofla,
and þæs muneces cyte mid leohte wearþ afylled,

and told them what the devil had revealed to him, and ordered them to look diligently for who had been killed there. There was a servant who had gone to the woods, who lay wounded by the path, half dead, and he said that when he was yoking his oxen, one shook its head and stabbed him in the groin with his horn; and immediately afterward he died. The holy man knew of many things in advance, long before they took place, and told the faithful monks those things that had been revealed to him, and it later always came to pass as he had said.

27. Anatolius was the name of a deceitful monk, young of age, who lived for a while near Martin's monastery with a respected elder called Clarus, and he concealed his wickedness. He displayed all humility and innocence outwardly, and then said at last that angels spoke with him regularly and often. Again, after a time, when he behaved yet more foolishly, he said that heavenly angels traveled daily between the Lord and him, and that he himself was truly a prophet, but Clarus did not believe him. He promised him God's anger and dire punishments then because he would not believe that he was holy, and finally said that a heavenly cloak would descend upon him from almighty God that same night, and clothed in it and dwelling among them, he would reveal God's power.

Well then, in the middle of the night the monastery was roused, and there was a terrible clamor of laughing devils, and the monk's cell was filled with light, and he himself

and he eode sylf ut mid þam scinendan reafe
and anum oþrum munece þa mærþa æteowde.
Þær comon þa ma, and Clarus æt nextan,
and sceawodon mid leohte þone scinendan gyrlan.
Hit wæs swiðe hnesce, scinende swa swa purpura,
ac hi ne mihton tocnawan hwilces cynnes hit wære,
ne hi ne mihton undergitan buton hit wære reaf,
ne mid heora grapunge ne mid heora sceawunge.
Þa gewearð him on mergen þæt hi þone munuc læddon
to þam halgan Martine, ac se munuc nolde:
cwæð þæt he ne moste to Martine cuman
forþan ðe he wiste þæt he mid feondlicum cræfte
ne mihte bedydrian Martines gesihðe.
Hi þa hine tugon unþances þiderweard,
and þæt reaf sona of heora gesihþe fordwan,
and wæs ða geswutelod his scin-cræft and hiwung.
Þas mihta we tellað to Martines geearnungum:
þæt se deofol ne mihte his gedwimor bediglian
gif he become ætforan his gesihþe.

On þam ylcan timan wæron oþre gedwolan,
Antecristes lima, mid arleasra hiwunge.
Sum wæs on Hispania, þe forspeon þæt land-folc
and mid manegum gedwimorum hi bedydrode lange,
and cwæð þæt he wære Helias se witega.
He cwæð eft syþþan þæt he Crist sylf wære,
and þa sum bisceop, for his bilewitnysse,
gelyfde þam hiwere and hine to him gebæd,
and he wearð for þam gedwylde adræfed of his an-wealde.
Sum oþer gedwola wæs eac on east-dæle
se cwæð þæt he wære Iohannes se fulluhtere.
Eac swilce lease witegan ær þisre worulde geendunge

emerged with the shining garment and displayed its splendor to one of the other monks. Then more of them arrived, and last of all Clarus, and they examined the shining garment with a light. It was very soft, shining like purple, but they could not determine what kind of thing it was, nor could they understand more than that it was a garment, either by their touch or by their sight. And so in the morning they agreed that they would bring the monk to Saint Martin, but the monk refused to go: he said that he could not approach Martin because he knew that he could not deceive Martin's sight by diabolic treachery. They then dragged him there against his will, and the garment immediately vanished from their sight, and his sorcery and deception were then revealed. We ascribe these powers to Martin's merits: that the devil could not conceal his delusion if he came into his sight.

At the same time there were other pretenders, the limbs of Antichrist, acting with wicked deception. There was one in Spain, who seduced the people of that country and with many illusions deceived them for a long time, and said that he was the prophet Elijah. Afterward he said that he was Christ himself, and because of his ignorance, one bishop then believed the pretender and prayed to him, and he was driven from his position of authority because of that heresy. There was also another heretic in the East who said that he was John the Baptist. Likewise false prophets shall come to

on gehwilce land cumað, and þone geleafan amyrrað,
oþþæt Antecrist sylf ende-next becymð.
28. Martinus com hwilon to middes wintres timan
to anum preost-life, and hi gelogodon þa his bæd
on þæs mynstres spræc-huse, and þær micel fyr wæs gebet.
Þa woldon ða preostas him wurðlice beddian,
and bæron micel streaw to his beddinga
and þæs fyres ne gymdon þe on þære flora wæs.
Eft þa þa se halga wer com þa, towearp he þæt streaw
eall of þære beddincge, forþan þe he oftost læg
uppon anre hæran on þære baran flora.
Ða onscunede he þa softnysse þære selt-cuðan beddinge
and læg on þære flora, swa swa we her beforan sædon.
Þæt inn wæs swyþe nearo, and þær lagon stoccas,
and þa on middre nihte þa men fæstost slepon,
þa wearð þæt fyr ontend swyðe færlicum bryne,
and þæt litle hus mid þam lige afylde.
Martinus þa wearð awreht mid þam lige,
and þær næs nan man mid him on þam huse,
and he on þam færlican gelimpe gelæhte þa dura,
and ne mihte þa scyttelsas unscyttan swa hraðe,
and se lig him wand wæl-hreowlice onbutan
swa þæt him forburnon on þam bæce his reaf,
and he for ðam bryne utbræcan ne mihte.
He beþohte þa hine sylfne and geseah þæt he ne mihte
þurh nænne fleam þam fyre ætwindan,
ac þurh Godes mihte he hit moste oferswyðan.
Forlet þa dura ða, and tomiddes þam lige
to þam ælmihtigan Gode an-modlice clypode,
and on þære frecednysse fæst-mod þurhwunode.
And þær wearð þa geworden micel wundor þurh God,

every land before the end of the world, and shall damage the faith, until at the last Antichrist himself will appear.

28. Once at midwinter Martin was coming to a house of priests, and they prepared a bed for him in the minster's guesthouse, and a large fire was stoked there. The priests wished to provide a worthy bed for him, and so they brought a lot of straw for his bedding and paid no attention to the fire that was on the floor. Later when the holy man arrived there, he threw away all the straw from the bedding, because he most often lay upon a hair shirt on the bare floor. He rejected the comfort of this unaccustomed bedding and lay on the floor, as we said before. The room was very narrow, and logs were lying there, and in the middle of the night when people were deepest in sleep, flames were kindled with a sudden flash of fire, and filled the little building with the flames.

Martin was then woken by the fire, and no one was there with him in the house, and in the suddenness of the moment he grabbed the door, but could not unlock the bolts fast enough, and the flame wound fiercely round him so that his clothes burned on his back, and he could not escape because of the inferno. He then considered his situation and realized he could not make any kind of escape from the fire, but through God's power he would be able to overcome it. So he left the door then, and in the middle of the flames he called out resolutely to almighty God, remaining steadfast in the middle of danger. And a great miracle was performed

swa þæt hine forbeah on ælce healfe þæt fyr,
and he orsorh abad on þam bryne middan
þurh Drihtnes mihte, swilce he on deawe wære.
Þa wurdon his munecas awrehte mid þam fyre
þær ðær hi lagon. Þa þa hi þone lig gesawon,
and tobræcon þa dura and tobrudon þæt fyr
and Martinum gelæhton of þam lige middan,
hi wendon þæt he wære witodlice forbærnd
on swa langsumum bryne, þonne þæt brast-ligende fyr
on slæpe hi awrehte. And he sæde syððan
þæt he þæs fyres bryne gefredde him onbutan
swa lange swa he wan wið þære dura scyttelsas.
Sona swa he hine bletsode and gebæd hine to Gode,
þa beah eall se lig abutan him aweg,
and him þuhte swilce he wære on wynsumum deawe.
He sæde eac foroft mid in-cundre geomerunge
þæt se swicola deofol hine beswac fornean
þa þa he of þam slæpe asceacen wearð swa færlice
þæt he þone ræd ne cuþe—þæt he hine swa hraþe gebæde—
ac to late began hine gebiddan to Gode
þæt he hine alysde of þæs liges frecednysse.
Be þam mæg undergitan se þe þas boc ræt
þæt Martinus næs þurh þa micelan frecednysse
to forwyrde gecostnod ac wæs afandod,
swa swa se apostol Paulus on his pistole sæde,
þæt he sylf wunode on sæ-grunde middan
ofer dæg and ofer niht ungederod þurh God.
29. Martinus eode mid his munecum sume dæg
to cyrcanwerd on wintres timan,
þa com þær sum þearfa healf nacod him togeanes,
biddende georne þæt he him sumne clað sealde.

there by God, so that the fire turned away from him on each side, and through the Lord's power he remained untroubled in the middle of the fire, as if he were in dew. Then the monks were woken by the fire where they lay asleep. When they saw the fire, and broke down the doors and dispersed the flames and grabbed Martin from the middle of the fire, they expected him certainly to have been burned alive in such a long-lasting inferno, when the crackling fire woke them from sleep. And he said afterward that he had felt the burning of the fire around him for as long as he had struggled with the bolts of the door. But as soon as he blessed himself and prayed to God, then all the flames around him turned away from him, and it seemed to him as if he were in a pleasant dew.

He frequently reported with inward sorrow that the treacherous devil had nearly deceived him when he was shaken so suddenly from sleep that he did not know what to do—that he should pray immediately—but too late began to pray to God to save him from the danger of the fire. From this anyone who reads this book might understand that Martin was not put to the test by this great danger in order to die, but he was tested as the apostle Paul said in his epistle that he himself survived in the sea depths unharmed for a day and a night through the power of God.

29. One day Martin went with his monks toward church in wintertime, when a poor man approached him half naked, earnestly begging that he give him some clothing.

Þa het Martinus his erce-diacon sona
þæt he butan yldinge þone þearfan scrydde,
and eode æfter his wunon into þam spræc-huse,
and þær wunode ana oþþæt he wolde mæssian.
Þa nolde se erce-diacon þone þearfan scrydan,
and se þearfa bestæl in to Martine
and to him bemænde þæt him wære þearle col.
Martinus þa sona hine sylfne unscrydde
under his ceppan digellice, and dyde on þone þearfan
his agen reaf, and het hine utgan.
Þa æfter lytlum fyrste, com se erce-diacon
and cwæð þæt hit tima wære þæt he into cyrcan eode
þam folce to mæssigenne and Godes mærsunge don.
Martinus him cwæð to þæt he ne mihte na gan
æror to cyrcan ær se þearfa wære gescryd,
and se erce-diacon ne underget þæt he wiðinnan his cæppan
nacod þær sæt, and sæde þæt he nyste
hwær se þearfa wære. And þa cwæð Martinus:
"Sy þæt reaf gebroht hraðe hider to me.
Ne ateorað us na þearfa to scrydenne."
Se erce-diacon þa yrsigende eode
and brohte an reaf ungerydelic him to,
waclic and lytel, mid lytlan wurðe geboht.
And mid fullum yrre æt his fotum lede and cwæð:
"Her is reaf, and her nis nan þearfa."
Þa næs se halga wer for his wordum astyrod,
ac het hine anbidian þær-ute sume hwile:
wolde þæt he nyste þæt he nacod wære.
He scrydde hine ða mid þam ylcan reafe
and eode to cyrcan and sona mæssode.
Æt þære ylcan mæssan, þry munecas gesawon

ThenMartin immediately ordered his archdeacon to clothe the poor man without delay, and he went into the guest house as was his custom, and he stayed there alone until he was ready to celebrate Mass. But the archdeacon was unwilling to clothe the poor man, and the poor man stole in to Martin and complained to him that he was desperately cold. Martin immediately undressed himself discreetly under his ecclesiastical cloak, and put his own clothes on the poor man, and ordered him to leave.

Then, after a short time, the archdeacon entered and said that it was time for him to go into church to perform the Mass before the people and celebrate God's rite. Martin said to him that he could not go to church until the poor man was clothed, and the archdeacon did not realize that he was sitting there naked underneath his cloak, and he said that he did not know where the poor man was. And then Martin said: "Let the clothing be brought quickly to me here. We will not lack a poor man to clothe." The archdeacon then left angrily and brought a rough garment to him, meager and little, bought at little cost. And full of anger he laid it at his feet and said: "Here is the clothing, but there is no poor man here." Then the holy man was not troubled by his words, but ordered him to wait outside for a while: he did not want him to know that he was naked. He dressed himself in the same garment and went to church and immediately celebrated the Mass. At the same Mass, three monks and one of the

and an þære preosta and an of þam nunnum
bufan Martinus heafde swilce an byrnende cliwen,
swa þæt se lig abræd þone loc up feor,
and ne moste na ma manna þas mihte geseon.
30. On þam ylcan timan, an wær wæs geuntrumod
Euantius gehaten, swyðe yfele geþread
and wende him his deaðes swyðor þonne his lifes.
He wæs swyðe Cristen, and sende þa to Martine:
bæd his neosunge, and se bisceop ferde sona
to þam seocan men. Ac he sona onget
Martines mihte ær þam þe he to mid-wege come,
and wearð sona gehæled þurh þæs halgan mihte,
and eode him togeanes, and hine arwurðlice underfeng.
31. Eft þæs on mergen, þa Martinus fundode,
þa wearð an cnapa of þæs þegenes hiw-rædene
þurh næddran geslit nealice adyd,
swa þæt þæt attor smeh geond ealne þone lic-haman,
and wæs eall toblawen on anre bytte gelicnysse.
Se hlaford þa Euantius gelæhte þone cnapan
and bær to Martine, micclum truwigende
þæt him unacumendlic nære þone cnapan to gehælenne.
Se halga wer þa sona sette his hand on þone cnapan,
and hrepode eall his lima, and æfter þam sette
his finger on þa wunda þe se wurm toslat.
Hi gesawon ða ealle þæt þæt attor fleow ut
of eallum his limum þurh þa lytlan wunde,
swylce of anre ædran mid his agenum blode.
And se cnapa gesund up aras,
and hi þa Martinum micclum herodon.
32. Se halga wer ferde hwilon, þæt folc to lærenne
geond his bisceop-rice, þa abidon his geferan

priests and one of the nuns saw something like a ball of fire above Martin's head, so that the flame drew the hair up high, but no one else was able to see this miracle.

30. At the same time, a man called Evantius was very ill, and so badly tormented that he hoped for his death rather than his life. He was devoutly Christian, and sent to Martin then: he asked for a visit from him, and the bishop went immediately to the sick man. But he immediately felt the power of Martin before he had come halfway, and was immediately healed through the saint's power, and set out to meet him, and received him with honor.

31. After this, in the morning, as Martin prepared to leave, one of the young boys from the noble's household was almost killed by an adder's bite, as the poison spread throughout his whole body, and he was all swollen like a wineskin. Then the lord Evantius took the boy and carried him to Martin, devoutly trusting that it would not be impossible for him to heal the boy. The holy man immediately placed his hand upon the boy, and touched all his limbs, and after that put his finger on the wound where the snake had bitten him. Then they all saw the poison flow out from all his limbs through the little wound, as if from a vein with its own blood. And the young boy got up healed, and they all praised Martin profusely.

32. One time, the holy man was traveling to teach the people throughout his diocese, while his companions

for sumere neode bæftan, and he sylf rad forð.
Þa comon him togeanes þæra cempena fær
on cynelicum cræte, and hi ne cuþon Martinum.
Martinus rad him wið ungerydelice gescryd
mid sweartum claþum. Þa scyddon þa mulas
þe þæt cræt tugon, ðurh his tocyme afyrhte,
and tomengdon þa getogu þæt hi teon ne mihton.
Þa wurdon ða cempan wodlice astyrode,
and gelæhton Martinum and hine lange swungon
mid swipum and mid stafum, and he suwode æfre,
swilce he ne gefredde heora swingla nateshwon,
and hi þæs þe woddran wæron him togeanes,
and hetelicor beoton þone halgan wer.
Þa comon his geferan and fundon hine licgenne
on blodigum limum and tobeatenum lic-haman,
and hofon hine up on his assan sona
and aweg efston, þa stowe onscunigende.
    Ða cempan þa woldon mid þam cræte forð,
ac þa mulas ealle endemes astifodon,
to þære eorþan afæstnode swylce hi ærene wæron.
Hi beoton þa mid swipum and mid saglum
þa mulas ealle endemes, ac hi æfre stodon
on þam ylcan stede swilce anlicnyssa.
Þa cempan ða æt nextan oncneowan þurh ða nytena
þæt hi mid god-cundre mihte gefæstnode wæron,
and begunnon to axienne æt oþrum weg-farendum
hwæt se man wære þe hi swa wæl-hreowlice beoton.
Him wearð þa gesæd þæt wære Martinus,
and hi sona urnon ealle him æfterwerd,
mid duste bestreowode and dreoriglice wepende
þæt hi þone halgan wer swa huxlice tawoden,

remained behind for a particular reason, and he rode out by himself. Then a company of soldiers rode toward him on a regal carriage, and they did not recognize Martin. Martin rode toward them poorly clothed in black garments. Then the mules that were pulling the chariot took fright, terrified by his approach, and tangled the reins so that they could not pull. Then the soldiers were totally incensed, and seized Martin and beat him with whips and sticks for a long time, and he remained silent throughout, as if he did not feel their blows at all, and they became all the angrier with him because of this, and beat the holy man all the more violently. Then his companions arrived and found him lying with bloody limbs and his body beaten, and immediately lifted him up onto his ass and rushed away, abhorring that place.

Then the soldiers intended to continue on with the chariot, but the mules all stood rigid, without exception, fastened to the earth as if they were made of bronze. They beat all the mules without exception then with whips and sticks, but they stood in the same place like statues throughout. Then finally the soldiers realized because of the beasts that they had been fixed there by divine power, and they began to ask other travelers who the man was that they had so savagely beaten. They were told that it was Martin, and immediately they all rushed after him, covered in dust and sorrowfully weeping because they had maltreated the holy man

and lagon æt his fotum, mid feorhte astrehte,
biddende his mildsunge þæt hi moston faran,
and cwædon þæt hi sylfe wæron swyðor þæs wyrþe
þæt hi stodon astifode on stana gelicnysse,
oþþe þæt seo eorðe hi ealle forswulge.
Martinus þa mildsode þam mannum þær-rihte
and let hi faran forð mid heora cræte,
and heora mulas þa mihton gan sona,
þe ær stodon astifode on stana gelicnysse.
Se halga wer swaþeah wiste þæt hi wæron gefæstnode
ær þan þe hi him to comon, and þæt he cydde his geferum,
forðan þe he fela þing feorran oft wiste
ær þan þe hit gewurde, þurh witigendlicne gast.

33. Se halga wer ferde mid his fare hwilon,
þa com him færinga to micel folc manna
and þone feld afyldon þær Martinus ferde,
swilce for wundrunge þæs halgan weres.
Þa wæron ealle hæðena, and þone hælend ne cuþe
nan man of þære wic þe hi of wæron.
Martinus ða onget þæt he mihte sceolde wyrcan,
and Drihtnes word bodode þam dysegum hæþenum,
and mid gelomum siccetungum sarlice mænde
þæt swa micel meniu þone ælmihtigan God ne cuþe.
Wæs ða Godes foresceawung þæt an wif brohte ðyder
hire deadan suna lic þe litle ær forðferde,
and astrehtum handum to þam halgan were, cwæð:
"We witon, leof, þæt ðu eart unleaslice Godes freond.
Gehæl me minne sunu, forþan ðe he is me an-cenned."
And þæt hæþene folc fylste eac þam wife.
Þa genam se halga wer on his handa þæt lic,
and gebigedum cneowum gebæd hine to Gode,

so shamefully, and they lay at his feet, stretched out in fear, beseeching his mercy so that they might continue, and they said that they themselves deserved rather to be fixed rigid like stones, or that the earth swallow them all. Then Martin straight away had mercy upon the men and allowed them to continue on with their chariot, and their mules, which had previously stood rigid like stones, were immediately able to go. Nevertheless, the holy man knew that they were fixed to the spot before they came to him, and he had told this to his companions, because he often knew many things from afar before they happened, through the spirit of prophecy.

33. Once, the holy man was traveling with his followers when suddenly a large crowd of people approached him and filled the field through which Martin was traveling, as if in wonder at the holy man. They were all heathens, and nobody from the village from which they came knew the savior. Then Martin realized that he ought to perform a miracle, and he preached the word of the Lord to the foolish heathens, and with frequent sighing sorrowfully lamented that such a great crowd did not know almighty God. It was divine providence that a woman brought to that place the body of her dead son who had died a short while previously, and with arms outstretched to the holy man, she said: "We know, master, that you are truly a friend of God. Heal my son for me, because he is my only child." And the heathen people also supported the woman. Then the holy man took the body in his arms, and on bent knees he prayed to God,

and þa þa he up aras, geendedum gebede,
he ageaf þone cnapan cucenne his meder.
Þa hæþenan þa clypodon mid healicre stemne
and cwædon mid geleafan þæt Crist wære soð God,
and feollon heap-mælum ealle to þæs halgan weres cneowum,
biddende hine georne þæt he dyde hi Cristen.
He eac ne wandode on þam wid-gillan felda
þa hæþenan to cristnigenne, þa þa hi on Crist gelyfdon;
ac he hi ealle sona samtingas gecristnode.

34. Eft on sumne sæl, þær Martinus siðode
mid his geferum, þa com þær færlice yrnan
an þearle wod cu, and þa þe hyre fyligdon
clypodon to þam halgan were þæt he hine warnian sceolde
forþan þe heo hnat yfele ælcne þe heo gemette.
Heo com þa yrnende mid egeslicum eagum,
ac se halga wer sona het hi ætstandan,
and heo þær-rihte gehyrsumode his hæse and stod.
Þa geseah se halga wer þæt þær sæt an deofol
on þære cu hrycge, and cwæð to þam scuccan:
"Gewit þu, wæl-hreowa, aweg of þam nytene
and þis unscæððige hryþer geswic to dreccenne!"
Se manfulla gast þa Martine gehyrsumode
and ferde of ðære cy, and heo oncneow sona
þæt heo alysed wæs, and læg aþenod
ætforan his fotum, onfangenre stilnysse.
Þa het se halga wer þæt heo gewende to þære heorde,
and heo swa bilewite swa scep beah to þære dræfe.

35. Martinus eac hwilon gemette sume huntan;
þa drifan heora hundas swyðe ænne haran
geond þone bradan feld, and he bigde gelome:

and when he rose, his prayers ended, he gave the young boy back to his mother alive. Then the heathens called out in a loud voice and said with faith that Christ was the true God, and they fell all together at the holy man's knees, eagerly requesting that he would make them Christians. He did not hesitate to perform the antebaptismal rites on the heathens in that large field, since they believed in Christ; on the contrary he immediately made them all catechumens together.

34. Again, on another occasion, Martin was traveling with his companions, when suddenly a violently agitated cow rushed forward, and those who were chasing her called out to the holy man to be on his guard because she badly gored anyone that she met. She came rushing then with terrifying eyes, but the holy man immediately ordered her to stand still, and she immediately obeyed his command and stood. Then the holy man saw that a devil was sitting on the cow's back, and he said to the demon: "Get away from this beast, cruel demon, and stop tormenting this innocent heifer!" The evil spirit obeyed Martin and left the cow, and she immediately realized that she had been released, and she lay prostrate at his feet, her peace restored. Then the holy man ordered her to return to the herd, and she went toward the herd as meek as a sheep.

35. One time also Martin met hunters; their dogs were pursuing a hare furiously through a large field, and it was

þohte mid þam bigum ætberstan þam deaðe.
Ða ofhreow þam halgan þæs haran frecednyss,
and þam hundum bebead þæt hi ablunnon þæs rynes
and þone haran forleton mid fleame ætberstan.
Þa hundas ða stodon æt þam forman worde,
swilce heora fet wæron gefæstnode to þære eorþan,
and se hara gesund þam hundum æteode.
36. Sum woruld-cempa wæs þe wolde munuc beon,
and on Godes gelaðunge alede his wæpna
and to munuc-life ætforan mannum gecyrde
and him cytan arærde on sumere digelnysse,
swylce he ancer-setla eaðe beon mihte,
and Martinus hæfde gehadod his gebeddan
on mynecena life on sumum mynstre.
Þa besende se deofol swilc geþanc on þone munuc
þæt he wolde habban his wif him to geferan,
and he ferde to Martine and his mod him geopenode.
Þa cwæð se halga wer þæt hit unþæslic wære
þæt þæt wif sceolde wunian eft mid him
siððan he munuc wæs, and forwyrnde him þæs.
He swaþeah þurhwunode on his an-wilnysse
and cwæð þæt hit ne sceolde his munuchade derian
þeah þe he hire frofres and fultumes bruce,
þæt he eft nolde gecyrran to his earrum leahtrum.
Þa þa he lange þurhwunode on þære an-wilnysse,
þa cwæð se halga wer to þam hohfullan munece:
"Sege me, ic þe axige, gif þu æfre wære
oððe on gefeohte oþþe on ænigum truman?"
He cwæð þæt he wære witodlice foroft
ægþer ge on truman ge eac on gefeohte.
Martinus þa cwæð to þam munece eft:

turning back on itself frequently: it thought that by so turning it might escape death. Then the hare's danger grieved the saint, and he ordered the dogs to stop their running and allow the hare to escape by flight. The dogs then stood still at the first word, as if their feet were fastened to the earth, and the hare got away safely from the dogs.

36. There was a soldier who wished to become a monk, and he laid down his weapons in God's church and converted to the monastic life in the presence of witnesses and made a cell for himself in a secluded place, as if he could easily become a hermit, and Martin had consecrated his wife to the life of a nun in a convent. Then the devil sent such thoughts to the monk that he desired to have his wife with him as a companion, and he went to Martin and made his state of mind known to him. Then the holy man said that it would be unseemly if the woman should live with him again after he had become a monk, and he refused him this. Nevertheless, he continued in his obstinacy and said that it would not harm his monastic state if he should enjoy her comfort and support, and that he did not intend to return to his former sins.

When he had continued in this obstinacy for a long time, then the holy man said to the persistent monk: "Tell me, I ask you, if you were ever in either a battle or a troop?" He said that certainly he had been often both in a troop and also in battle. Then Martin said to the monk again:

"Gesawe þu ænig wif þa ðu wære on gefeohte,
feohtan forð mid eow atogenum swurde?"
Þa scamode þam munece, and he swiðe þancode
þæt he mid gesceade oferswyðed wæs,
and þæt he his gedwylde ne moste for Martyne folgian.
Se halga wer þa cwæð: "Wif ne sceal na faran
to wera fyrd-wicum, ac wunian æt ham;
forsewenlic biþ þæt werod þæt wif-menn feohtað.
Feohte se cempa on fyrdlicum truman
and wif hi gehealde binnan wealle trymmincge,
and heo hæfð hire wuldor gif heo hylt hire clænnysse
bæftan hire were, and þæt biþ hire miht
and gefylled sige, þæt heo gesewen ne beo ute."

37. Se halga bisceop wæs hwilon on Carnotina byrig
mid twam oþrum bisceopum; þa brohte sum man
his dohtor him to, seo wæs dumb geboren
twelf wintre mæden, and Martinum bæd
þæt he þurh his geearnunge hire tungan unlysde.
Þa wandode se bisceop, ac hine bædon þa oþre
and fylston þam fæder þæt gefremode his bene.
Martinus þa het þa meniu utgan,
buton þam bisceopum anum and hire agenre fæder.
Astrehte hine sylfne þa, swa swa his gewune wæs,
on syndrigum gebedum, and siððan aras
and bletsode ele and on hire muð get,
and mid his fingrum heold forewerde hire tungan,
and befran hi þa siððan hwæt hire fæder hatte.
Þæt mæden sæde sona hire fæder naman,
and hæfde hire spræce mid halre tungan.

38. Se halga wer bletsode anum wife hwilon, ele
on anum fæte, þe we "anpolan" hataþ,

"Did you see any woman when you were in battle, fighting alongside you with drawn sword?" Then the monk was ashamed, and he thanked him earnestly that he had been conquered by reason, and that because of Martin he had not been allowed to follow his error. The holy man then said: "A woman should not go into men's military camps, but should remain at home; a troop in which women fight is worthy of contempt. Let the soldier fight in the military troop and the woman keep herself within the protection of the wall, and she shall have her glory if she keeps her chastity after the departure of her husband, and that shall be her strength and perfect victory, that she is not seen outside."

37. The holy bishop was once in the city of Chartres with two other bishops; then a man brought his daughter to him, a twelve-year-old girl who had been born dumb, and he begged Martin to release her tongue through his merits. The bishop then hesitated, but the others begged him so that he fulfilled the father's request. Martin then ordered the crowd to leave, except for the bishops only and her own father. Then he laid himself prostrate in private prayers, as was his custom, and afterward rose and blessed some oil and poured it into her mouth, and held the tip of her tongue with his fingers, and then after that asked her what her father was called. The girl immediately said her father's name, and had the power of speech with her healed tongue.

38. Another time, the holy man blessed some oil in a jar, which we call an "ampulla," for a woman to provide for the

to seocra manna neode, swa swa heo sylf bæd.
And æfter þære bletsunge man bær þone ele hire.
Þa wæs se ele wexende ofer ealne þone weg,
swa þæt he oferfleow, and þeah ful to hire com.
Oþerne ele he gebletsode on anre glæsenan anpollan
and gesette þone ele on anum eg-ðyrle,
and þa afylde sum cnapa þæt fæt unwærlice
uppon þone marm-stan, ac hit ne mihte toberstan,
ne Martines bletsung ne moste losian.

39. Eac swylce oþre menn on Martines naman
wundra gefremodon, swa swa se writere sæde—
þæt sum hund burce hetelice on anne man,
þa het he on Martines naman þone hund adumbian,
and he sona suwode, swylce he dumb wære.

40. Sume scyp-men reowan on þære Tyreniscan sæ,
swa man færð to Rome, and þa færlice com
swa mycel unweder him to þæt hi him ne wendon þæs lifes.
Þa wæs on þære fare sum Egyptisc mangære
ungefullod þa git, ac he mid fæstum truwan cwæð:
"Eala þu, Martines God, geneara us nu!"
And seo sæ sona swyðe smylte wearð,
ablunnenre hreohnysse, and hi bliðe ferdon.

41. Auitianus hatte sum hetol ealdor-man,
wæl-hreow on his weorcum, se gewrað fela manna
and on racen-teagum gebrohte to þære byrig Turonia:
wolde hi þæs on mergen mislice acwellan
ætforan þære burh-ware. Þa wearð hit þam bisceope cuð.
Þa smeade se halga wer hu he heora gehelpan mihte,
and eode to middre nihte ana to his gatum,
and þa þa he inn ne mihte, he anbidode þærute.
Wearð þa se ealdor-man awreht færlice þurh Godes engel,

needs of the sick, as she herself had requested. And after the blessing the oil was brought to her. Then the oil increased all along the way, so that it overflowed, and yet it arrived to her full. He blessed some other oil in a glass ampulla and set the oil on a window, and a young boy carelessly knocked the jar down onto the marble, but it could not break, nor was Martin's blessing permitted to be lost.

39. Likewise, other people performed miracles in Martin's name, as the author said—that a dog was barking fiercely at a man, when he ordered the dog to be quiet in the name of Martin, and it was instantly silent, as if it were dumb.

40. Some sailors were rowing on the Tyrrhenian sea, by which one travels to Rome, and suddenly a terrible storm advanced upon them so that they had no hope for their lives. There was an Egyptian merchant on that voyage who was not yet baptized, but he said with steadfast faith: "Oh, God of Martin, rescue us now!" And the sea immediately became very calm, its turbulence ending, and they traveled on happily.

41. Avitianus was the name of a hostile prefect, savage in his deeds, who bound many people and brought them to the city of Tours in chains: he intended to kill them in various ways in the morning in the presence of the people of the city. It then became known to the bishop. The holy man considered how he might help them, and he went alone in the middle of the night to Avitianus's gates, and when he could not get in, he waited outside. The prefect was suddenly woken by an angel of God, and he spoke to him

and he him gramlice to cwæð: "List ðu and rest þe,
and Godes þeowa lið æt þinum gatum?"
And he aras þa afyrht and cwæð to his mannum
þæt Martinus wære wiðutan his gatum,
and het hi gan to and undon þa gata,
þæt se Godes þeowa swylcne teonan leng ne þolode.
Hi eodon þa ut to þam inran gæte,
and sædon heora hlaforde þæt hi þær nænne ne gesawon,
and cwædon þæt he sceolde on slæpe beon bepæht.
Auitianus þa eode eft to his bedde
and wearð eft of slæpe egeslice awreht,
and hrymde to his mannum: cwæð þæt Martinus stode
ætforan his gatum, and forðy ne moste
nane reste habban ne modes ne lic-haman.
Hi þa git elcodon, ac he eode sylf
to þam yttran gete, and efne he gemette
Martinum þær-ute swa him geswutelod wæs.
He wearð þa ablicged, and to þam halgan were cwæð:
"Hwæt la, leof hlaford, hwi dest þu swa?
Ne þearft þu nan word cwæþan, ne nanes þinges biddan,
ic wat hwæs þu gewilnast, ac gewend þe nu ham,
þe læs þe Godes yrre for þinum teonan me fordo."
Se halga wer þa ham gewende sona,
and se ealdor-man het on þære ylcan nihte
lætan ealle aweg þa þa he wolde acwellan,
and he sylf ferde afyrht of þære byrig.

42. His wæl-hreownysse he cydde on gehwilcum burgum,
and symble he blissode on ungesæligra manna slæge,
ac ætforan Martine he wæs milde geþuht,
and ne dorste on Turonia don nane wæl-hreownysse.
Se halga Martinus com to him hwilon,

fiercely: "Do you lie and rest, while God's servant lies at your gates?" And, terrified, he got up then and said to his men that Martin was outside his gates, and he ordered them to go and open the gates, so that the servant of God would not suffer such an insult any longer. They then went out to the inner gate, and told their lord that they could not see anyone, and said that he must have been deceived in his sleep. Avitianus then went back to his bed and was again woken terrifyingly from his sleep, and he shouted to his men: he said that Martin stood at his gates, and therefore he could get no rest either in his mind or his body. They then delayed further, but he himself went to the outer gate, and indeed he found Martin outside as it had been revealed to him. He was then struck by fear, and he said to the holy man: "Oh, dear lord, why are you doing this? There is no need for you to say anything, nor to ask for anything, for I know what you want, but go home now, so that God's anger at this insult to you does not bring me to ruin." The holy man went home immediately, and the same night the prefect ordered that all those whom he had intended to kill be released, and he himself left the city in fear.

42. He revealed his cruelty in every city, and he always took pleasure in the killing of unfortunate people, but in the presence of Martin he seemed gentle, and he did not dare commit any acts of cruelty in Tours. Saint Martin came to

and þa þa he eode into his spræc-huse,
þa geseah he sittan ænne sweartne deofol
ormætne on his hrycge, and he him on ableow.
Ða wende Auitianus þæt he him on ableowe,
and cwæð to þam halgan were: "Hwi behylst þu me swa, halga?"
Se bisceop him andwyrd: "Ne behealde ic na þe,
ac þone sweartan deofol þe sit on þinum hneccan.
Ic þe of ableow." And se deofol swa aweg gewat,
and his hiw-cuðe setl sona ða forlet.
Auitianus soðlice siðþan wæs mild-heortra
of þam dæge, æfre þe se deofol him fram wearð,
oþþe forþan þe he wiste þæt he his willan ær worhte,
oþþe forþan þe se unclæne gast him of afliged wæs
þurh Martines mihte, and him micclum sceamode
þæs deofles man-rædenne þe he on wæs oþþæt.

43. Twa mila hæfde Martinus fram his mynstre
to Turonian byrig þær se bisceop-stol wæs,
and swa oft swa he þyder ferde, swa forhtodon þa deofla
on gewit-seocum mannum forþan ðe hi wiston his tocyme,
and þa deofol-seocan sona mid swiðlicre grymetunge
forhtigende wæron, swa swa þa fordemdan þeofas
on þæs deman tocyme ofdrædde forhtigað.
Þonne wæs ðam preostum cuð Martinus tocyme
þurh þære deofla grimetunge, þeah ðe hi hit ær nyston.
Swa oft swa he wolde adræfan deofla of þam wit-seocum,
swa astrehte he hine sylfne on þære cyrcan flora,
mid hæran gescryd and mid axum bestreowod,
licgende on his gebedum belocenum durum,
and þa deofla siþþan of þam geswenctum mannum,
mid wundorlicum gebærum, wurdon him sona fram,

him once, and when he entered his guest house, then he saw a huge black devil sitting on his back, and he blew on him. Then Avitianus thought that he was blowing on him, and said to the holy man: "Why are you looking at me in that way, blessed one?" The bishop answered him: "I am not looking at you, but at the black devil that is sitting on your neck. I blew him off you." And so the devil departed, and immediately abandoned his habitual seat. Truly Avitianus was more merciful ever after, from the day when the devil left him, either because he knew that he had been performing his will, or because the unclean spirit had been expelled from him through Martin's power, and he was greatly ashamed of his subjection to the devil up until that time.

43. Martin had two miles to travel from his monastery to the city of Tours where his episcopal seat was, and whenever he went there, those devils who possessed lunatics were afraid because they knew of his coming, and the possessed were immediately filled with fear and howled terribly, as condemned thieves terrified at the approach of the judge tremble with fear. So Martin's approach was revealed to the priests by the devils' roaring, though they had not known of it. Whenever he intended to drive devils from lunatics, he laid himself prostrate on the church floor, clothed with haircloth and covered with ashes, lying at his prayers with the doors locked, and afterward the devils, behaving in a most extraordinary manner, were immediately driven from the

þæt se cwyde mihte beon on Martine gefylled,
þæt halige menn sceolon englum deman.
44. Sum tun wæs on þam timan on þære Senonican scire
þe ælce geare oftost wæs awest þurh hagol,
swa þæt heora æceras ær wæron aþroxene
ær ænig ryftere þæt gerip gaderode.
Þa sende se tun-ræd sumne getrywne ærend-racan
to þam halgan Martine his helpes biddende.
Martinus þa gebæd þone mild-heortan Drihten
for þam geswenctum mannum. And syþþan of þam dege,
geond twentig wintra fyrst þe he wunode on life,
ne com on þam earde ænig hagol syððan.
Ac on þam forman geare þe he forðfaren wæs,
com eft se hagol and hi yfele geswencte,
þæt þæs middan-eard ongete Martines forð-sið
and his deað beweope þe on his life blissode.
45. Sum deofol-gild wæs swiðe fæste getimbrod,
and mid wundorlicum weorc-stanum geworht cræftlice,
and þær manega gebroðra bogodan syþþan
on Martines timan. Þa bead he anum mæsse-preoste,
Marcellus gehaten, þe þær wunuge hæfde,
þæt he sceolde towurpan þæt wundorlice deofol-gild.
Eft þa se halga wer com, and þæt weorc stod gehal,
þa cidde he þam mæsse-preoste, and he him cwæð to andsware
þæt naht eaðe ne mihte ænig camplic meniu
swilc weorc tobrecan mid swa wundorlicum hefe,
þe ne sceoldon preostas þe wæron unstrange,
oððe untrume munecas, swa mycel weorc tobrecan.
Þa gewende Martinus to his gewunelicum fultume,
and wacode ealle þa niht on his gebedum ana,

afflicted, that in Martin the saying might be fulfilled, that holy men shall judge angels.

44. There was at that time a town in the province of Senones that was very often devastated by hail every year, so that their fields were beaten down before any reaper had gathered the harvest. Then the town council sent a trusted messenger to Saint Martin asking for his help. Martin then prayed to the merciful Lord for the afflicted people. And from that day onward, for the period of twenty years that he remained alive, no hail came again to that region. But in the first year after he had died, the hail returned and they were terribly afflicted, so that this earth might acknowledge Martin's death and weep for his death as it had rejoiced at his life.

45. There was a sturdily built pagan temple, skilfully made with marvelous masonry, and many brothers inhabited it afterward in Martin's time. Then he ordered a priest called Marcellus, who had his accommodation there, to destroy the remarkable temple. When the holy man arrived later, and the construction stood all in one piece, then he rebuked the priest, and he replied in answer that no military company could easily destroy such a construction with such amazing weight, nor could priests who were weak, or feeble monks, break apart so large a construction. Then Martin turned to his usual source of help, and kept a vigil all night

and sona þæs on mergen wearð swa micel storm
þæt eall þæt ormæte weorc wearð towend grund-lunga.
46. He wolde eac towurpan ænne wundorlicne swer
ormætes hefes þe þæt hæþen-gild on stod,
ac he næfde þæs cræftes þæt he hine tocwysan mihte.
He gewende þa eft to his gewunelicum gebedum,
and þær com gesewenlice, eall swylc oþer swer,
ufan of heofonum, and þone oþerne tosloh,
þeah þe he ormæte wære, þæt he eall wearð to duste.
Hit wære hwonlic geþuht þæt þam halgan were
heofonlic mægen ungesewenlice þeowde,
butan mennisce eagan mihton eac geseon
þæt ðam halgan Martine heofonlic miht þenode.
47. Sum wif wæs on blod-ryne þearle geswenct.
Þa hrepode heo his reaf, swa man ræt on þam god-spelle
be sumum oþrum wife, and heo wearð sona hal.
48. Se halga Martinus mid his munecum stod hwilon
on þære ea ofre, and efne þær swam
an næddre wið heora. Ða cwæð se halga wer:
"Ic ðe beode on Godes naman þæt ðu buge ongean,"
and se yfela wurm sona be his worde gecyrde
to þam oþrum staðe, and hi ealle þæs wundrodon.
And Martinus þa cwæð mid micelre geomerunge:
"Nædran me gehyrað, and men me gehyran nellað."
49. On Easter-dagum he wolde etan fisc gif he hæfde.
Þa on sumum Easter-dæge, axode he þone profost
hwæðer he fisc hæfde to þam freols-dæge,
and he to andsware cwæð þæt hi ealle ne mihton,
ne fisceras ne he sylf, gefon ænne sprot.
Ða cwæð se halga wer: "Wurp ut nu þin net,
and þe fixnoð becymð," and he cunnode þæs sona,

alone in his prayers, and immediately in the morning there was so great a storm that all of that enormous construction was overturned to its foundation.

46. He also wished to topple an amazing pillar of enormous weight on which the idol stood, but he did not have the strength to destroy it. Then he turned again to his customary prayers, and there appeared a second such pillar just like the other, visibly from out of heaven, and it destroyed the other, though it was huge, so that it was reduced to dust. It might have seemed insignificant that heavenly power should serve the holy man invisibly, unless human eyes could also see that heavenly power served Saint Martin.

47. There was a woman who was greatly afflicted by bleeding. Then she touched his clothing, just as you can read in the gospel about another woman, and she was immediately healthy.

48. Saint Martin stood once on the banks of the river with his monks, when truly a serpent swam toward them. Then the holy man said: "I command you in the name of God to turn back," and the evil snake immediately returned to the other bank in accordance with his word, and they all marveled at it. And with great lamentation Martin then said: "Serpents obey me, but people are not willing to obey me."

49. At Easter he was accustomed to eat fish if he had it. Then on one Easter day, he asked the deacon whether he had fish for the festival day, and he said in answer that none of them were able, neither himself nor the fisherman, to catch even a sprat. Then the holy man said: "Throw out your net now, and a catch of fish will come to you," and he

wearp þa ut his net, and þær wearð oninnan
an ormæte leax, and he hine up ateah,
bær ham to mynstre, and þam halgan gearcode.
50. Licontius wæs gehaten sum geleafful þegen.
Þa gelamp his mannum þæt hi lagon ealle
on unasecgendlicum broce, and he sende gewrit
to Martine sona sumes helpes biddende.
Þa onget se halga wer þæt hi wæron geþreade
mid godcundre mihte, and þæt he mihte earfoþlice
þære bene him getiðian, ac he ne ablan na swaþeah
mid seofon-nihte fæstene him fore to þingiende
oðþæt he beget þæs þe he biddende wæs.
Licontius þa com and cydde þam halgan
mid micelre þancunge þæt his hiw-ræden wæs
fram þam mænigfealdum brocan þurh Martinum alysed,
and brohte þam halgan an hund punda to lace.
Se halga wer þa nolde habban þone scæt,
ne hine eac ne forseah, ac sealde þæt feoh eall
for gehergodum mannum and þam ðe on hæft-nedum wæron,
and hi ut alysde of þære yrmðe swa.
Þa bædon þa gebroþra þone bisceop georne
þæt he þæs feos sumne dæl dyde into mynstre:
cwædon þæt him gneaðe wære heora wist and scrud.
Þa cwæð se halga wer him to andsware:
"Fede us ure cyrce, and scryde us ure cyrce,
and we of þysum sceatte naht us sylfum ne heoldon."
Hwæt wille we lencg writan be Martines wundrum,
þonne Sulpicius sæde þæt hi synd ungerime?
And nan spræc ne mæg his mihta areccan,
forþan þe he maran mihte hæfde on his munuchade

immediately tried it, threw out his net, and inside it there was an enormous salmon, and he pulled it up, carried it home to the monastery, and prepared it for the saint.

50. Licontius was the name of a pious noble. It happened at that time that his people all lay sick with an indescribable disease, and he sent a letter to Martin immediately asking for some help. The holy man realized that they were being chastised by divine power, and that he could scarcely grant them his request, but nevertheless he did not cease from interceding for them with a seven-night fast until he had obtained that which he was praying for. Licontius then came and revealed to the saint with great gratitude that his household was released from the various diseases through Martin, and he brought a hundred pounds to the saint as a gift. The holy man did not wish to take the reward, but he did not spurn it either, and instead gave all the money for captives and for those who were imprisoned, and thus redeemed them from their misery. The brothers earnestly asked the bishop if he might put some part of the money into the monastery: they said that their food and clothing were scanty. Then the holy man said to them in answer: "Let our church feed us, and let our church clothe us, and we will keep no part of this reward for ourselves." Why should we write for longer about Martin's miracles, since Sulpicius said that they are countless? And no eloquence can express his powers, because he had more power as a monk than as a

þonne on bisceophade, be ðam þe he sylf sæde.
Ac we willað nu secgan be his forð-siðe.
51. Martinus se eadiga wiste his geendunga
lange ær he forðferde of þysum life to Criste,
and he cydde his forð-sið sumum his gebroþrum.
Þa wæron on þam timan æt Condatensem mynstre
þa preostas ungehwære, and he þider siðode:
wolde hi gesibbian ær his forþ-siðe
and on sibbe forlætan Godes gelaþunge.
He ferde ða þiderwerd mid sumum gebroðrum,
þa geseah he scealfran swimman on anum flode
and gelome doppetan adune to grunde,
ehtende þære fixa mid fræcra grædignysse.
Þa cwæð se halga wer to his geferum þus:
"Þas fugelas habbað feonda gelicnysse,
þe syrwiað æfre embe ða unwaran,
and grædiglice foð, and gefangene fordoð,
and of þam gefangenum gefyllede ne beoð."
Þa bebead Martinus þam mæðleasum scealfrum
þæt hi geswicon þæs fixnoðes and siþedon to westene.
And þa fugelas gewiton aweg sona to holte,
ealle endemes, swa swa se ar-wurða het.
Mid þære ylcan hæse he afligde þa scealfran
mid þære þe he deofla adræfde of mannum.
52. Martinus þa siððan to þam mynstre becom
and wunode þær sume hwile and gesibbode þa preostas.
Eft ða he ham wolde þa wearð, he geuntrumod
and sæde his gebroðrum þæt he sceolde forðfaren.
Þa wurdon hi ealle geunrotsode swiþe,
and mid micelre heofunge hine befrinan:
"Eala þu fæder, hwi forlætst þu us,

bishop, as he himself said. But we will now say something about his death.

51. The blessed Martin knew of his end long before he departed this life for Christ, and he revealed his death to some of his brothers. At that time the priests at the monastery of Candes were at variance with each other, and he journeyed there: he intended to reconcile them before his death and leave God's church in peace. He was traveling there with some brothers, when he saw cormorants swimming in a river and frequently plunging down to the bottom, pursuing the fish with voracious greed. Then the holy man said this to his companions: "These birds are like devils, who always conspire around the unwary, and greedily catch them, and having caught them destroy them, and they are never filled by them once caught." Then Martin ordered the rapacious cormorants to stop their fishing and go to a desolate place. And the birds immediately went away to the wood, all together just as the honorable man had commanded. He put the cormorants to flight with the same command with which he expelled devils from humanity.

52. After this Martin went to the monastery and stayed there a while and reconciled the priests. Afterward when he wanted to go home, he became ill and told his brothers that he must die. Then they were all greatly saddened, and with great lamentation they asked him: "Oh father, why do

oððe hwam betæhst þu us, forlætene?
Witodlice becumað to þinre eowde
reafigende wulfas, and hwa bewerað hi?
Witodlice we witon þæt þu gewilnast to Criste,
ac þe synd gehealdene þine meda gewisse;
gemiltsa, la, us swiðor þe þu forlætst."
Þa wearð se halga wer mid þysum wordum astyrod,
and clypode mid wope and cwæð to his Drihtne:
"Drihten, min hælend, gif ic nyd-behefe eom
git þinum folce, ne forsace ic na
gyt to swincene. Gewurðe þin willa.
Ne ic ne beladige mine ateorigendlican ylde.
Ic þine þenunga estful gefylde; under þinum tacnum
ic campige swa lange swa þu sylf hætst."
He lag þa swa forþ ane feawa daga,
mid fefore gewæht, þurhwunigende on gebedum,
on stiþre hæran licgende, mid axum bestreowod.
Þa bædon þa gebroðra þæt hi his bæd moston
mid waccre strewunge huru underlecgan.
Þa cwæð se halga wer to þam wependum gebroðrum:
"Ne gedafnað Cristenum menn buton þæt he on duste swelte.
Gif ic eow oþre bysne selle, þonne syngie ic."
He ne let na of gebedum his unoferswiðdan gast,
ac he æfre openum eagum and up-ahafenum handum
his gebeda ne geswac. Þa woldon þa preostas
þæt he lage on oþre sidan and gelihte hine swa.
Þa cwæð se halga eft: "Geþafiað ic bidde
þæt ic heofonan sceawige swiðor þonne eorðan,
and min gast sy asend on his sið-fæte to Drihtne."
He geseah þa standan swiþe gehende þone deofol,

you abandon us, or to whom will you entrust us abandoned ones? For certain, ravenous wolves will approach your flock, and who will defend it? Truly we know that you wish to go to Christ, but your reward is kept for you as a certainty; instead, have pity on us whom you abandon!" Then the holy man was moved by these words, and weeping he called out and said to his Lord: "Lord, my savior, if I am still needed by your people, I will not refuse to labor on. Let your will be done. I will not excuse myself on account of my feebleness in age. I have fulfilled your service devoutly; under your standard I will battle as long as you yourself command."

He lay in this way for a few days more, weakened by fever, continuing in prayers, lying on rough haircloth, covered with ashes. Then the brothers asked if they might at least place softer bedding under his bed. Then the holy man said to the weeping brothers: "It is not fitting for any Christian to die anywhere but in dust. If I were to give you any other example, then I would sin." He did not release his indomitable spirit from his prayers, but with his eyes open and his hands raised high he never ceased his prayers. Then the priests wanted him to lie on his other side and so give himself some relief. But the holy man said again: "I ask you to allow me to gaze upon heaven rather than the earth, and that my spirit be sent on its journey to the Lord." Then he saw the devil standing close at hand, and unconcerned he

and he hine orsorhlice axian ongan:
"Hwæt stendst þu her, wæl-hreowa deor?
Ne gemetst þu on me, þu manfulla, ænig þincg.
Ic beo underfangen on Abrahames wununge."
And æfter þysum wordum, gewat seo sawl
of þam geswenctan lic-haman gesælig to heofonum.
On Sunnan mergen he gewat þa þa he wæs on ylde
an and hund-eahtatig wintre, and æfter Cristes þrowunge
feower hund wintre and twelf on getele.
And fela manna þa gehyrdon, on his forð-siðe,
singendra engla swiðe hlude stemna
up on heanysse, geond þa heofonas swegende,
swa hit on bocum sægð þe he him synd awritene.
His lic wearð gesewen sona on wuldre,
beorhtre þonne glæs, hwittre þonne meolc,
and his andwlita scean swiþor þonne leoht,
þa iu gewuldrod to þam towerdan æriste.
Eala, hwilc heofung holdra geleaffulra,
hlude þa swegende—and swiðost þære muneca
and mynecena wop on Martines deaðe!
53. Sum bisceop Seuerinus on þære byrig Colonia,
haliges lifes man, gehyrde on ærne-mergen
swiðe hludne sang on heofonum, and þa gelangode he him to
his erce-diacon and axode hine hwæþer
he þa stemne gehyrde þæs heofonlican dreames.
He andwyrde and cwæð þæt he his nan þincg ne gehyrde.
Þa het se bisceop þæt he heorcnode geornlicor:
he stod þa and hlyste, on his stæfe hliniende,
and ne mihte nan þing þære myrhþe gehyran.
Þa astrehton hi hi begen, biddende þone Ælmihtigan
þæt he moste gehyran þone heofonlican dream.

began to ask him: "Why do you stand here, cruel beast? You will find nothing in me, you wicked one. I will be received into Abraham's dwelling." And following these words, his soul departed from his troubled body joyfully to heaven.

He died on a Sunday morning when he was eighty-one years old, four hundred and twelve years by reckoning after Christ's passion. And then, at his death, many people heard the very loud voices of angels singing up high, sounding throughout the heavens, as it says in books that are written about them. His body was immediately seen in glory, brighter than glass, whiter than milk, and his face shone more than light, even then already glorified for the future resurrection. Oh, what lamentation of the devout faithful, loudly sounding there—and most especially the weeping of the monks and the nuns at Martin's death!

53. There was a bishop in the city of Cologne called Severinus, a man of holy life, who early in the morning heard a very loud song in heaven, and then he summoned his archdeacon to him and asked him whether he heard the sound of heavenly joy. He answered and said that he could not hear any of it. Then the bishop ordered him to listen more attentively: he stood then and listened, leaning on his staff, and he could not hear any of the rejoicing. Then they both lay down prostrate, praying to the Almighty that he be allowed to hear this heavenly chorus. Then he listened again, and

He hlyste þa siððan, and sæde þæt he gehyrde
singendra stemne swegen on heofonum,
and nyste swaþeah hwæt ða stemna wæron.
Severinus ða cwæð: "Ic þe secge be þam:
Martinus se eadiga of þysum middan-earde gewat,
and nu englas singende his sawla feriað
mid him to heofonum. And se hetela deofol
mid his unrihtwisum gastum hine wolde gelettan,
ac he gewat gescynd awæg fram þam halgan,
and nan þing his agenes on him ne gemette.
Hwæt bið be us synfullum, nu se swicola deofol
swa mærne sacerd derian wolde?"
Þa sende se erce-diacon sona to Turonia,
to Martines bisceop-stole, and het axian be him.
Þa wearð him soðlice gesæd þæt he his sawle ageaf
on þære ylcan tide þe hi þone sang gehyrdon.
54. On þam ylcan dæge Ambrosius, se bisceop
on Mediolana byrig, þa þa he æt mæssan stod,
þa wearð he on slæpe, swa swa God wolde,
and hine nan man ne dorste naht eaðe awreccan.
Swaþeah æfter twam tidum hi hine awrehton
and cwædon þæt se tima forþ agan wære
and þæt folc wære gewergod þearle.
Se halga bisceop þa cwæð: "Ne beo ge gedrefede.
Micclum me fremað þæt ic swa mihte slapon,
forðan þe me min Drihten micel wundor æteowde.
Wite ge þæt min broþor, Martinus se halga,
of lic-haman is afaren, and ic his lic behwearf
mid gewunelicre þenunge, and þa þa ge me wrehton,
þa næs his heafod-clað eallunga ful don."

said that he heard the voices of singers resound in heaven, and yet he did not know what those voices were. Severinus then said: "I will tell you about them: the blessed Martin has departed this earth, and now singing angels are bringing his soul with them to heaven. And the hateful devil with his unrighteous spirits wanted to stop him, but he turned away from the saint confounded, and could find nothing of his own in him. What will it be like for us sinful people, since the treacherous devil wished to harm so glorious a priest?"

Then the archdeacon immediately sent a messenger to Tours, to Martin's episcopal see, and ordered him to inquire about him. Then truly he was told that he had given up his soul at the same time as they had heard the song.

54. On the same day Ambrose, the bishop of Milan, fell asleep as he was standing at Mass, as God so willed, and they scarcely dared to wake him. Nevertheless, after two hours they woke him and said how much time had passed and that the people were extremely tired. Then the holy bishop said: "Do not be troubled. It has greatly benefited me that I could sleep in this way, because my Lord has revealed a great wonder to me. You should know that my brother, Saint Martin, has departed from his body, and I prepared his body for burial with the usual rite, and when you woke me, his head cloth was not fully arranged."

Hi wurdon ofwundrode his worda and dæda,
and geaxodon on fyrste þæt se ar-wurða Martinus
on þam dæge gewat þe Ambrosius sæde
þæt he æt þæs halgan weres lic-þenungum wære.
Eala, eadig is se wer þe on his forð-siðe
halgena getel healice sang,
and engla werod blissode, and ealle heofon-ware
him togeanes ferdon, and se fula deofol
on his dyrstignysse þurh Drihten wearð gescynd.
Seo halige gelaðung on mihte is gestrangod,
and Godes sacerdas synd gewuldrode
mid þære onwrigennysse Martines forð-siðes,
þonne se halga Michahel mid englum underfeng,
and Maria seo eadiga mid mædenlicum werodum,
and neorxne-wang gehylt bliðne mid halgum.

55. Ða þa þæs halgan weres lic læg inne þa git,
þa com þær micel meniu of manegum burgum,
and þæt Pictauisce folc swa swa þæt Turonisce,
and þær wearð geflit betwux þam twam folcum.
Þa Pictauiscan cwædon þe ðyder gecumene wæron:
"He wæs ure munuc and eac ure abbod;
we willað hine habban forþan þe we hine alændon ær.
Ge brucon his spræce and his lare notedon;
ge wæron on his gereordum and mid his gebletsungum gestrangode
and mid mænigfealdum wundrum wæron gegladode.
Sy eow eall þis genoh. Lætað nu huru us
his sawlleasan lic-haman ferian mid us."

Þa andswaredon þa þa Turoniscan þus:
"Gif ge secgað þæt us synd genoh his wundra,
þonne wite ge þæt he worhte ma wundra mid eow

They were filled with wonder at his words and actions, and discovered in due course that the honorable Martin had died on the day that Ambrose had said he was at the holy man's funeral service. Oh, blessed is that man, for whom a company of the saints sang on high at his death, and a host of angels rejoiced, and all the heavenly citizens came to meet him, and the foul devil was put to shame by the Lord in his presumption. The holy church is strengthened in power, and God's priests are glorified by the revelation of Martin's death, whom Saint Michael received among his angels, and blessed Mary among her companies of virgins, for whom, joyful among the saints, paradise provides a home.

55. While the body of the holy man still lay inside, a huge crowd from many cities arrived, the people of Poitiers as well as those of Tours, and there was conflict between the two peoples. The people of Poitiers who had come there said: "He was our monk and also our abbot; we wish to have him because we had lent him to you. You have enjoyed his words and used his teaching; you were at meals with him and were strengthened by his blessings and were gladdened by his many miracles. Let all this be enough for you. Let us now at least bring his soulless body away with us."

The people of Tours answered them in this way: "If you say that his miracles are enough for us, then know that he performed more miracles among you than he did among us,

þonne he mid us dyde, and þeah we fela forhebbon,
eow he arærde witodlice twegen deade men,
and us buton ænne. And swa swa he oft sæde,
þæt he maran mihte on munuchade hæfde
þonne on bisceophade, and we habbað nu neode
þæt he dead gefylle þæt he ne dyde on life.
Eow he wæs ætbroden and us fram Gode forgifan,
and æfter ðære ealdan gesetnysse he sceal habban byrgene
on þære ylcan byrig þær he bisceop wæs.
Gif ge for minstres þingon and þæt he mid eow wæs
hine habban willað, þonne wite ge þis:
þæt he on Mediolana ærest mynster hæfde."

Betwux þisum gewinne wearð se dæg geendod,
and butu ða burh-waru besæton þone halgan,
and woldon ða Pictauiscan mid gewinne on mergen
niman þone halgan neadunga æt þam oþrum.
Þa on middre nihte, swa swa Martinus wolde,
wurdon þa Pictauiscan swa wundorlice on slæpe
þæt of ealre þære meniu an man ne wacode.
Þa gesawon þa Turoniscan hu þa oþre slepon,
and genamon þæt lic þe þær læg on flora,
and to scipe bæron mid swiðlicre blisse,
and efston mid reowte on þære ea Uigenna,
and swa forð on Liger, swyðe hlude singende,
oðþæt hi becomon to þære byrig Turonia.
Þa wurdon þa oþre awrehte mid þam sange
and naht heora gold-hordes, þe hi healdan sceoldon,
hæbbende næron, ac hi ham gewendon
mid mycelre sceame þæt him swa gelumpen wæs.

Se halga lic-hama þa wearð geled on byrgene
on þære ylcan byrig þær he bisceop wæs,

and though we pass over many things, certainly he raised two dead men for you, and only one for us. And as he often said, he had greater power as a monk than as a bishop, and we now have need that he bring about in death what he did not do in life. He was taken away from you and given to us by God, and according to the old tradition he ought to have a tomb in the same city where he was bishop. If you wish to have him on account of the monastery and because he had been with you, then know this: that he first had a monastery in Milan."

The day came to an end in the middle of this dispute, and the citizens of both towns guarded the saint, and the people of Poitiers intended to take the saint by force from the others with battle in the morning. Then in the middle of the night, as Martin wished, the people of Poitiers were so miraculously asleep that of all their multitude not one person kept watch. Then the people of Tours saw how the others slept, and they took the body that lay there on the floor, and brought it to a ship with great rejoicing, and made haste by rowing on the river Vienne, and then onward on the Loire, singing very loudly, until they came to the city of Tours. Then the others were woken by the song and, having nothing of their treasure, which they should have guarded, they went home in great shame that this had happened to them.

The holy body was placed in a tomb in the same city where he had been bishop, with great reverence, and

mid micelre wurð-mynte, and þær wurdon siððan
fela wundra gefremode for his geearnungum.
Syx and twentig wintra he wæs þær bisceop,
and seo burh-waru wæs butan bisceope lange
ær Martinus wære gehalgod to bisceope,
for þam hæþenscipe þe þæt folc þa beeode.
Sy wuldor and lof þam wel-willendan scyppende,
þe his halgan sacerd swa geglengde mid wundrum,
se þe on ecnysse rixaþ, ælmihtig wealdend. Amen.

Olim haec transtuli
sicuti valui,
sed modo precibus,
constrictus plenius.

O Martine sancte,
meritis praeclare,
iuva me, miserum,
meritis modicum.

Caream quo nevis,
mihimet nocivis,
castiusque vivam,
nactus iam veniam.

afterward many miracles were performed there on account of his merits. He was bishop there for twenty-six years, and the townspeople had been without a bishop for a long time before Martin was consecrated bishop, because of the heathenism that the people then practiced. May there be glory and praise to the benign creator, who so adorned his holy priest with miracles, who reigns into eternity, almighty ruler. Amen.

I translated this once, according as I was able, but the more fully only because constrained by entreaties. Oh Saint Martin, splendid in merits, help me, a wretch, mediocre in merits. I will abstain from what you do not wish, things harmful to me, and I will live more purely, having already obtained pardon.

SAINT EDMUND

29

Saint Edmund

XII Kalendas Decembres: Passio sancti Eadmundi, regis et martyris

1

Sum swyðe gelæred munuc com suþan ofer sæ fram Sancte Benedictes stowe, on Æþelredes cynincges dæge, to Dunstane ærce-bisceope, þrim gearum ær he forðferde, and se munuc hatte Abbo. Þa wurdon hi æt spræce oþþæt Dunstan rehte be Sancte Eadmunde, swa swa Eadmundes swurd-bora hit rehte Æþelstane cynincge þa þa Dunstan iung man wæs and se swurd-bora wæs forealdod man. Þa gesette se munuc ealle þa gereccednysse on anre bec, and eft ða þa seo boc com to us, binnan feawum gearum, þa awende we hit on Englisc swa swa hit her-æfter stent. Se munuc þa Abbo binnan twam gearum gewende ham to his mynstre, and wearð sona to abbode geset on þam ylcan mynstre.

2

Eadmund se eadiga, East-Engla cynincg,
wæs snotor and wurðful and wurðode symble

29

Saint Edmund

November 20: The Passion of Saint Edmund, King and Martyr

1

In the days of King Æthelred, a very learned monk came over the sea from the south from Saint Benedict's monastery to Archbishop Dunstan, three years before he died, and the monk was called Abbo. They talked then until Dunstan told the story of Saint Edmund, just as Edmund's sword-bearer had told it to King Æthelstan when Dunstan was a young man and the sword-bearer was a very old man. Then the monk recorded the whole story in a book, and afterward, within a few years, when the book came to us, we translated it into English just as it stands hereafter. Then the monk Abbo went home to his monastery within two years, and was immediately appointed as abbot in the same monastery.

2

Edmund the blessed, king of the East Angles, was wise and honorable and always glorified almighty God by means of

mid æþelum þeawum þone ælmihtigan God.
He wæs ead-mod and geþungen and swa an-ræde þurhwunode
þæt he nolde abugan to bysmorfullum leahtrum,
ne on naþre healfe he ne ahylde his þeawas,
ac wæs symble gemyndig þære soþan lare:
"Þu eart to heafod-men geset? Ne ahefe þu ðe,
ac beo betwux mannum swa swa an man of him."
He wæs cystig wædlum and wydewum swa swa fæder,
and mid wel-willendnysse gewissode his folc
symle to rihtwisnysse, and þam reþum styrde
and gesæliglice leofode on soþan geleafan.

Hit gelamp ða æt nextan þæt þa Deniscan leode
ferdon mid scip-here hergiende and sleande
wide geond land, swa swa heora gewuna is.
On þam flotan wæron þa fyrmestan heafod-men,
Hinguar and Hubba, geanlæhte þurh deofol,
and hi on Norðhymbra lande gelendon mid æscum
and aweston þæt land and þa leoda ofslogon.
Þa gewende Hinguar east mid his scipum
and Hubba belaf on Norðhymbra lande,
gewunnenum sige mid wæl-hreownysse.
Hinguar þa becom to East-Englum rowende,
on þam geare þe Ælfred æðelincg an and twentig geare wæs,
se þe West-Sexena cynincg siþþan wearð mære.
And se fore-sæda Hinguar færlice swa swa wulf
on lande bestalcode and þa leode ofsloh
—wæras and wif and þa unwittigan cild—
and to bysmore tucode þa bile-witan Cristenan.

He sende ða sona syððan to þam cyninge
beotlic ærende þæt he abugan sceolde

his noble way of living. He was humble and devout and remained so resolute that he refused to yield to shameful vices, nor did his way of behaving deviate to the left or the right, but he was always mindful of the true doctrine: "Are you appointed as a leader? Do not exalt yourself, but be among people as one of them." He was charitable to the poor and widows like a father, and he always guided his people with kindness to righteousness, and he controlled the violent and lived happily in the true faith.

Then eventually it came to pass that the Danes made their way with a naval force harrying and slaying widely throughout the land, as is their custom. Among the fleet were the chief leaders, Hinguar and Hubba, united by the devil, and they landed with their ships in Northumbria and laid waste to the land and killed the people. Then Hinguar turned east with his ships and Hubba remained in Northumbria, having won victory by means of cruelty. Hinguar then came to East Anglia by rowing, in the year in which Alfred the prince, who afterward became the renowned king of the West Saxons, was twenty-one. And the Hinguar that we mentioned before suddenly moved stealthily onto the land like a wolf and killed the people—men and women and innocent children—and shamefully ill-treated innocent Christians.

Immediately afterward he sent a threatening message to

to his man-rædene gif he his feores rohte.
Se ærend-raca com þa to Eadmunde cynincge
and Hingwares ærende him ardlice abead:
"Hingwar, ure cyning, cene and sigefæst
on sæ and on lande, hæfð fela leoda gewyld,
and com nu mid fyrde færlice her to lande
þæt he her winter-setl mid his werode hæbbe.
Nu het he þe dælan þine digelan gold-hordas
and þinre yldrena gestreon ardlice wið hine,
and þu beo his under-kyning, gif ðu cucu beon wylt,
forðan þe ðu næfst þa mihte þæt þu mage him wiðstandan."
Hwæt þa Eadmund cyning clypode ænne bisceop
þe him þa gehendost wæs and wið hine smeade
hu he þam reþan Hingware andwyrdan sceolde.
Þa forhtode se bisceop for þam færlican gelimpe
and for þæs cynincges life, and cwæþ þæt him ræd þuhte
þæt he to þam gebuge þe him bead Hinguar.
Þa suwode se cynincg and beseah to þære eorþan
and cwæþ þa æt nextan cynelice him to:
"Eala þu bisceop, to bysmore synd getawode
þas earman land-leoda, and me nu leofre wære
þæt ic on gefeohte feolle, wið þam þe min folc
moste heora eardes brucan." And se bisceop cwæþ:
"Eala þu, leofa cyning, þin folc lið ofslagen
and þu næfst þone fultum þæt þu feohtan mæge,
and þas flot-men cumað and þe cucenne gebindað
butan þu mid fleame þinum feore gebeorge
oððe þu þe swa gebeorge þæt þu buge to him."
Þa cwæð Eadmund cyning, swa swa he ful cene wæs:
"Þæs ic gewilnige and gewisce mid mode—
þæt ic ane ne belife æfter minum leofum þegnum,

the king that he must submit to his service if he valued his life. Then the messenger came to King Edmund and promptly announced Hinguar's message to him: "Our king, Hinguar, bold and victorious on sea and on land, rules over many peoples, and now he has come upon this land suddenly with an army to take up winter quarters here with his troop. He commands you to dispense your secret treasures and your ancestors' wealth to him now without delay, and you shall be his underking, if you wish to live, because you do not have the power to withstand him."

Well then, King Edmund called the bishop who was closest to him and consulted with him as to how he should answer the savage Hinguar. The bishop was afraid then because of this sudden misfortune and feared for the king's life, and he said it seemed to him advisable that he should submit to what Hinguar demanded of him. Then the king remained silent and looked at the ground and at last spoke to him in a regal fashion: "O bishop, the poor people of this land are shamefully mistreated, and now I would prefer to fall in battle, provided that my people were able to possess their land." And the bishop said: "Alas, dear king, your people lie slain and you do not have the troops to fight, and the Vikings will come and take you captive alive unless you save your life by fleeing or save yourself by submitting to them."

Then King Edmund, most brave as he was, said: "I wish and desire this in my heart—that I should not survive alone after my beloved thanes, who were slaughtered without

þe on heora beddum wurdon mid bearnum and wifum
færlice ofslægene fram þysum flot-mannum.
Næs me næfre gewunelic þæt ic worhte fleames,
ac ic wolde swiðor sweltan, gif ic þorfte,
for minum agenum earde. And se ælmihtiga God wat
þæt ic nelle abugan fram his biggengum æfre
ne fram his soþan lufe, swelte ic, lybbe ic."
Æfter þysum wordum, he gewende to þam ærend-racan
þe Hingwar him to sende and sæde him unforht:
"Witodlice þu wære wyrðe sleges nu,
ac ic nelle afylan on þinum fulum blode
mine clænan hande, forðan þe ic Criste folgie,
þe us swa gebysnode, and ic bliðelice wille beon
ofslagen þurh eow gif hit swa God foresceawað.
Far nu swiþe hraðe and sege þinum reþan hlaforde
ne abihð næfre Eadmund Hingware on life,
hæþenum here-togan, buton he to hælende Criste
ærest mid geleafan on þysum lande gebuge."

Þa gewende se ærend-raca ardlice aweg,
and gemette be wæge þone wæl-hreowan Hingwar
mid eallre his fyrde fuse to Eadmunde,
and sæde þam arleasan hu him geandwyrd wæs.
Hingwar þa bebead mid bylde þam scip-here
þæt hi þæs cynincges anes ealle cepan sceoldon,
þe his hæse forseah, and hine sona bindan.

Hwæt þa Eadmund cynincg, mid þam þe Hingwar com,
stod innan his healle, þæs hælendes gemyndig,
and awearp his wæpna: wolde geæfenlæcan
Cristes gebysnungum, þe forbead Petre
mid wæpnum to winnenne wið þa wæl-hreowan Iudeiscan.
Hwæt þa arleasan þa Eadmund gebundon,

warning in their beds with their wives and children by these seamen. It was never my custom to take flight, but I would rather die, if I must, for the sake of my own land. And the almighty God knows that I will never turn aside from worship of him nor from true love of him, whether I die or I live." After these words, he turned to the messenger whom Hinguar had sent to him and fearlessly said: "You certainly deserve to be put to death now, but I refuse to corrupt my clean hands with your foul blood, because I follow Christ, who has set us this example, and I will gladly be killed by you if God so ordains it. Go now with great haste and tell your cruel lord that Edmund will never submit alive to Hinguar, the heathen leader, unless he first submits with faith in this land to the savior Christ."

Then the messenger quickly left, and on the way he met the cruel Hinguar with all his army hastening toward Edmund, and he told the wicked leader how he had been answered. Hinguar then with impudence ordered his naval force to seize only the king, who had despised his command, and immediately bind him.

Well then, when Hinguar arrived, King Edmund stood within his hall, mindful of the savior, and threw down his weapons: he wished to imitate the example of Christ, who forbade Peter to fight with weapons against the cruel Jews. Well then, the wicked men bound Edmund, and shamefully

and gebysmrodon huxlice and beoton mid saglum,
and swa syððan læddon þone geleaffullan cyning
to anum eorðfæstum treowe, and tigdon hine þær-to
mid heardum bendum, and hine eft swungon
langlice mid swipum, and he symble clypode
betwux þam swinglum mid soðan geleafan
to hælende Criste, and þa hæþenan þa
for his geleafan wurdon wodlice yrre,
forþan þe he clypode Crist him to fultume.
Hi scuton þa mid gafelucum swilce him to gamenes to,
oðþæt he eall wæs besæt mid heora scotungum
swilce igles byrsta, swa swa Sebastianus wæs.
Þa geseah Hingwar, se arlease flot-man,
þæt se æþela cyning nolde Criste wiðsacan,
ac mid an-rædum geleafan hine æfre clypode:
het hine þa beheafdian, and þa hæðenan swa dydon.
Betwux þam þe he clypode to Criste þa git,
þa tugon þa hæþenan þone halgan to slæge,
and mid anum swencge slogon him of þæt heafod
and his sawl siþode gesælig to Criste.
Þær wæs sum man gehende, gehealden þurh God
behyd þam hæþenum, þe þis gehyrde eall
and hit eft sæde swa swa we hit secgað her.
Hwæt ða se flot-here ferde eft to scipe
and behyddon þæt heafod þæs halgan Eadmundes
on þam þiccum bremelum þæt hit bebyrged ne wurde.
Þa æfter fyrste syððan hi afarene wæron,
com þæt land-folc to þe þær to lafe þa wæs
þær heora hlafordes lic læg butan heafde,
and wurdon swiðe sarige for his slege on mode,
and huru þæt hi næfdon þæt heafod to þam bodige.

insulted him and beat him with clubs, and afterward led the faithful king to a tree fixed in the earth, and tied him to it with hard shackles, and they beat him again for a long time with whips, while he called out constantly between the blows with true faith to the savior Christ, and the heathens then became furiously angry because of his faith, because he called upon Christ to help him. They shot at him with javelins as if for their amusement, until he was all covered with their shots like the bristles of a hedgehog, just as Sebastian was. When Hinguar, the cruel seaman, saw that the noble king refused to deny Christ, but with resolute faith always called upon him: he ordered them to behead him, and the heathens did so. While he was still calling to Christ, the heathens then dragged the saint away to kill him, and with one blow they struck off his head and his blessed soul departed to Christ.

There was a man nearby, kept hidden from the heathens by God, who heard all this and reported it afterward just as we tell it here. Well then, the Vikings returned to their ship and hid the head of the holy Edmund in thick brambles so that it would not be buried. Then, some time after they had departed, the local people who were left there came to where their lord's body lay without its head, and were very sad at heart because of his murder, and especially because they did not have the head to the body. Then the witness

Þa sæde se sceawere þe hit ær geseah
þæt þa flot-men hæfdon þæt heafod mid him
and wæs him geðuht, swa swa hit wæs ful soð,
þæt hi behyddon þæt heafod on þam holte forhwega.
Hi eodon þa ealle endemes to þam wuda,
secende gehwær geond þyfelas and bremelas
gif hi ahwær mihton gemeton þæt heafod.
Wæs eac micel wundor, þæt an wulf wearð asend
þurh Godes wissunge to bewerigenne þæt heafod
wið þa oþre deor ofer dæg and niht.
Hi eodon þa secende and symle clypigende,
swa swa hit gewunelic is þam ðe on wuda gað oft:
"Hwær eart þu nu, gefera?" and him andwyrde þæt heafod:
"Her, her, her!" And swa gelome clypode,
andswarigende him eallum swa oft swa heora ænig clypode,
oþþæt hi ealle becomen þurh ða clypunga him to.
Þa læg se græge wulf þe bewiste þæt heafod,
and mid his twam fotum hæfde þæt heafod beclypped,
grædig and hungrig, and for Gode ne dorste
þæs heafdes abyrian, ac heold hit wið deor.
Þa wurdon hi ofwundrode þæs wulfes hyrd-rædenne,
and þæt halige heafod ham feredon mid him,
þancigende þam Ælmihtigan ealra his wundra.
Ac se wulf folgode forð mid þam heafde
oþþæt hi to tune comon, swylce he tam wære,
and gewende eft siþþan to wuda ongean.
Þa land-leoda þa siþþan ledon þæt heafod
to þam halgan bodige and bebyrigdon hine
swa swa hi selost mihton on swylcere hrædinge,
and cyrcan arærdan sona him onuppon.

who had seen it said that the seamen had taken the head with them and it seemed to him likely, as was in fact quite true, that they had hidden the head in the wood somewhere. Then they all went together into the wood, searching everywhere through the thorns and brambles to see if they could find the head anywhere. It was a great miracle, moreover, that a wolf had been sent at God's direction to guard the head against other wild animals by day and night. They went searching and constantly shouting, as is customary among those who often walk in the woods: "Where are you now, my companion?" and the head answered them: "Here, here, here!" And it called out continually like this, answering them all as often as any of them called, until they all came to it by way of the calling.

The gray wolf who guarded the head lay there, and he had clasped the head with his two feet, greedy and hungry, and for the sake of God dared not partake of the head, but guarded it against other wild animals. Then they were astonished at the wolf's watchful care, and brought the holy head home with them, thanking the Almighty for all his wonders. But the wolf accompanied the head until they came to the town, as if it were tame, and then turned back again to the wood. Afterward the local people laid the head beside the holy body and buried him as best they could in such haste, and erected a chapel over him immediately.

Eft þa on fyrste, æfter fela gearum,
þa seo hergung geswac and sibb wearð forgifen
þam geswenctan folce, þa fengon hi togædere
and worhton ane cyrcan wurðlice þam halgan,
forþan ðe gelome wundra wurdon æt his byrgene,
æt þam gebæd-huse þær he bebyrged wæs.
Hi woldon þa ferian mid folclicum wurð-mynte
þone halgan lic-haman, and læcgan innan þære cyrcan.
Þa wæs micel wundor þæt he wæs eallswa gehal
swylce he cucu wære, mid clænum lic-haman,
and his swura wæs gehalod, þe ær forslagen wæs,
and wæs swylce an seolcen þræd embe his swuran ræd
mannum to swutelunge hu he ofslagen wæs.
Eac swilce þa wunda þe þa wæl-hreowan hæþenan
mid gelomum scotungum on his lice macodon
wæron gehælede þurh þone heofonlican God,
and he liþ swa ansund oþ þisne andwerdan dæg,
andbidigende æristes and þæs ecan wuldres.
His lic-hama us cyð, þe lið unformolsnod,
þæt he butan forligre her on worulde leofode,
and mid clænum life to Criste siþode.
Sum wudewe wunode Oswyn gehaten
æt þæs halgan byrgene on gebedum,
and fæstenum manega gear syððan.
Seo wolde efsian ælce geare þone sanct
and his næglas ceorfan syferlice mid lufe,
and on scryne healdan to haligdome on weofode.
Þa wurðode þæt land-folc mid geleafan þone sanct,
and Þeodred bisceop þearle mid gifum
on golde and on seolfre gegodode þæt mynster þam sancte to wurð-mynte.

Some time later, after many years, when the raiding had stopped and peace was restored to the oppressed people, then they joined together and built a church in magnificent fashion for the saint, because miracles frequently occurred at his tomb, in the chapel where he had been buried. Then they intended to carry the saint's body with public honor and lay it to rest within the church. Then it was a great miracle that he was as uncorrupt as if he were alive, with an undecayed body, and his neck, which had been cut through, was healed, and it was as if there was a red silken thread around his neck to reveal to people how he had been killed. Also, the wounds that the cruel heathens had inflicted on his body with repeated shots had been healed by heavenly God, and he lies just as uncorrupt until this present day, awaiting the resurrection and eternal glory. His body, which lies undecayed, shows us that he lived without fornication here in the world, and with a chaste life departed to Christ.

A widow called Oswyn lived near the tomb of the saint in prayer and fasts for many years afterward. Every year, she would cut the saint's hair and trim his nails neatly with love, and keep them in a shrine as relics on the altar. Then the local people honored the saint with faith, and Bishop Theodred generously endowed the church with gifts in gold and silver to honor the saint.

Þa comon on sumne sæl ungesælige þeofas
eahte on anre nihte to þam ar-wurðan halgan:
woldon stelan þa maðmas þe men þyder brohton,
and cunnodon mid cræfte hu hi incumon mihton.
Sum sloh mid slecge swiðe þa hæpsan;
sum heora mid feolan feolode abutan;
sum eac underdealf þa duru mid spade;
sum heora mid hlæddre wolde unlucan þæt æg-ðyrl.
Ac hi swuncon on idel and earmlice ferdon,
swa þæt se halga wer hi wundorlice geband,
ælcne swa he stod strutigende mid tole,
þæt heora nan ne mihte þæt morð gefremman,
ne hi þanon astyrian, ac stodon swa oð mergen.
Men þa þæs wundrodon hu þa weargas hangodon,
sum on hlæddre, sum leat to gedelfe,
and ælc on his weorce wæs fæste gebunden.
Hi wurdon þa gebrohte to þam bisceope ealle,
and he het hi hon on heagum gealgum ealle.
Ac he næs na gemyndig hu se mild-heorta God
clypode þurh his witegan þas word þe her standað:
Eos qui ducuntur ad mortem ervere ne cesses.
"Þa þe man læt to deaðe alys hi ut symble."
And eac þa halgan canones gehadodum forbeodað,
ge bisceopum ge preostum, to beonne embe þeofas,
forþan þe hit ne gebyraþ þam þe beoð gecorene
Gode to þegnigenne þæt hi geþwærlæcan sceolon
on æniges mannes deaðe gif hi beoð Drihtnes þenas.
Eft þa Ðeodred bisceop sceawode his bec syððan,
behreowsode mid geomerunge þæt he swa reðne dom sette
þam ungesæligum þeofum, and hit besargode æfre,
oð his lifes ende. And þa leode bæd georne

Then on one occasion, eight ill-fated thieves came in the one night to the honorable saint: they intended to steal the treasures that people had brought there, and tried to discover how they could enter with cunning. One struck hard at the bolt with a hammer; another of them filed all around it with a file; another dug under the door with a spade; one of them wanted to unlock the window by using a ladder. But they all worked in vain and fared miserably, in that the holy man miraculously paralyzed them, each as he stood struggling with his tool, so that none of them could carry out that crime, nor stir from there, but they stood like this until morning. Then people marveled to see how the criminals were suspended there, one on a ladder, another bent down digging, and each bound fast in his work. Then they were all brought to the bishop, and he commanded that they all be hung on a high gallows. But he did not recall how the merciful God called out through his prophet with the words that follow here: *Cease not to deliver those who are appointed to die.* "Always release those who are led to death." And also the holy canons forbid those who have been ordained, both bishops and priests, to be concerned with thieves, because it is not appropriate for those who are chosen to serve God to consent to the death of any person if they are the Lord's servants. Later when Bishop Theodred consulted his books again, he repented with lamentation that he had pronounced such a harsh judgment upon the unfortunate thieves, and regretted it forever after, to the end of his life. And he earnestly entreated the people to fast with him

þæt hi him mid fæstan fullice þry dagas,
biddende þone Ælmihtigan þæt he him arian scolde.
On þam lande wæs sum man Leofstan gehaten,
rice for worulde and unwittig for Gode,
se rad to þam halgan mid riccetere swiðe
and het him æteowian orhlice swiðe
þone halgan sanct hwæþer he gesund wære.
Ac swa hraðe swa he geseah þæs sanctes lic-haman,
þa awedde he sona and wæl-hreowlice grymetede,
and earmlice geendode yfelum deaðe.
Þis is ðam gelic þe se geleaffulla papa
Gregorius sæde on his gesetnysse
be ðam halgan Laurentie, ðe lið on Romebyrig:
þæt menn woldon sceawian symle hu he lage,
ge gode ge yfele, ac God hi gestilde,
swa þæt þær swulton on þære sceawunge ane
seofon menn ætgædere. Þa geswicon þa oþre
to sceawigenne þone martyr mid menniscum gedwylde.
Fela wundra we gehyrdon on folclicre spræce
be þam halgan Eadmunde þe we her nellaþ
on gewrite settan, ac hi wat gehwa.
On þyssum halgan is swutel and on swilcum oþrum
þæt God ælmihtig mæg þone man aræran
eft on domes dæg andsundne of eorþan,
se þe hylt Eadmunde halne his lic-haman
oð þone micclan dæg, þeah ðe he of moldan come.
Wyrðe wære seo stow for þam wurðfullan halgan
þæt hi man wurþode and wel gelogode
mid clænum Godes þeowum to Cristes þeowdome,
forþan þe se halga is mærra þonne men magon asmeagan.
Nis Angel-cynn bedæled Drihtnes halgena,

for three full days, praying to the Almighty that he would have mercy upon him.

There was a man in the area called Leofstan, who was rich in worldly things but ignorant in the eyes of God, who rode to the saint fiercely with arrogance and very insolently ordered them to reveal the holy saint to him and whether he was incorrupt. But as soon as he saw the saint's body, he immediately became insane and roared savagely, and wretchedly came to an end with an evil death. This is like the story that the faithful Pope Gregory recorded in writing about Saint Laurence, who lies at rest in the city of Rome: people were always wanting to see how he lay, both the good and the evil, but God stilled them, so that a band of seven men together died by viewing him. Then the others stopped looking at the martyr with human error.

We have heard of many miracles about Saint Edmund in common talk that we will not set down in writing here, but everyone knows them. In this saint and in others like him it is revealed that God almighty can raise a person again on the day of judgment uncorrupted from the earth, he who keeps Edmund's body whole until that great day, although it came from earth. For the sake of the venerable saint, the place is worthy of being honored and well provided with God's chaste servants for Christ's service, because the saint is greater than people can imagine. The English people are not

þonne on Englalanda licgaþ swilce halgan
swylce þæs halga cyning and Cuþberht se eadiga
and Æþeldryð on Elig and eac hire swustor
ansunde on lic-haman geleafan to trymminge.
Synd eac fela oðre on Angel-cynne halgan
þe fela wundra wyrcað, swa swa hit wide is cuð,
þam Ælmihtigan to lofe, þe hi on gelyfdon.
Crist geswutelaþ mannum þurh his mæran halgan
þæt he is ælmihtig God þe macað swilce wundra,
þeah þe þa earman Iudei hine eallunge wiðsocen,
forþan þe hi synd awyrgede, swa swa hi wiscton him sylfum.
Ne beoð nane wundra geworhte æt heora byrgenum
forðan þe hi ne gelyfað on þone lifigendan Crist,
ac Crist geswutelað mannum hwær se soða geleafa is
þonne he swylce wundra wyrcð þurh his halgan,
wide geond þas eorðan. Þæs him sy wuldor a
mid his heofonlican Fæder and þam Halgan Gaste. Amen.

deprived of the Lord's saints, when in England such saints as this holy king and the blessed Cuthbert and Æthelthryth in Ely and also her sister lie uncorrupted in body for the confirmation of the faith. There are also many other saints among the English people who perform many miracles, as is widely known, to the praise of the Almighty, in whom they believed. Through his illustrious saints Christ reveals to people that he is almighty God who creates such miracles, though the wretched Jews denied him altogether, for which they are accursed, as they wished upon themselves. There are no miracles performed at their tombs because they do not believe in the living Christ, but Christ reveals to people where the true faith is when he performs such miracles through his saints, widely throughout the earth. Glory be to him on that account with his heavenly Father and the Holy Spirit forever. Amen.

SAINT CECILIA

30

Saint Cecilia

X Kalendas Decembres: Passio sanctae Ceciliae virginis

Iu on ealdum dagum wæs sum æðele mæden,
Cecilia gehaten, fram cildhade Cristen,
on Romana rice þa þa seo reðe ehtnys stod
on þæra casera dagum þe Cristes ne gymdon.
Þeos haliga fæmne hæfde on hire breoste
swa micele lufe to þam ecan life
þæt heo dæges and nihtes embe Drihtnes god-spel
and embe Godes lare mid geleafan smeade,
and on singalum gebedum hi sylfe gebysgode.
Heo wearð swaþeah beweddod, swa swa hit woldon hire frynd,
anum æþelan cnihte se næs Cristen þa git,
Ualerianus gehaten, se is nu halig sanct.
Hwæt ða Cecilia hi sylfe gescrydde
mid hæran to lice and gelome fæste,
biddende mid wope þæt heo wurde gescyld
wið ælce gewemmednysse oððe weres gemanan.
Heo clypode to halgum and to heah-englum,
biddende heora fultumes to þam heofonlican Gode
þæt heo on clænnysse Criste moste þeowian.

30

Saint Cecilia

November 22: Passion of Saint Cecilia, Virgin

Once, in the days of old, there was a noble young woman called Cecilia, a Christian from childhood, when the cruel persecution was enforced throughout the Roman Empire in the days of those emperors who had little regard for Christ. This holy woman had such great love of the eternal life in her heart that she thought about the Lord's gospel and about God's teaching with faith day and night, and occupied herself in constant prayers. Nevertheless, she was engaged to marry a noble youth who was not yet a Christian, as her relatives desired it, and he was called Valerian, who is now a holy saint. Well then, Cecilia clothed herself with haircloth against her body and frequently fasted, praying with tears that she might be protected against any violation or intercourse with a man. She called upon the saints and the archangels, praying for their help with the heavenly God that she be able to serve Christ in chastity.

Hit gewearð swaþeah þæt se wurðfulla cniht
þa bryd-lac geforþode and gefette þæt mæden
mid woruldlicum wurð-mynte swa swa heora gebyrde wæron.
Þa betwux þam sangum and þam singalum dreamum,
sang Cecilia symle þus Gode:
Fiat cor meum et corpus meum inmaculatum ut non confundar.
"Beo min heorte and min lic-hama þurh God ungewemmed
þæt ic ne beo gescynd." And sang symle swa.
Hi wurdon þa gebrohte on bedde ætgædere,
and Cecilia sona, þæt snotere mæden,
gespræc hire bryd-guman and þus to Gode tihte:
"Eala þu, min leofa man, ic þe mid lufe secge.
Ic hæbbe Godes encgel þe gehylt me on lufe,
and gif þu wylt me gewemman, he went sona to ðe
and mid graman þe slihð þæt þu sona ne leofast.
Gif þu þonne me lufast and butan laðe gehylst
on clænum mægðhade, Crist þonne lufað þe
and his gife geswutelað þe sylfum swa swa me."
Se cniht wearð þa afyrht, and cwæð to þam mædene:
"Do þæt ic geseo sylf þone engel
gif þu wylt þæt ic gelyfe þinum wordum be þam,
and gif þe oþer cniht cuþre is þonne ic,
hine ic ofslea, and þe samod mid him."
Cecilia þa cwæð: "Gif þu on Crist gelyfst
and þu gefullod bist fram fyrnlicum synnum,
þu miht sona geseon þone scinendan engel."
Ualerianus andwyrde þa eft þam mædene:
"Hwa mihte me fullian þus færlice nu
þæt ic mihte geseon þone scinendan engel?"
Seo fæmne þa lærde swa lange þone cniht

Nevertheless, it came to pass that the honorable young man offered a marriage ceremony and married the young woman with such worldly honor as became their ranks. Then, amid the songs and the constant rejoicing, Cecilia continuously sang in this way to God: *Let my heart and my body be immaculate that I might not be put to shame.* "Let my heart and my body remain untainted through God that I may not be put to shame." And she always sang in this way. Then they were brought into bed together, and immediately Cecilia, that wise virgin, spoke to her bridegroom and encouraged him toward God in this way: "Oh, my beloved husband, I speak to you with love. I have an angel of God who protects me with love, and if you intend to defile me, he will immediately turn upon you and in anger will strike you so that you die instantly. If you love me and preserve me in this state of pure virginity without harm, Christ will love you and will reveal his grace to you just as he has to me."

Then the young man became afraid, and said to the virgin: "Bring it about that I can see the angel for myself if you want me to believe your words about him, and if there is another young man who is more intimate with you than I, I will kill him, and you together with him." Cecilia then said: "If you believe in Christ and will be cleansed from your former sins through baptism, then you will be able to see the shining angel immediately." Then again Valerian answered the young woman: "Who could baptize me now at such short notice so that I could see the shining angel?" The woman then taught the young man for a long time

oðþæt he gelyfde on þone lifigendan God,
and ferde to þam papan, þe ðær ful gehende wæs,
Urbanus gehaten, and him fulluhtes bæd.
Se papa þa blissode þæt he gebeah to Gode,
and bæd þone ælmihtigan God þæt he for his arfæstnysse
þam cnihte gewissode þæt he wurde geleafful.
Efne þa færlice ætforan heora gesihþum
com Godes engel mid anum gyldenum gewrite,
and Ualerianus feoll afyrht to eorðan.
Þa arærde hine se engel and het hine rædan
þa gyldenan stafas þe him God to sende.
On þam gewrite wæron þas word gelogod:
Unus deus, una fides, unum baptisma.
"An ælmihtig God is and an geleafa
and an fulluht." And he feng to rædene.
Þa cwæð se engel: "Gelyfst þu þises, oððe licað þe elles hwæt?"
Ualerianus andwyrde: "Hwæt bið æfre soðlicre
oððe to gelyfenne ænigum lifigendum menn?"
And se engel þa gewende mid þam worde him fram.
Se papa ða siððan hine sona gefullode,
and his geleafan him tæhte, and let hine eft faran
ham to Cecilian, þam halgan mædene.
Þa funde se cniht þa fæmnan standende
on hire gebedum on hire bure ane,
and Godes engel standande mid gyldenum fyþer-haman
mid twam cyne-helmum gehende þam mædene.
Þa cyne-helmas wæron wundorlice scinende
on rosan readnysse and on lilian hwitnysse.
And he forgeaf þa ænne þam æþelan mædene,
and oþerne þam cnihte, and cwæð him þus to:

until he believed in the living God, and he went to the pope, who was quite nearby, called Urban, and sought baptism from him. Then the pope rejoiced that he was submitting to God, and prayed to almighty God through his mercy to direct the young man to become a believer.

Just then before their eyes an angel of God suddenly appeared with a golden inscription, and Valerian fell to the ground in fright. Then the angel raised him and ordered him to read the gilt letters that God had sent to him. These words were written in order in the inscription: *One God, one faith, one baptism.* "There is one God almighty and one faith and one baptism." And he read it. Then the angel said: "Do you believe this, or do you prefer something else?" Valerian answered: "Has anything ever been more true or more believable to any living person?" And with that utterance the angel departed from them.

Immediately after this the pope baptized him, and instructed him in his faith, and allowed him to return home to Cecilia, the holy virgin. Then the young man found the virgin standing alone in her bedroom at her prayers, and an angel of God with golden wings standing beside the young woman with two royal crowns. The crowns were shining miraculously with the red of the rose and the white of the lily. And he gave one of them to the noble young woman, and the other to the young man, and said this to them:

"Healdað þas cyne-helmas mid clænre heortan
forþam þe ic hi genam on neorxne-wange.
Ne hi næfre ne forseariað ne heora swetnysse ne forleosað,
ne heora wlita ne awent to wyrsan hiwe,
ne hi nan man ne gesihð butan se þe clænnysse lufað.
And þu, Ualeriane, forðan þe ðu lufast clænnysse,
se hælend þe het biddan swa hwilce bene swa þu wille."
Þa cneowode se cniht and cwæð to þam engle:
"Næs me nan þing swa leof on þysum life wunigende
swa me wæs min broþor, and bið me uneaþe
þæt ic beo alysed and he losige on witum.
Þas bene ic bidde, þæt min broþor Tiburtius
beo alysed þurh God and to geleafan gebiged,
and he do unc begen him to biggengum."
Þa cwæð se engel eft mid blisse him to: "Forþan þe þu þæs bæde,
þe bet Gode licað þin broðor Tiburtius
bið gestryned þurh þe to þam ecan life,
swa swa þu gelyfdest on God þurh Cecilian lare,
and git sceolan begen þu and þin broðor beon gemartyrode samod."
And se engel þa gewende up to heofonum.
Hi smeadon þa mid glædnysse and embe Godes willan spræcon
oþþæt his broþor com bliðe on mergen him to,
and cyste hi butu and cwæð mid blisse:
"Ic wundrige þearle hu nu, on wintres dæge,
her lilian blostm oþþe rosan bræð
swa wynsumlice and swa werodlice stincað.
Ðeah þe ic hæfde me on handa þa blostman,
ne mihton hi swa wynsumne wyrt-bræð macian.

"Keep these crowns with a pure heart because I received them in paradise. They will never wither nor lose their sweetness, nor will their beauty fade to a lesser color, nor will anyone see them except one who loves chastity. And because you love chastity, Valerian, the savior orders you to ask for whatever favor you wish."

Then the young man knelt and said to the angel: "There is nothing living in this world that is so dear to me as my brother was, and it will be difficult for me if I should be saved and he lost to torments. I ask this favor, that my brother Tiburtius may be saved by God and converted to the faith, and that God may make us both his followers." Then the angel spoke to him again with gladness: "Because you have asked this, it pleases God the more that your brother Tiburtius will acquire eternal life through you, just as you believed in God through Cecilia's teaching, and you and your brother shall both be martyred together." And the angel then ascended to heaven.

They considered this with delight and spoke about the will of God until his brother cheerfully came to them in the morning, and he kissed them both and said with joy: "I am truly amazed how now, on a winter's day, the scent of lily blossom or rose smells so beautifully and so sweetly here. Though I had the flowers in my hand, they could not produce so beautiful a fragrance. And I say, truly, that I am so

And ic secge to soþan þæt ic swa eom afylled
mid þam swetan bræða, swylce ic sy geedniwod."
Þa cwæð se broðor: "Þurh mine bene þe com
þæs wynsuma bræð to, þæt þu wite heonan-forð
hwæs blod readaþ on rosan gelicnysse,
and hwæs lic-hama hwitað on lilian fægernysse.
We habbað cyne-helmas halige mid us,
scinende swa swa rose and snaw-hwite swa swa lilie,
þa þu ne miht geseon þeah þe hi scinende beon."
  Þa cwæð Tiburtius: "Sege me, broðor min, gehyre ic þis on slæpe,
oððe þu hit sægst on eornost?" Se oðer him cwæð to:
"Oð þis we leofodon swilce we on slæpe wæron,
ac we synd nu gewende to soðfæstnysse.
Þa godas þe we wurþodon syndon gramlice deofla."
Þa cwæð se oþer: "Hu wearð þe þæt cuþ?"
Ualerianus andwyrde: "Godes engel me tæhte,
and þone þu miht geseon gif ðu soðlice bist
on fulluhte aþwogen fram þam fulum deofol-gilde."
Hi spræcon þa swa lange, oðþæt he to geleafan beah
and se broðor wolde þæt he wurde gefullod.
Þa befran Tiburtius hwa hine fullian sceolde.
Se oðer him cwæð to: "Urbanus, se papa."
Eft þa Tiburtius him andwyrde and cwæð:
"Se is geut-lagod and lið him on digelan
for his Cristendome, and gif we cumað him to
we beoð gewitnode gif hit wyrð ameldod.
And þa hwile þe we secað, swa swa hit gesæd is,
godcundnysse on heofonum, we graman gemetað
and lifleaste on eorðan gif we his lare folgiað."

filled with that sweet scent, that it is as if I were renewed." Then his brother said: "This beautiful scent came to you at my request, that you may know from this time on whose blood is as red as a rose, and whose body is white with the fairness of a lily. We have holy crowns here with us, shining like a rose and snow-white as a lily, that you cannot see though they are shining."

Then Tiburtius said: "Tell me, my brother, am I hearing this in my sleep, or are you saying this in earnest?" The other said to him: "Until this time, we have lived as if we were asleep, but now we are converted to righteousness. The gods whom we worshiped are cruel devils." Then the other said: "How was this made known to you?" Valerian answered: "God's angel taught me, and you can see him if you are truly cleansed of foul heathen worship through baptism." They spoke for a long time, until he converted to the faith, and the brother wished to be baptized. Then Tiburtius asked who should baptize him. The other said to him: "Urban, the pope." Then Tiburtius answered him again and said: "He is outlawed and is in hiding because of his Christianity, and if we approach him we will be tortured if it is discovered. And, as it is said, while we are searching for divinity in heaven, we shall find anger and loss of life on earth if we follow his teaching."

Þa cwæð Cecilia sona mid gebylde:
“Gif þis lif wære ana and oþer nære selre,
þonne mihte we ondrædan us deaðes rihtlice.”
Þa axode Tiburtius: “Is ænig oþer lif?”
Cecilia him cwæð to: “Cuð is gehwilcum menn
þæt þis lif is geswincful and on swate wunað.
Þis lif bið alefed on langsumum sarum
and on hætum ofþefod and on hungre gewæht,
mid mettum gefylled and modig on welum,
mid hafenleaste aworpen and ahafen þurh iugoðe,
mid ylde gebiged and tobryt mid seocnysse,
mid unrotnysse fornumen and geangsumod þurh cara.
Þonne cymð him deað to and deð of gemynde
ealle þa blysse þe he breac on his life.
And on þam ecan life þe æfter þysum cymð,
bið þam rihtwisum forgifen rest and gefea,
and þam unrihtwisum þa ecan wita.”
Þa cwæð Tiburtius: “Hwa com þanon hider
þe mihte us secgan gif hit swa wære?”
Cecilia þa aras and mid an-rædnysse cwæð:
“Ealle gesceafta scyppend ænne Sunu gestrynde
and forð teah þurh hine sylfne þone Frofer-Gast.
Þurh þone Sunu he gesceop ealle gesceafta þe syndon,
and hi ealle gelyffæste þurh þone lifigendan Gast.”
Þa andwyrde Tiburtius: “Ænne God ge bodiað,
and humeta namast þu nam-cuðlice þry godas?”
Cecilia him andwyrde: “An God is ælmihtig
on his mægen-þrymnysse wunigende; ðone arwurðiað we Cristenan
æfre on þrynnysse, and on soðre annysse,
forþan þe Fæder and Sunu and se Frofer-Gast

Then Cecilia spoke immediately with boldness: "If there were only this life and nothing better, then we might rightly have fear of death." Then Tiburtius asked: "Is there any other life?" Cecilia replied to him: "It is well known to everyone that this life is full of hardship and consists of toil. This life is oppressed by long sorrows and dried up by heat and wearied by hunger, filled with foods and proud in prosperity, cast down in poverty and uplifted in youth, bowed down in age and broken in sickness, consumed by sadness and troubled by cares. Then death comes to him and removes from his recollection all the joy that he enjoyed in this life. And in the eternal life that comes after this, rest and joy will be granted to the righteous, and eternal torments to the unrighteous."

Then Tiburtius said: "Has anyone come here from that place who could tell us if it were so?" Cecilia then rose and with steadfastness said: "The creator of all creatures begot a Son and brought forth the comforting Spirit through his own power. Through the Son he created all creatures that exist, and gave them all life through the living Spirit."

Then Tiburtius answered: "You preach one God, so how is it that you can name three gods individually?" Cecilia answered him: "There is one God almighty dwelling in his majesty; we Christians worship him forever in the Trinity, and in true Unity, because the Father and the Son and the

an gecynd habbað and ænne cynedom,
swa swa on anum men synd soðlice þreo þing—
andgit and wylla and gewittig gemynd—
þe anum men gehyrsumiaþ æfre togædere."
Þa feoll Tiburtius forht to hire cneowum
and clypode hlude and cwæð mid geleafan:
"Ne þincð me þæt þu spræce mid menniscre spræce,
ac swilce Godes engel sylf spræce þurh þe.
Ac ic axie git be þam oþrum life:
hwa þæt gesawe and siððan come hider?"
   Hwæt þa Cecilia him snoterlice andwyrde,
and sæde hu se hælend of heofonum com to us,
and hwylce wundra he worhte on þisre worulde fela,
and hu he þa deadan arærde of deaðe to life,
and hu he sylf of deaðe on þam þriddan dæge aras,
and fela þincg him sæde swutellice be Criste.
Þa weop Tiburtius and gewilnode georne
þæt he gefullod wurde æt þam fore-sædan papan,
and se broþer siþode sona forð mid him
and cydde þam papan hwæt hi gecweden hæfdon.
   Se papa ða Urbanus blissode on Gode
and gefullode sona þone gesæligan cniht,
and sæde him his geleafan geond seofon dagas on an
oþþæt he fulfremod ferde eft ongean.
He beget þa æt Gode þa gastlican gesælþa
swa þæt he dæghwamlice Drihtnes englas geseh,
and swa hwæs swa he gewilnode him ne forwyrnde God
and worhte gelome wundra þurh hine
and þurh his broðor, swa swa bec secgað.
   Þa wæs on Romebyrig sum reðe cwellere
Almachius gehaten, se wæs heah-gerefa,

Comforting Spirit have one nature and one supreme authority, even as in one person there are truly three things—understanding and will and conscious memory—which together serve one person always." Then Tiburtius fell at her knees, afraid, and called out loudly and said with faith: "It does not seem to me as if you speak with a human voice, but it is as if God's angel himself were speaking through you. But still let me ask you about the other life: has anyone seen it and afterward come here?"

Well then, Cecilia wisely answered him, and told how the savior came to us from heaven, and what kind of numerous miracles he performed in this world, and how he raised the dead from death to life, and how he himself rose from death on the third day, and she clearly told him many things about Christ. Then Tiburtius wept and earnestly desired to be baptized by the pope of whom we spoke before, and his brother immediately set out with him and told the pope what they had said.

Then Pope Urban rejoiced in God and baptized the blessed young man immediately, and instructed him in the faith for seven days continuously until he returned again perfected. He then received spiritual blessings from God so that he saw the Lord's angels every day, and God did not deny him whatever he wished and frequently performed miracles through him and through his brother, as books tell.

Then there was a cruel killer in Rome called Almachius, who was a prefect, and he martyred with many torments

and he mid manegum witum gemartyrode þa Cristenan
þa ða he ofaxian mihte, and man ne moste hi bebyrigan.
Ualerianus þa and his fore-sæda broþor
bebyrigdon þa martyras þe se manfulla acwealde,
and ælmyssan dældon dæghwamlice þearfum,
oðþæt se arleasa ehtere ofaxode heora dæda.
Hwæt þa Almachius het þa men gelangian
and axode hi sona mid swiðlicre þreatunge,
hwi hi þa bebyrigdon þe his beboda forsawon
and for heora scyldum ofslagene lagon,
oþþe hwi hi dældon dearnunga heora æhta
waclicum mannum unwislicum ræde.
  Þa andwyrde Tiburtius þam arleasan and cwæð:
"Eala, gif þa halgan þe þu hete ofslean
and we bebyrigdon woldon us habban
huru him to þeowum to heora þenungum!"
Hi þa swa lange motodon, oþþæt se manfulla het
mid saglum beatan þone oþerne broþor.
And sum ræd-bora þa to þam reðan þus cwæð:
"Hat hi, leof, acwellan nu hi Cristene synd.
Gif þu þonne elcast, heora æhta hi dælað
þearfum and wædlum. And þu witnast hi siððan,
and næfst þa æhta for þinre ælcunge."
  Almachius þa het his manfullan cwelleras
lædan þa gebroðra on bendum togædere
to þam hæþen-gilde and het hi geoffrian,
oþþe hi man ofsloge mid swurde þær-rihte.
Hi lædde þa Maximus swa se manfulla het
mid oþrum cwellerum to þære cwealm-stowe.
Þe weop Maximus forþan þe hi woldon sweltan,
and axode þa gebroðra hwi hi swa bliþelice eodon

those Christians whom he could discover, and no one was able to bury them. Then Valerian and his brother whom we spoke of before buried the martyrs whom the wicked prefect had executed, and daily gave alms to the needy, until the impious persecutor discovered their actions. Well then, Almachius ordered the men be summoned and immediately interrogated them with terrible menace, asking why they had buried those who had scorned his commands and lay slain because of their offenses, or why they secretly distributed their possessions ill-advisedly to humble people.

Then Tiburtius answered the cruel prefect and said: "Oh, if only the saints whom you ordered to be killed and whom we buried would have us even as slaves in their service!" They disputed for a long time, until the wicked prefect ordered the second brother to be beaten with clubs. And a counselor said this to the cruel prefect: "Order that they be killed now, lord, for they are Christians. If you delay in this, they will distribute their possessions to the poor and needy. And you will punish them afterward, and will not have their possessions because of your delay."

Almachius then ordered his cruel executioners to take the brothers bound in fetters together to the heathen temple and ordered them to make an offering, or they would be killed straightaway with a sword. Then Maximus brought them with the other executioners to the place of execution as the wicked prefect had commanded. Then Maximus wept because they intended to die, and asked the brothers why

to heora agenum slege, swylce to gebeorscipe.
Þa cwæð se yldra broþor: "Noldon we efstan to deaþe
mid swa mycelre blisse gif we to beteran life
soðlice ne becomon siððan we ofslagene beoð,
to þam ecan life, swa swa we leornodon to soþan."
Betwux þære tihtinge þa þa hi tengdon forð,
þa cwæð se Maximus to þam martyrum þus:
"Ic wolde eac forseon þisre worulde swæsnysse
gif ic wiste to gewissan þæt eowre word wæron soþe."
Þa cwæð se gingra broðor of þam bendum him to:
"Ure Drihten Crist deð þæt þu gesihst,
þonne we ofslagene beoð, hu ure sawla farað
mid wuldre to him, gif þu wylt nu behatan
þæt þu mid eallum mode þin man behreowsige."

Maximus þa cwæð to þam martyrum þus:
"Fyr me forbærne gif ic ne buge to Criste
siþþan ic geseo hu eowre sawla farað
to þam oþrum life þe ge embe sprecað!"
Þa cwædon þa halgan gebroþra þe he on bendum lædde:
"Bebeod þysum cwellerum þæt hi us cuce healdan
on þinum agenum huse nu þas ane niht,
oðþæt þu sy gefullod fram fyrnlicum synnum,
þæt þu mote geseon þa gesihðe þurh God."
Hi wurdon þa gebrohte on bendum to his huse,
and Cecilia seo eadige mid ar-wurðum sacerdum
þider com sona, and hi sæton þa niht
embe Crist sprecende oþþæt þa cwelleras gelyfdon
and wurdon gefullode æt þam fore-sædum preostum.

Hwæt þa on dæg-ræd, þæt deor-wurðe mæden,
Cecilia, clypode and cwæð to him eallum:
"Nu ge la Godes cempan, awurpað caflice eow fram

they proceeded so happily to their own deaths, as if a to banquet. Then the older brother said: "We would not hasten to death with such great joy if in truth we were not going to a better life after we have been killed, to that eternal life, just as we have learned in truth." As they proceeded, among their words of encouragement Maximus then said this to the martyrs: "I would also scorn the flattery of this world if I knew for sure that your words were true." Then the younger brother addressed him from his shackles: "Our Lord Christ will make you see how our souls depart in glory to him when we are killed, if you will now promise to repent of your sin with all your heart."

Maximus then spoke to the martyrs in this way: "Let fire consume me if I do not submit to Christ once I have seen how your souls depart to the other life that you speak about!" Then the holy brothers whom he led in fetters said: "Order these executioners to keep us alive in your own house now for this one night, until you are cleansed of your former sins by baptism so that you may see this vision through God." They were then brought in bonds to his house, and the blessed Cecilia came there immediately with honorable priests, and they sat up all night speaking about Christ, until the executioners believed and were baptized by the priests we mentioned.

Well then, at dawn, Cecilia, the worthy young woman, called out and said to them all: "Now, you soldiers of God,

þæra þeostra weorc, and wurðað ymbscrydde
mid leohtes wæpnum to þysum gewinne nu.
Ge habbað gecampod swiðe godne campdom;
eowerne ryne ge gefyldon and geleafan geheoldon.
Gað to þam wuldor-beage þæs wynsuman lifes,
þonne se rihtwisa dema deð eow to edleane."
Hi wurdon þa gelædde for heora geleafan to slege,
and mid swurde beheafdode. Þa beheold Maximus
and sæde mid aþe to þam ymbstandendum:
"Ic geseah soðlice mid þam þe hi ofslagene wurdon,
Godes englas scinende on sunnan gelicnysse,
fleogende him to, and underfengon heora sawla,
and þa sawla ic geseah swiðe wlitig faran
forð mid þam englum on heora fiðerum to heofonum."

Þa þa Maximus sæde swa soðlice þas word,
weopendum eagum, þe gewendon þa hæþenan
manega to geleafan fram heora leasum godum.
Almachius þa ofaxode þæt se ar-wurða Maximus
mid eallum his hiwum on þone hælend gelyfde
and wæron gefullode; wearð þa him gram
and het hine swingan mid leadenum swipum
oþþæt he gewat of worulde to Criste.
Cecilia þa sona þone sanct bebyrigde
on stænenre þryh on þam stede þe lagon
þa twegen gebroþra bebyrigde on ær.

Heo dælde þa siððan digellice þearfum
hire bryd-guman æhta and his broþor þing,
and Almachius wolde witan ymbe þa æhtan,
swylce heo wydewe wære, and heo wearð þa geneadod
þæt heo offrian sceolde þam arleasum godum.
Þa weopon þa hæðenan þæt swa wlitig fæmne,

boldly cast away from yourselves these works of darkness, and be clothed now for this battle with the armor of light. You have fought a very good fight; you have fulfilled your course and kept the faith. Go to the crown of glory of this beautiful life, which the righteous judge will bestow upon you as a reward." They were then led to their deaths for their faith, and beheaded with a sword. Then Maximus watched and with an oath proclaimed to those standing round: "I truly saw God's angels shining like the sun, flying toward them when they were killed, and they received their souls, and I saw the souls depart with great beauty on the wings of the angels to heaven."

When Maximus said these words so truly, with weeping eyes, then many of the heathens converted to the Christian faith from their false gods. Almachius then discovered that the honorable Maximus believed in the savior with all his household and that they had been baptized; he became furious and ordered him to be beaten with lead whips until he departed from this world to Christ. Then Cecilia immediately buried the saint in a stone coffin in the place where the two brothers lay who had been buried previously.

Afterward she secretly distributed her bridegroom's possessions and his brother's things among the poor, and Almachius wanted to know about the possessions, as if she were a widow, and then she was put under pressure to make offerings to the wicked gods. Then the heathens wept that a

and swa æþel-boren wimman mid wisdome afylled,
wolde deað þrowian on witum swa iung.
Þa cwæð Cecilia and sæde him eallum:
"Ne bið se forloren þe lið for Gode ofslagen.
He bið swa awend to wuldre of deaðe,
swilce man lam sylle and sylf nime gold,
swilce he sylle wac hus and wuldorful underfo,
sylle gewitendlic and ungewitendlic underfo,
sylle wacne stan and wurðfulne gym underfo."
Heo tihte þa swa lange þa ungeleaffullan hæðenan,
oðþæt hi ealle cwædon mid anre stemne þus:
"We gelyfað þæt Crist, Godes Sunu, soðlice God is,
þe þe þyllice underfeng him to þinenne on worulde."
Þa wurdon gefullode feower hund manna
on Cecilian huse þam hælende to lofe,
and se papa mæssode þam mannum gelome
on þam ylcan huse, and se hæðenscipe wanode.
Almachius se arleasa het þa ardlice gefeccan
þa eadigan Cecilian, and hi axode sona
hwylcere mægðe heo wære, and hi motodon lange,
oþþæt þam deman ofþuhte hyre dyrstignyss,
and cwæð orhlice eft to þam mædene:
"Nast þu mine mihte?" And þæt mæden him cwæð to:
"Ic secge, gif þu hætst, hwilce mihte þu hæfst.
Ælces mannes miht þe on modignysse færð
is soðlice þam gelic swilce man siwige
ane bytte and blawe hi fulle windes,
and wyrce siððan an þyrl, þonne heo toþunden bið
on hire greatnysse; þonne togæð seo miht."
Almachius hire cwæð to þa þa hi campodon mid wordum:
"Hwæt, þu ungesælige, nast þu þæt me is geseald

young woman so beautiful, and a woman so noble born and filled with wisdom, intended to suffer death by torture when so young. Then Cecilia spoke and said to them all: "The one who lies slain for God will not be lost. That person will be transformed from death to glory, as one might give away clay and receive gold, or as one might give away a poor house and receive a glorious one, give the perishable and receive the imperishable, give a poor stone and receive a precious gem." She exhorted the unbelieving heathens for so long, until they all spoke with one voice and said this: "We believe that Christ, God's Son, is truly God, who has taken for himself one such as you as his maidservant upon earth." Then four hundred people were baptized in Cecilia's house to the praise of the savior, and the pope celebrated Mass for the people frequently in the same house, and heathenism declined.

Then the impious Almachius ordered that the blessed Cecilia be urgently fetched, and at once he asked her from what kind of family she was, and they disputed for a long time, until her boldness offended the judge, and he spoke insolently again to the young woman: "Do you not know my power?" And the young woman said to him: "If you so command, I will tell you what power you have. The power of everyone who walks in pride is truly like someone who sews a skin and blows it full of wind and afterward, when it is inflated in its bloatedness, makes a hole; then its power disappears."

Almachius spoke to her as they battled with words: "Well, you wretched woman, do you not know that the power is

anweald to ofsleanne and to edcucigenne,
and þu spræcst swa modelice, mine mihta tælende?"
Þæt mæden him cwæð to: "Oþer is modignyss,
oþer is an-rædnyss, and ic an-rædlice spræc,
na modelice, forþan þe we modignysse
eallunga onscuniað." And eft heo cwæð him to:
"Þu cwæde þæt þu hæfdest to acwellene anweald
and to edcucigenne; ac ic cwæðe þæt þu miht
þa cucan adydan and þam deadan þu ne miht
eft lif forgifan, ac þu lyhst openlice."
Almachius hire andwyrde: "Awurp þine dyrstignysse
and geoffra þam godum ar-wurðlice onsægednysse."
Cecilia him cwæð to: "Cunna mid grapunge
hwæðer hi stanas synd and stænene anlicnysse,
þa þe þu godas gecigst, begotene mid leade,
and þu miht swa witan gewislice mid grapunge,
gif ðu geseon ne miht, þæt hi synd stanas.
Hi mihton wel to lime gif man hi lede on ad.
Nu hi ne fremiað him sylfum ne soðlice mannum:
and hi mihton to lime gif hi man lede on fyr."

Þa wearð se arleasa dema deoflice gram
and het hi lædan sona and seoðan on wætere
on hire agenum huse for þæs hælendes naman.
Þa dydon þa hæþenan swa swa hi het Almachius,
and heo læg on þam bæðe bufan byrnendum fyre,
ofer dæg and niht ungederodum lic-haman,
swa swa on cealdum wætere, þæt heo ne swætte furðon.
Hi cyddon þa Almachie hu þæt mæden þurhwunode
on þam hatum baðe mid halum lic-haman,
and furþon butan swate. Þa sende he ænne cwellere to,
and het hi beheafdian on þam hatan wætere.

given to me to kill and to bring back to life, and yet you speak so proudly, mocking my power?" The young woman said to him: "Pride is one thing, resolution another, and I am speaking resolutely, not proudly, because we shun pride altogether." And she said to him again: "You said that you have the power to kill and to bring back to life; however, I say that you can destroy the living but you cannot restore life to the dead, and that you plainly lie." Almachius answered her: "Cast aside your presumption and offer sacrifices reverently to the gods." Cecilia said to him: "Test by touching them whether what you call gods are stones and stony statues covered in lead, and you will be able to know for certain by touching them, if you cannot by seeing, that they are stones. They would dissolve completely to lime if they were placed on a pyre. Now they will not benefit themselves nor, indeed, humanity: and they will dissolve to lime if they are placed upon a fire."

Then the wicked judge became fiendishly angry and ordered that she be taken immediately and boiled in water in her own house for the name of the savior. Then the heathens did as Almachius commanded them, and she lay in the bath over a burning fire, with her body unharmed for a day and a night, as if in cold water, so that she did not even perspire. They told Almachius then how the young woman endured in the hot bath with a sound body, and without even perspiration. Then he sent an executioner to her, and ordered that she be beheaded in the hot water.

Se cwellere hi sloh þa mid his swurde,
æne, eft, and þryddan siðe, ac hire swura næs forod.
And he forlet hi sona, swa sam-cuce licgan,
forþam þe witan cwædon þæt nan cwellere ne sceolde
feower siðan slean to þonne man sloge scyldigne.
Heo leofode þa þry dagas and þa geleaffullan tihte,
and hire mædena betæhte þam maran papan,
and hire hus wearð gehalgod to haligre cyrcan
þær wurdon, þurh God, wundra gelome.
And Urbanus se papa bebyrigde hi ar-wurðlice,
to wuldre þam Ælmihtigan þe on ecnysse rixað. Amen.

The executioner struck her with his sword, once, again, and a third time, but her neck was not severed. And then he immediately abandoned her, lying half dead, because the senate had decreed that no executioner should strike four times when he killed a criminal. She then lived on for three days and exhorted the faithful, and committed her handmaidens to the glorious pope, and her house was consecrated as a holy church where, through God, miracles frequently occurred. And Pope Urban buried her reverently, to the glory of the Almighty who reigns in eternity. Amen.

SAINTS CHRYSANTHUS AND DARIA

31

Saints Chrysanthus and Daria

III Kalendas Decembres: Passio Chrisanti et Dariae sponsae eius

On ðam timan ðe Numerianus casere
rixode, þa ferde sum æðel-boren man
fram Alexandrian byrig to Romebyrig,
Polemius gehaten. Se wæs hæþen-gilda
and he hæfde ænne sunu gehaten Crisantus.
Se kasere hine underfeng ða mid fullum wurð-mynte,
and þa Romaniscan witan hine wurðodon swyðe.
Þa befæste he his sunu sona to lare
to woruld-wisdome þæt he uðwita wurde,
forðam þe on þam dagum ne mihte nan man beon geþogen
buton he hæþene bec hæfde geleornod,
and þa cræftas cuþe þe kaseres þa lufodon.
Crisantus þa leornode mid leohtum andgite
and mid gleawum mode grammatican cræft
and þa hæðenan bec, oþþæt þa halgan god-spel
him becomon to hande. Þa cwæð he to him sylfum:
"Swa lange ic leornode þa ungeleaffullan bec
mid þeostrum afyllede, oþþæt ic færlice becom

31

Saints Chrysanthus and Daria

November 29: Passion of Chrysanthus and His Wife Daria

At the time when the emperor Numerian reigned, a nobleman called Polemius traveled from the city of Alexandria to the city of Rome. He was a heathen worshiper and he had an only son called Chrysanthus. The emperor received him with full honor, and the Roman senate greatly revered him. Immediately he set his son to learning worldly wisdom so that he might become a philosopher, because in those days no one could be distinguished unless he had learned heathen books and was practiced in those arts that the emperors then loved. Chrysanthus then learned the art of grammar and the heathen books with quick understanding and with a sharp mind, until the holy gospels came into his possession. Then he said to himself: "I have learned these faithless books filled with darkness for so long, until I suddenly

to soðfæstnysse leohte, and ic snotor ne beo
gif ic cyrre to þeostrum fram þam soðan leohte.
Uton healdan fæste þone fægeran gold-hord.
Nelle ic hine forleosan nu ic swa lange swanc.
Unnyt ic leofode gif ic hine nu forlæte."

He began þa to secenne swyðe ða Cristenan
oðþæt he ofaxode ænne ar-wurðne mæsse-preost
on fyrlenum wunigende, and he fægnode þæs.
He wearð þa gefullod æt þam fore-sædan preoste,
and leornode his geleafan mid þam halgan lareowe,
swa þæt he þone Cristendom cuðe be fullan
and began to bodigenne bealdlice þone hælend.
Þa gestodon his frynd his fæder and cwædon:
"To plihte þinre æhta and þines agenes heafdes
bodað þes þin cnapa swa bealdlice be Criste.
Wurðe hit þam casere cuþ, ne canst þu þe nænne ræd."

Þa gebealh hine se fæder and gebrohte þone sunu
on leohtleasum cweart-erne and beleac hine þær,
and on æfen symle sende him bigleofan,
lytelne and wacne, and he wunode þær swa.
Þa sædon þa magas eft sona þam fæder:
"Gif þu wille þinne sunu geweman fram Criste,
þonne most þu him olæcan and est-mettas beodan
and do þæt he wifige. Þonne wile he forgitan,
siððan he wer bið, þæt he wæs Cristen.
Þas geswencednyssa and þas sweartan þeostra
þe þu him dest to wite, awendaþ þa Cristenan
him sylfum to wuldra na to witnunge."
Se fæder þa het feccan of þam fulum cweart-erne
þone geswenctan cniht, and hine sona scrydde
mid deor-wurðum reafum and het dæftan his bur

came to the light of truth, and I would not be wise if I were to turn to darkness from the true light. Let us hold fast onto that beautiful treasure hoard. I do not intend to lose it now that I have struggled so long for it. I will have lived in vain if I abandon it now."

Then he began to search urgently for Christians until he discovered an honorable priest living far away, and he rejoiced at this. He was then baptized by the priest of whom we spoke, and learned his faith with that holy teacher, so that he knew about Christianity in full and began to boldly preach the savior. Then his relatives confronted his father and said: "This boy of yours preaches about Christ so boldly that he risks your possessions and your own head. If it is reported to the emperor, then you will be at a loss to know what to do."

Then the father became angry and brought his son to a dark prison and imprisoned him there, and in the evening he always sent him food, little and meager, and he stayed there like this. Then his relatives spoke to the father immediately afterward: "If you wish to entice your son away from Christ, then you must flatter him and offer him delicacies and provide him with a wife. Then, once he is a husband, he will be willing to forget that he was a Christian. These afflictions and this deep darkness that you inflict upon him as a punishment, the Christians transform from their torment into their glory." The father then ordered them to fetch the oppressed young man from the foul prison, and he immediately clothed him in precious garments and ordered that his

mid pællum and mid wah-ryftum wurðlice þam cnihte.
He funde eac sona fif mædena him to,
wlitige and rance, to wunigenne mid him,
and het þæt hi awendon mid heora wodlican plegan
his geþanc fram Criste, and cwæð þæt hi sceoldon
sylfe hit gebicgan gif hi ne bigdon his mod.
He sende him eac gelome sanda and estas,
ac se cniht forseah þa sanda and drencas,
and þa mædena onscunode swa swa man deþ næddran.
He læg on gebedum and forbeah heora cossas,
and bæd þone hælend þæt he geheolde his clænnyse,
swa swa he heold Iosepes on Ægipta lande.
He andette eac Gode mid eallum mode and cwæð:
"Ic bidde þe, Drihten, þæt þu do þæs næddran
þæt hi ealle slapon on minre gesihðe nu
þæt hi awræccan ne magon mid heora wodlican plegan
ænige galnysse on me, forðan þe ic truwige on þe."

Mid þam þe Crisantus clypode þas word to Gode,
þa slepon þa mædene swa swarum slape
þæt man hi awreccan ne mihte butan man hi awurpe
ut of þæs cnihtes bure þe ða clænnysse lufode.
Wiðutan þam bure, hi æton and wacodon,
and swa hraðe swa hi in eodon, hi wurdon on slæpe.
Þis wearð þa gesæd sona þam fæder,
and he beweop þone sunu swilce he dead wære.
Þa cwæð sum ræd-bora þæt Chrisantus leornode
dry-cræft æt þam Cristenum, and ofercom mid þam
þa bile-witan mædene on þam bure swa eaþelice,
and tihte þone fæder þæt he funde sum mæden
on cræftum getogen þe cuþe him andwyrdan.

chamber be prepared honorably with rich furnishings and curtains for the young man. He also found five young women for him immediately, beautiful and proud, to live with him, and ordered them to turn his thoughts from Christ with their silly games, and said that they themselves would pay for it if they did not change his mind. He also frequently sent him dishes of food and delicacies, but the young man despised the food and drinks, and avoided the young women as one would serpents. He lay in prayer and shunned their kisses, and prayed to the savior to preserve his chastity, just as he kept Joseph's in the land of Egypt. He also professed his faith in God with all his heart and said: "I pray, Lord, that you cause all these serpents to fall asleep now in my sight so that they cannot arouse any desire in me with their foolish games, because I trust in you."

When Chrysanthus spoke these words to God, the young women slept so deep a sleep that no one could wake them except by throwing them out of the chamber of the young man who loved chastity. Outside the chamber, they ate and were awake, but as soon as they entered it, they fell asleep. This was immediately reported to the father, and he wept for his son as if he were dead. Then a counselor said that Chrysanthus had learned magic from the Christians, and by it overcame the innocent young women so easily in the chamber, and he encouraged the father to find a young woman educated in the arts who knew the response to them.

Þa wæs sum mæden wundorlice cræftig
on þære ylcan byrig æþel-borenre mægðe,
Daria gehaten, on hæðenscipe wunigende,
wlitig on wæstme, and on uðwitegunge snoter.
Polemius þa sona sende his frynd
to þam mædene Darian, and micclum wæs biddende
þæt heo Chrisantum gewemde fram Criste mid spræce,
and þæt heo hæfde hine hire to were syððan.
Him geweard þa æt nextan þæt heo wolde swa don,
and com þa, geglenged mid golde, to þam cnihte,
and scinendum gym-stanum swilce sun-beam færlice,
and hine frefrode mid hire fægerum wordum.
Þa cwæð Crisantus hire to mid clænum mode þus:
"Swyðe þu geglengdest mid golde þe sylfe
þæt þu mid þinre wlite minne willan aidlige,
ac þu mihtest habban þone hælend to bryd-guman,
gif þu hine lufodest, and heolde þe clænlice
on ungewemmedum mægðhade, and þu wurde swa wlitig
wiþinnan on mode swa swa þu wiðutan eart."
Daria him andwyrde: "Ne dyde ic for galnysse
þæt ic þus gefretewod ferde in to þe,
ac þines fæder wop ic wolde gestillan,
þæt þu him ne losige ne huru þam godum."
Crisantus þa axode betwux oþrum spræcum,
"Hwilce godnysse hæfde eower god Saturnus,
þe abat his suna þonne hi geborene wæron,
swa swa his biggengan on heora bocum awriton?
Oþþe hwylce godnysse hæfde se gramlica Iouis,
se þe on fulum forligre leofode on worulde
and his agen swustor him geceas to wife
and manega man-slihtas and morð-dæda gefremode,

There was a marvelously learned young woman of noble parentage in the same city called Daria, who was living in heathenism, beautiful in appearance, and wise in philosophy. Then Polemius immediately sent his friend to the young woman Daria, and entreated her passionately to lure Chyrsanthus from Christ by her speech, and she could afterward have him as her husband. Then they finally agreed that she was willing to do this, and she approached the young man unexpectedly, adorned with gold and with brightly shining gem stones like a sunbeam, and she comforted him with her beautiful rhetoric. Then Chrysanthus spoke to her with a chaste heart in this way: "You have adorned yourself very much with gold so as to frustrate my intentions with your beauty, but if you loved him, you could have the savior as a bridegroom and keep yourself chaste in unblemished virginity, and you would be as beautiful within your heart as you are on the outside." Daria answered him: "I did not approach you adorned in this way out of sexual desire, but because I wanted to stop your father's tears, that you might not be lost to him nor indeed to the gods." Then among other exchanges Chrysanthus asked: "What sort of goodness did your god Saturn possess, who devoured his sons when they were born, as his worshippers have recorded in their books? Or what sort of goodness did the fierce Jove have, who lived in the world in foul fornication and chose his own sister as a wife and committed many manslaughters

and dry-cræft arærde to bedydrigenne þa unwaran?
Oððe hwylc halignyss wæs on þam hetelan Ercule,
þam ormætan ente, þe ealle acwealde
his neh-geburas and forbærnde hine sylfne
swa cucenne on fyre siððan he acweald hæfde
men and þa leon and þa micclan næddran?
Hwilce beoð þa lytlan godas on to gelyfenne
nu þa fyrmestan godas swa fullice leofodon?"
Crisantus þa swa lange to geleafan tihte
Darian mid wordum oþþæt heo gewende to Gode,
forlætenum gedwylde deoflicra biggenga.
Hi wurdon þa an-ræde and wunodon ætgædere
gehiwodum synscipe and gehealdenre clænnysse,
oþþæt Daria underfeng fulluht on Gode,
and Godes bec leornode æt þam gelæredum cnihte,
and hire mod gestrangode, on mægðhade wunigende.
Wurdon þa on fyrste fela men gebigde
þurh heora drohtnunge fram deofles biggengum
to Cristes geleafan and to clænum life.
Cnihtas gecyrdon þurh Crisantes lare,
and mædenu þurh Darian manega to Drihtne,
forlætenum synscipe and geswæsum lustum,
oþþæt sume men astyrodon sace be þysum,
and hi wurdon gewrehte to þam wæl-hreowan deman
þe on þone timan geweold þære wid-gillan Romebyrig.
Hwæt þa se hæðena dema het gehæftan Crisantum
and Darian samod for Drihtnes geleafan,
and mid mislicum witum het hi gewitnian oð deað
gif hi noldon geoffrian þam ar-wurðum godum.
Crisantus wearð betæht hundseofontigum cempum,
and hi hine bundon hetelice swiðe,

and murders and established sorcery to deceive the unsuspecting? Or what holiness was there in the hateful Hercules, the enormous giant, who killed all his neighbors and burned himself alive in the fire after he had killed men and the lion and the great serpent? What are the lesser gods like to believe in when the foremost gods lived so corruptly?"

Chrysanthus then encouraged Daria to the faith for a long time with his speech until she converted to God, having abandoned the error of devil worship. They were then steadfast and lived together with a feigned marriage and with their chastity preserved, until Daria received baptism in God, and learned God's books from the educated young man, and strengthened her spirit, continuing in virginity. Then after a while by their manner of living many people were converted from worship of the devil to belief in Christ and to a chaste life. Young men were converted through Chrysanthus's teaching, and many young women through Daria's to the Lord, having renounced marriage and pleasant desires, until some people stirred up trouble about this, and they were accused before the cruel judge who at that time governed the vast city of Rome.

Well then, the heathen judge ordered that Chrysanthus and Daria be taken captive together because of their faith in the Lord, and ordered them be tortured to death with various torments if they refused to offer sacrifices to the venerated gods. Chrysanthus was handed over to seventy soldiers, and they bound him very harshly, but the fetters burst as

ac þa bendas toburston sona swa he gebunden wæs.
Hi gebundon hine eft, oft and gelome,
ac þa bendas toslupon swa swyðlice him fram
þæt man ne mihte tocnawan hwæðer hi gecnytte wæron.
Þa yrsodon þa cempan ongean þone Cristenen cniht,
and gesettan hine þa on ænne heardne stocc,
and his sceancan gefæstnodon on þam fot-copsum,
bysmrigende mid wordum þone halgan wer.
Ac se fot-cops awende wundorlice to þrexe
and eall to duste þurh Drihtnes mihte.
Þa wendon þa cempan þæt he cuðe dry-cræft,
and beguton hine ealne mid ealdum miggan:
wendon þæt se migga mihte aidlian
ealne his scin-cræft. Ac hi swuncon on idel,
forðan þe se migga þurh Godes mihte
wearð to swetum stence sona awend.
Hi behyldon þa ardlice ænne oxan mid graman
and besywodon Crisantum swa mid þære hyde
to his nacodum lice, and ledon hine ongean þa sunnan.
He læg swa ealne dæg on þære ormætan hætan,
ac seo hyd ne mihte aheardian him abutan,
ne þam halgan derian on þære hatan sunnan.
Hi tigdon þa his swuran swiðe mid racen-teagum,
and his handa samod mid heardum isene,
and þa fet togædere mid gramlicum anginne,
and wurpon hine swa gebundene into anum blindum cweart-erne.
Þa toslupon þa bendas on his swuran and handum,
and þær scean micel leoht, swa swa of manigum leoht-fatum.
Þa cempan þa cyddon þæt Claudio heora ealdre,
and he sylf com þær-to and geseah þæt leoht

soon as he was bound. Then they bound him again, often and repeatedly, but the fetters slipped from him so quickly that no one knew for sure whether they were tied. Then the soldiers began to get angry with the Christian man, and they placed him on a strong stake, and fastened his legs in fetters, insulting the holy man with their words. But the fetters miraculously turned to rot and all to dust through the power of the Lord. Then the soldiers believed that he was skilled in magic, and they completely drenched him in stale urine: they thought that the urine might frustrate all his magic. But they worked in vain, because through God's power the urine was immediately turned to a sweet smell. Then in fury they quickly skinned an ox and sewed Chrysanthus up with the hide against his naked body, and they laid him down in the sun. He lay all day in the powerful heat like this, but the hide could not harden around him, nor harm the saint in the hot sun. Then they tied his neck tightly with chains, and his hands with hard iron also, and his feet together with cruel treatment, and they threw him, bound in this way, into a dark prison. Then the bonds on his neck and on his hands slipped apart, and a great light shone there, as if from many lamps.

The soldiers reported this to their officer, Claudius, and he went there himself and saw the light and ordered him to

and het hine utgan and began hine to axienne:
"Hwæt is seo micele miht þinre morð-dæde,
þæt þu þyllic gefremast þurh feondlicne dry-cræft?
Ic gewylde foroft þa an-rædan dry-men,
and ælcne wicce-cræft ic eaðelice oferswiðde,
and þa Chaldeiscan wigleras and þa wurm-galeras
ic mihte gewyldan to minum willan æfre,
and ic næfre ne afunde swa fæstne dry-cræft.
Ic wille nu swaþeah þæt þu awende þe sylfne
fram þinum Cristendome and gecweme urum godum
mid ar-wurðum offrungum." Him andwyrde þa Crisantus:
"Þu mihtest tocnawan, gif þu cuþest ænig god,
þæt ic mid dry-cræfte ne dyde þas þing,
ac me fylste God sylf mid godcundre mihte.
Þine godas ne geseoþ ne soðlice ne gehyrað,
ac syndon andgitlease, mid leade gefæstnode."

Claudius þa het hine hetelice swingan
mid greatum gyrdum for his goda teonan.
Þa wurdon þa gyrda wundorlice gehnexode
færlice on heora handum swilce hi fæðera wæron.
Þa þa hi man heold hi wæron hearde and hostige;
þonne man sloh, sona hi hnexodon.
Claudius þa het þone halgan forlæton
and hine siððan scrydan, and he sylf clypode:
"Nis þeos miht of mannum, ac is Godes mærð,
þe ealle þas wita gewylde swa eaðelice.
Hwæt wille we leng don, buton licgan ealle
æt his ar-wurðum cneowum and ead-modlice biddan
þæt he us geþingie to þyllicum Gode
þe his biggengan macaþ swa mihtige on gewinne?"
Hi feollon þa ealle mid fyrhte to his cneowum,

come out and began to question him: "What is the great power behind your evil deeds, that you can perform such things through fiendish magic? I have often conquered unfaltering sorcerers, and I have overcome every kind of witchcraft easily, and I could always subdue the Chaldean magicians and snake charmers to my will, and I have never found such strong sorcery. Nevertheless, I now intend you to turn yourself away from your Christianity and to please our gods with worthy sacrifices." Chrysanthus answered him: "If you had any sense, then you would realize that I did not do these things by any magic, but that God himself helped me by divine power. Your gods do not see and truly do not hear, but are without senses, fixed in position with lead."

Claudius then ordered him to be severely beaten with huge rods because of the insult to his gods. Then suddenly the rods were miraculously softened in their hands as if they were feathers. When anyone held them they were hard and rough; but as soon as he struck, they immediately softened. Claudius then ordered the saint to be released and clothed again, and he himself cried out: "This is not human power, but it is the glory of God, which has overcome all these tortures so easily. What will we do any longer, but all fall down at his worthy knees and humbly pray that he may intercede for us to the same God who makes his worshippers so powerful in combat?" Then they all fell at his knees in fear, and

and Claudius him cwæð to: "Ic oncneow to soþan
þæt þin God is soð God, and ic sylf nu bidde
þæt þu me geþingie hu ic wurðe his biggenga."
Crisantus him andwyrde: "Ne þearft þu yrnan on fotum
ac mid geleafan gan, þæt þu God oncnawe.
Swa micclum he bið andwerd anum gehwilcum men,
swa micclum swa he hine secð mid soþum geleafan."
Crisantus hi lærde þa oþþæt hi gelyfdon on God
Claudius and his wif, Hilaria gehaten,
and heora twegen suna, Nason and Maurus,
and heora maga fela to fulluhte hi gebugon,
and þa hundseofontig cempan þe Claudius bewiste
wurdon gefullode mid heora freondum þæs dæges.
Hi ealle þa wunodon wuldrigende heora Drihten
and geornlice leornodon heora geleafan æt Crisante,
and wiscton þæt hi moston wite þrowian for Criste.
Hit bið langsum to awritene þa wundra þe hi gefremodon,
ealle be ende-byrdnysse, forþan þe we efstað swyðe
eow mannum to secgenne hu hi gemartyrode wæron.
Numerianus se casere, þære Cristenra ehtere,
þa þa him wearð cuð þæt Claudius gelyfde
and ealle þa cempan Cristene wæron,
þa het he niman Claudium and lædan to sæ
and wurpan hine ut mid anum weorc-stane.
He het beheafdian siððan þa hundseofontig cempan
butan heora hwilc wolde awegan his geleafan,
ac hi ealle efston an-rædlice to slæge,
and Claudies twegen suna cwædon þæt hi wæron
on Criste gefullode and underfon woldon deað
mid þam cempum for Cristes geleafan.
Hi wurdon þa ofslagene samod for Criste,

Claudius said to him: "I recognize truly that your God is the true God, and now I beseech you myself that you arrange for me to become his worshiper." Chrysanthus answered him: "In order to know God, you do not need to run on your feet but to walk with faith. The more each person seeks him with true faith, the more he is present to him."

Chrysanthus then taught Claudius and his wife, called Hilaria, until they believed in God, and also their two sons, Nason and Maurus, and many of their relatives submitted to baptism, and the seventy soldiers that Claudius commanded were baptized with their kinsmen on that day. Then they all remained there glorifying their Lord and eagerly learning their faith from Chrysanthus, and wished that they might suffer torment for Christ.

It would take too long to write the miracles that they performed, one by one, because we are in a great hurry to tell you people how they were martyred. When it was reported to the emperor Numerian, the persecutor of Christians, that Claudius believed and all the soldiers were Christians, he ordered that Claudius be seized and brought out to sea and thrown overboard tied to a large building stone. He ordered that the seventy soldiers be beheaded afterward unless any of them wished to renounce his faith, but resolutely they all hastened to their death, and Claudius's two sons said that they had been baptized in Christ and intended to accept death with the soldiers for their faith in Christ. They were then killed together for Christ, and the blessed Hilaria

and Hilaria se eadiga eac wearð gelæht
to þam martyrdome fram þam manfullan.
Þa bæd heo þa cwelleras þe hi to cwale læddon
þæt heo moste ærest hi ardlice gebiddan,
and heo swa dyde, and Drihtnes lic-haman underfeng,
and on þam gebedum gewat of worulde to Criste.
Efter þysum wearð se halga wer Crisantus
on cweart-erne gebroht swa swa se casere het,
þæt he mid Darian for Drihtnes geleafan
on mislicum witum gemartyrod wurde.
Þæt cweart-ern wearð afylled mid fulum adelan,
and butan ælcum leohte, atelice stincende.
Daria seo eadiga fram þam ar-wurþan
wæs onsundran gehæft, and hi man sende þa
to myltestrena huse þam manfullan to gamene,
ac God hi gescylde wið þa sceandlican hæðenan.
Þæt an-þræce cweart-ern þe Crisantus on wæs
wearð onliht sona wundorlice þurh God,
and þær wynsum bræð werodlice stemde.
And an leo utbærst ut of þære leona pearruce
and arn to Darian, þurh Drihtnes sande,
þær heo læg on gebedum, and alæt to eorðan
astræhtum limum wið þæt geleaffulle mæden.
Þa woldon ða hæðenan habban hi to bysmore,
and nyston þæt seo leo læg inne mid hire.
Eode þa heora an into þam mædene,
ac seo leo hine gelæhte and alede hine adune,
and beseah to Darian swylce heo axian wolde
hu heo wolde be him þa he gewyld læg.
Daria þa cwæð to þam deore þus:
"Ic þe halsige, þurh Crist, þæt þu þam cnihte ne derige,

was also seized to be martyred by the wicked emperor. Then she asked the executioners who led her to her death that she might first pray quickly, and she did so, and received the body of the Lord, and departed from the world to Christ at her prayers.

After this the holy man Chrysanthus was brought to prison as the emperor commanded, that with Daria he might be martyred by various tortures for their faith in the Lord. The prison was filled with foul dirt, horribly stinking, and without any light. The blessed Daria was kept captive separately from her honorable husband, and then they sent her to a whorehouse for the amusement of the wicked, but God protected her from the shameful heathens. Suddenly the horrible prison which Chrysanthus was in was miraculously illuminated through the power of God, and a beautiful fragrance was emitted sweetly there. And a lion burst out of its enclosure and ran to Daria, sent by the Lord, to where she lay at her prayers, and bowed down to the earth with limbs outstretched toward the faithful virgin. Then the heathens wanted to treat her shamefully, and did not know that the lion lay inside with her. Then one of them went into the virgin, but the lion seized him and threw him down and looked to Daria as if it wished to ask what she would like done with him who lay there overpowered. Daria then spoke to the animal in this way: "I beg you, through Christ,

ac læt hine butan ege hlystan minre spræce."
Þa forlet seo leo þone ungeleaffullan cniht
and forstod him þa duru þæt he Darian gespræce
and þæt nan oþer man ne mihte in to him.
Daria þa cwæð to þam ofdræddan men:
"Efne þeos reþe leo arwurðað nu God,
and þu, gesceadwisa man, þe sylfne fordest
and þu fægnast, earmincg, on þinre fulan galnysse,
þurh þa ðu scealt weopan and wite þrowian."
Þa gesohte he hi and sæde mid fyrhte:
"Læt me gan gesund ut and ic syððan bodige
mannum þone hælend þe þu mærsast and wurðast."
Þa het Daria þæt deor him ryman ut,
and he arn ut, ar-wurðigende God
and þæt halige mæden, hire mihte cyðende.
Þa woldon þa hæþenan hetan þære leon,
ac heo gelæhte æfre, ænne and ænne,
and brohte hi to Darian þurh Drihtnes mihte.
Þæt mæden þa cwæð to þam mannum þus:
"Gif ge wyllað gelyfan on þone lifigendan Crist,
þonne mage ge gan unamyrrede heonan.
Gif ge þonne nellað þone geleafan habban,
nat ic gif eowre godas eow gehelpan magon."
Hi ealle þa clypodon swilce mid anre stemne:
"Se ðe on Crist ne gelyfe ne cume he cucu heonon!"
And hi eodon þa ut ealle clypigende:
"Eala, ge Romaniscan leoda, gelyfað to soþan:
þæt nan oþer god nys butan Criste anum!"
Þa wearð se heah-gerefa hearde gegremod
and het ontendan fyr ætforan þære dura
þær Daria inne wæs mid þam deore samod:

not to harm this young man, but allow him to listen to my speech without fear." Then the lion released the unbelieving youth and blocked the door so that he might speak with Daria and so that no one else could come in to them. Daria then spoke to the terrified man: "Even this fierce lion now honors God, and you, a rational man, destroy yourself and rejoice, a sinner, in your foul lust, for which you shall weep and suffer torment." Then he approached her and said in fear: "Let me go unharmed and I will afterward proclaim the savior whom you magnify and worship to humanity." Then Daria ordered the beast to let him out, and he ran out, honoring God and the holy virgin, proclaiming her power.

Then the heathens wanted to capture the lion, but it always caught them, one by one, and brought them to Daria through the power of the Lord. The young woman then spoke to the men in this way: "If you will believe in the living Christ, then you may go from here unharmed. But if you refuse to believe, I do not know whether your gods can help you." They all then shouted out as if with one voice: "He who does not believe in Christ will not come out of here alive!" And they all left shouting: "Listen, people of Rome, believe in the truth: that there is no other god but Christ alone!" Then the prefect became bitterly angered and ordered a fire be kindled in front of the door where Daria was inside together with the animal: he intended to burn

wolde hi forbærnan butu ætgædere.
Þa forhtode seo leo for þam fyre þearle,
ac Daria cwæð to þam deore þus:
"Ne beo þu afyrht; þis fyr þe ne derað,
ne þu ne bist ofslagen ær þan þe þu sylf acwele.
Gang þe nu orsorh aweg, and God ahret,
þone þe ðu wurðodest mid þinum weorcum todæg."
Þa eode seo leo alotenum heafde,
tomiddes þæs folces freolice aweg,
and þa þe heo ær gefeng wurdon gefullode
siððan hi oncneowan Crist þurh ða leon.
Þis wearð þa gecyd þam casere sona,
and he het mid graman his heah-gerefan geniman
Crisantum and Darian and acwellan hi mid witum
gif hi noldon offrian þam arleasum godum.
Se heah-gerefa þa het on hengene astreccan
þone halgan Crisantum, and mid candelum bærnan
buta his sidan. Þa tobærst seo hengen
mid eallum ðam cræfte, and þa candela acwuncon.
Ealswa þa oþre men þe yfelian woldon
þa halgan Darian Drihten hi gelette,
swa þæt heora sina sona forscruncon,
swa hwa swa hi hrepode, þæt hi hrymdon for ece.
Hwæt ða Celerinus, se forscyldegoda gerefa,
mid fyrhte wearð fornumen and ferde to þam casere
and sæde him be ende-byrdnysse þa syllican tacne.
Numerianus þa, se manfulla casere,
tealde þæt to dry-cræfte, na to Drihtnes tacnum,
and het lædan buta þa halgan togædere
to anum sand-pytte, and setton hi þæron
and bewurpan mid eorþan and mid weorc-stanum.

them both together. Then the lion became absolutely terrified of the fire, but Daria said this to the animal: "Do not be afraid; this fire will not harm you, nor will you be killed before you die naturally. Leave without fear now, and God, whom you honored with your actions today, will save you." Then the lion left with a bowed head, going freely away among the people, and those whom it had previously seized were baptized after they had recognized Christ through the deeds of the lion.

This was immediately reported to the emperor, and he angrily ordered his prefect to seize Chrysanthus and Daria and to kill them by torture if they refused to make offerings to the evil gods. The prefect then ordered the holy Chrysanthus to be stretched upon a rack and both his sides burned with torches. Then the rack and all its machinery burst apart, and the torches were extinguished. So also the Lord hindered the other people who intended to mistreat the holy Daria, so that the sinews of whoever touched her immediately shrunk, so that they cried out in pain. Well then, Celerinus, the wicked prefect, was seized with fear and went to the emperor and told him about the wondrous signs one by one. Then Numerian, the wicked emperor, attributed it to magic, not to the Lord's signs, and ordered both the saints be brought out together to a sandpit, and they placed them in it and covered them with earth and with hewn

Hi wurdon þa buta bebyrigde swa cuce,
swa swa se casere het, and hi mid clænnysse ferdon
of worulde to wuldre to wunigenne mid Criste.
Þær wurdon gefremode fela wundra þurh God,
and þæt folc gewurðode þa wuldorfullan halgan
and gelome sohton mid geleafan þider.
Hit gelamp þa on fyrste, þa þa þæt folc þider sohte
to þam micclan screfe þær þa martyras lagon,
þæt se casere het ahebban ænne wah
to þæs scræfes ingange þæt hi ut ne mihton,
and het afyllan þæt clyf færlice him onuppan
þæt hi ealle togædere heora gastas ageafon,
mid eorðan ofhrorene, and hi rixiað mid Gode
on þam ecan life, for heora geleafan acwealde.
We wurþiað Godes halgan, ac wite ge swaþeah
þæt þam halgum nis nan neod ure herunge on þam life,
ac us sylfum fremað þæt þæt we secgað be him:
ærest to gebysnunge þæt we þe beteran beon,
and eft to þing-rædene þonne us þearf bið.
Mycel ehtnys wæs þa ða hi wæron gemartyrode,
ac git cymð earfoþre ehtnys on Anticristes tocyme,
forþan þe þa martyras worhton manega wundra þurh God,
and on Anticristes timan ateoriað þa wundra
and se deofol wyrcð þonne wundra þurh his scin-cræft
mid leasum gedwimorum to dweligenne þa geleaffullan.
Mycel angsumnys bið þam ar-wurðum halgum
þæt se feondlica ehtere fela tacna wyrce,
and hi sylfe ne moton swa þa martyras dydon,
wundra æteowigende on þam wyrstan timan.
Hi beoð swaþeah gehealdenne þurh þæs hælendes mihte

stone. Then they were both buried alive in this way, as the emperor ordered, and they departed this world in chastity to dwell with Christ in glory.

Many miracles were performed there through God, and the people honored the glorious saints and frequently sought the place with faith. Then, after a time, when the people sought the large crypt where the martyrs lay, it came to pass that the emperor ordered that a wall be built at the entrance to the crypt so that they could not escape, and he ordered the mountain to be knocked down suddenly on top of them so that they all died together, crushed by the earth, and they reign with God in the eternal life, having been killed for their faith. We venerate God's saints, but nevertheless you should know that the saints have no need of our praise while we are living, but what we report about them benefits us: first as an example to make us better people, and second for their intercession when we are in need. There was a great persecution at the time that they were martyred, but there will be a harsher persecution at the coming of the Antichrist, because the martyrs performed many miracles through God, and at the time of the Antichrist those miracles will cease and then the devil will perform miracles through his trickery with false delusions to deceive the faithful. It will be a terrible torment for the worthy saints that the diabolical persecutor will create so many signs, and they themselves will not be able to do as the martyrs did, revealing miracles in the worst times. Nevertheless, they will be preserved through the power of the savior if

gif hi heora geleafan gehealdað oð ende,
on þam earfoðum ehtnyssum þæs arleasan deofles,
swa swa se hælend cwæð on his halgan god-spelle,
se þe þone Antecrist eaðelice fordeð.
Þam sy wuldor and lof a to worulde. Amen.

their faith endures until the end, during the distressing persecutions of the wicked devil, just as the savior says in his holy gospel, he who will easily destroy the Antichrist. To him may there be glory and honor forever and ever. Amen.

SAINT THOMAS

32

Saint Thomas

XII Kalendas Ianuarias: Passio sancti Thomae apostoli

1

Dubitam diu transferre anglice passionem sancti Thomae apostoli ex quibusdam causis, et maxime eo quod Augustinus magnus abnegat de illo pincerno cuius manum niger canis in convivium portare deberet. Cui narrationi, ipse Augustinus his verbis contradicens scripsit: "Cui scripturae licet nobis non credere, non enim est in Catholico canone. Illi, tamen, eam et legunt et tamquam incorruptissimam verissimamque honorant qui adversus corporales vindictas quae sunt in Veteri Testamento, nescio qua caecitate, acerrime saeviunt quo animo et qua distributione temporum factae sint omnino nescientes." Et, ideo, volo hoc praetermittere et caetera interpretari quae in eius passione habentur, sicut Æþelwerdus, venerabilis dux, obnixe nos praecatus est.

2

Æfter þæs Hælendes þrowunge and æriste of deaðe
and up-stige to heofonum, þa þa his apostolas

32

Saint Thomas

December 21: The Passion of Saint Thomas the Apostle

1

I hesitated for a long time to translate the passion of Saint Thomas the apostle into English for various reasons, and particularly because the great Augustine rejects the story about the cupbearer whose hand a black dog is said to have carried to a feast. Contradicting this story, Augustine himself wrote these words: "We are allowed to disbelieve this writing, for it is not part of the Catholic canon. However, there are those who read it and respect it as utterly incorrupt and totally true and are nevertheless very bitterly opposed to the corporal punishments in the Old Testament, on account of what blindness I do not know, and utterly ignorant of the spirit and the difference in times in which they took place." And, therefore, I intend to pass over that episode and translate the other things which are in his passion, as Æthelweard, the honorable lord, insistently urged me.

2

After the Savior's passion and resurrection from the dead and ascension into heaven, when his apostles dispersed

toferdon geond þisne middan-eard, þa becom Thomas
to Cesarian byrig, and se hælend sylf
of heofonum com him to, þus cweðende:
"Þæra Indiscra kyning, þe is gehaten Gundoforus,
asende his gerefan to Sirian lande
to secenne sumne wyrhtan þe wel cunne on cræfte.
Cum nu, ic þe asende sona forð mid him."
Þa andwyrde Thomas: "Eala þu, min Drihten,
send me þyder þe þu wille, buton to þam Indiscum!"
Se hælend him cwæð to: "Far nu, and ic beo mid þe, and þe ne forlæte,
and æfter þan þe þu me gestrynst þa Indiscan,
þu cymst to me mid wuldor-beage martyrdomes."
Thomas him andwyrde: "Þu eart min Drihten,
and ic eom þin þeowa; gewurðe þin willa."
Efne þa se gerefa reow him to lande,
Abbanes gehaten, fram þam Indiscan kyninge
and eode geond þa scira his ærende secende.
Crist him þa eode to and cwæð openlice:
"Hwæt bigst þu, iunglincg?" He andwyrde and cwæð:
"Min hlaford, þæra Indiscra cyning,
asende me to þysum earde to axienne wyrhtan—
þæt ic hi gehyrige ham to his weorce
oþþe ic hi bicge gif hi beoð þeowe—
þa þe on stane cunnon and gecwemlice on treowe,
þæt hi on Romanisce wisan æræren his cyne-botl."
Þa cwæð se hælend to þam cnihte sona:
"Ic hæbbe ænne wyrhtan wurðfulne and getreowne,
þone ic oft asende to æn-lipigum burgum,
and swa hwæt swa he begit his geswinces to medes
he hit bringð to me butan swicdome.

throughout the earth, Thomas came to the city of Caesarea, and the savior himself came down to him from heaven, saying this: "The king of the Indians, who is called Gundoforus, has sent his steward to Syria to find a builder who is well skilled in his craft. Come now, and I will dispatch you to him straightaway." Then Thomas answered: "Oh, my Lord, send me wherever you want, except to the Indians!" The savior said to him: "Go now, and I will be with you, and will not abandon you, and after you have gained the Indians for me by your efforts, you will come to me with the glorious crown of martyrdom." Thomas answered him: "You are my Lord, and I am your servant; your will be done."

Now, the steward, who was called Abbanes, sailed to that land from the Indian king and traveled throughout the province pursuing his errand. Christ then approached him and said plainly: "What are you buying, young man?" He answered and said: "My lord, the king of the Indians, has sent me to this region to inquire about workmen—that I might hire them back to his home to work for him or buy them if they are slaves—those who are experienced with stone and work pleasingly in wood, that they might build his palace in the Roman style." Then the savior said to the young man immediately: "I have a workman who is worthy and faithful, whom I have often sent to cities one after the other, and whatever he receives as payment for his work he brings to

Þisne ic wille sendan, gif þu swa wylt,
mid þe þæt þu mid wurð-mynte æfter þam weorce
eft hine asende gesundne to me."
Þa blissode Abbanes and beah to his cneowum,
and se hælend betæhte þone halgan Thoman
him ham to hæbbenne, and hi swa toeodon.
    Þa axode Abbanes þone ar-wurðan apostol:
"Sege me to soþan gif þu sy his þeowa?"
Thomas him andwyrde: "Gif ic his æht nære,
ic wolde forseon sona his hæsa.
Ac ic eom his þeowa and þa þing ne do
þe ic sylf geceose, ac þæt me sægð min hlaford.
Ic eom an his þeowena of þam ungerimum,
and we ealle cunnon cræftas on weorcum
and farað geond scira and butan swicdome
bringað eft urum hlaforde þæt þæt we geearniað."
    Hi eodon þa to scipe and heora segel arærdon,
and mid winde ferdon swa swa him gewissode God.
Abbanes þa cwæð eft to þam apostole:
"Gif þu canst on cræftum swa swa þu cwæde nu ær,
hwi wolde þin hlaford þe alætan to me?"
Thomas him cwæð to be Cristes getimbrunge:
"Ic lecge þa grund-weallas þe gelæstað æfre,
and ic sette þone wah þe ne asihð næfre,
and þa egðyrle macige þe ælteowe beoð
þæt þam huse ne bið wana þæs healican leohtes.
Ic arære þa getimbrunge þæt hire hrof oferstihð
ealle gebytlu, and bið utan fæger,
and swaþeah wlitigre þæt weorc wiðinnan.
Swa hwæt swa bið on marm-stane oþþe on mærlicre getimbrunge,

me without fraud. I will send this man, if you so wish, as long as you return him to me honorably and physically sound once the work is complete." Abbanes was delighted and fell to his knees, and the savior handed over the holy Thomas to him to take back to his homeland, and so they parted.

Then Abbanes asked the worthy apostle: "Tell me truly if you are his slave?" Thomas answered him: "If I were not his slave, I would immediately ignore his command. But I am his slave and do not do those things which I choose myself, but whatever my Lord tells me. I am one of his countless slaves, and we are all accomplished in building and travel throughout the provinces and bring back to our Lord whatever we earn without fraud."

Then they boarded a ship and hoisted their sail, and traveled on the wind just as God directed them. Abbanes then spoke again to the apostle: "If you have expertise in these skills as you said earlier, why would your lord release you to me?" Thomas told him about Christ's building: "I lay the foundations that will last forever, and I build the wall that will never collapse, and make windows that will be perfect so that the house will not lack heavenly light. I construct the building so that its roof towers over all buildings, and it will be attractive on the outside, and yet the work inside will be even more beautiful. Whatever there is made in marble

ic soþlice wyrce, and gif þu wilt me befæstan
cnapan to lærenne, ic him cuðlice tæce."
Abbanes þa cwæð: "Ænlic is se wer
þe swilce wyrhtan hæfð; he is selra þonne sum kynincg!"
Thomas him andwyrde: "Ænlice þu spræce.
Kyninges Sunu he is, an-cenned his Fæder;
and hylt his Fæder rice on healicum muntum,
þær nan feond ne cymð þe his frið awyrde,
ne þær wædla ne bið ne wan-hal gemet."
Hi seglodon þa forð seofon niht on an,
and on land eodon. Ac hit bið langsum to secganne
ealle þa wundra þe he worhte on þam lande,
forðan þe we onettað to his ar-wurðan þrowunge.

Hi comon þa æt nextan to þæm cyninge on India,
and Abbanes gebrohte ardlice Thoman
to þæs cyninges spræce, and he cwæð him to:
"Miht þu me aræran on Romanisce wisan
cynelice gebytlu?" He cwæð þæt he mihte.
Þa sceawodon hi þone stede þær hit standan sceolde,
and Thomas eode metende mid anre mete-gyrde þone stede,
and cwæð þæt he wolde wyrcan þa healle
ærest on east-dæle, and þa oþre gebytlu
bæftan þære healle: bæð-hus and kycenan,
and winter-hus and sumor-hus, and wynsume buras,
twelf hus togædere, mid godum bigelsum.
Ac swylc weorc nis gewunelic to wyrcenne on Englalande,
and forþy we ne secgað swutellice heora naman.
Þa beheold se cyning and cwæþ to þam apostole:
"Þu eart æþela cræfta and kynegum þu sceoldest wyrcan."
Se cyning þa betæhte þam Cristes wyrhtan

or handsomely constructed, truly I will make it, and if you will entrust boys to me to teach, I will instruct them well." Abbanes then said: "Peerless is the man who has such workmen; he is better than any king!" Thomas answered him: "You speak peerlessly. He is the Son of a king, only begotten of his Father; and he holds his Father's kingdom in the high mountains, where no enemy comes to disrupt its peace, nor is there a poor man or a sick found there." Then they sailed on for seven nights together, and they came to land. But it would be tedious to tell of all the miracles that he performed in that land, because we move rapidly on to his honorable passion.

They came at last to the king in India, and Abbanes eagerly brought Thomas to speak with the king, and he said to him: "Can you build me a royal building in the Roman style?" He said that he could. Then they inspected the place where it would stand, and Thomas went around measuring the site with a measuring rod, and said that he intended to build the hall first on the east side, and the other buildings behind the hall: the bathhouse and kitchen, and the winter house and the summer house, and beautiful chambers, twelve buildings altogether, with good arches. But it is not usual to build such constructions in England, and so therefore we will not record their names precisely. Then the king inspected it and said to the apostle: "You are a noble craftsman and should work for kings." The king then entrusted countless wealth

ungerim feos to forðigenne þæt weorc,
and rad geond his hamas swa swa his rice læg.
Thomas þa ferde freolice bodigende
Godes geleafan geond þæt land gehwær,
and fullode þa geleaffullan, and þæt feoh dælde
rumlice þearfum and arærde cyrcan.
Hit gelamp þa swa þæt he to geleafan gebigde
ungerim folces, and fyrðrode cyrcan,
and preostas gehadode to þæs hælendes biggengum
binnan twam gearum, ær se brema kyning
Gundoforus gecyrde to ðære scire ongean.
Hit wearð þa gecydd þam cyninge þus,
and he het gebindan begen mid racen-teagum
Abbanes and Thoman and on þeostrum cweart-erne
gramlice scufan oþþæt hi man ofsloge.
Þa læg þæs cyninges broðor his lifes orwene,
se wæs Gad gehaten, Gundofore swiðe leof,
and he elcode forðy hu he embe hi dyde.
Mid þam þe he wolde hi to wæfer-syne tucian,
þa gewat se Gad of worulde to helle.
Man heold þa þæt lic on þa hæðenan wisan,
and se broðor wolde wurðlice hine bestandan
and kynelice macian mid mærðum his byrgene.
Þa on þone feorðan dæg, færlice on mergen,
aras se ylce Gad, aræred þurh God,
and þa lic-men wurdon wundorlice afyrhte
for þam niwan wundre, þæt he wearð geedcucod.
Þa clypode se geed-cucode and cwæð to his breðer:
"Gehyr nu, min broðor, be þam halgan men
þone ðe þu woldest to wæfer-syne tucian:
se is Godes freond, and Godes englas him þeniað.

to Christ's workman to advance the work, and went riding throughout his estates as far as his kingdom extended.

Thomas then traveled freely preaching God's faith everywhere throughout that land, and baptized the faithful, and generously handed out the money to the poor and built churches. And it came to pass that within the space of two years he converted countless people to the faith, and supported churches, and ordained priests to perform the rituals of the savior, before the renowned King Gundoforus returned to the province again. Then everything was revealed to the king, and he ordered both Abbanes and Thomas to be bound in chains and harshly thrust down into a dark prison until they were executed.

The king's brother, who was called Gad and was very dear to Gundoforus, lay despairing of his life, and for this reason the king delayed how he should deal with them. When he intended to torture them as a spectacle, Gad departed from this world to hell. The body was kept in the heathen fashion, and his brother wanted to perform his funeral rites honorably and to construct his tomb royally with glorious things. Then, suddenly, on the morning of the fourth day, the same Gad arose, raised up by God, and the corpse bearers were greatly afraid of the new miracle, that he was brought back to life. Then the man brought back to life called out and said to his brother: "Listen now, my brother, concerning the holy man whom you intended to torture as a spectacle: he is a friend of God's, and God's angels serve him. Truly, my soul

Min sawl wæs gelæd soþlice to heofonum
þurh Godes englas, and ic þær geseah
þa mæran gebytlu þe Thomas þe worhte
on þære gelicnysse þe he hit gelogode her,
mid gym-stanum gefrætewod, fægere geond eall.
Mid þam þe ic sceawode þa scinendan gebytlu,
þa sædon me þa englas: 'Þis synd þa gebytla
þe Thomas getimbrode þinum breðer on eorðan.'
Ic wiscte þa þæt ic moste on þam mæran huse
huru dure-werd beon. Drihtnes englas þa cwædon:
'Þin broðor nis wyrðe þises weorces fægernysse.
Gif þu hit habban wylt, we biddað þone hælend
þæt he þe arære of þam reðan deaðe,
and þu bigst hit siððan þæt þin broþor underfo
his feoh þe he wenð þæt him forworpen sy.'"
Æfter þysum wordum, he efste to þam cweart-erne
and gesohte þone apostol, secgende mid wope:
"Min broþor nyste, leof, þæt þu þæs lifigendan Godes
apostol wære, and he hæfð healice agylt."
He unband hine sona, and bæd þæt he underfenge
deor-wurðe gyrlan. Þa cwæð Drihtnes þegen:
"Git þu nast þæt ne weriað wuldorfulle gyrlan
ne flæsclice frætewunga þa þe folgiað Crist
and gewilniað to hæbbenne þa heofonlican mihta.
Þes pallium þe ic werige wyle me gelæstan,
and min syric ne tosihð ne mine sceos ne tobærstað
ær þan þe min sawl siðað of þam lic-haman."
Efne þa þa hi uteodon of þam ealdan cweart-erne,
þa gesohte Gundoforus þone Godes apostol,
biddende miltsunge his misdæda georne.
Þa cwæð Thomas him to: "Crist, min Drihten,

was led to heaven by God's angels, and there I saw the glorious building which Thomas built for you in the image of what he had designed here, decorated with gemstones, beautiful beyond any other. While I was examining the shining buildings, the angels said to me: 'These are the buildings which Thomas has built for your brother on earth.' I wished then that I might be even a doorkeeper in that glorious house. The Lord's angels then said: 'Your brother is not worthy of the beauty of this building. If you would like to have it, we will pray to the savior to raise you from cruel death, and afterward you will buy it so that your brother may receive his money that he thinks he had thrown away.'"

After these words, he hurried to the prison and sought out the apostle, saying with tears: "Master, my brother did not know that you were an apostle of the living God, and he has sinned greatly." He immediately unbound him, and ordered that he receive precious clothes. Then the Lord's follower said: "You do not know yet that those who follow Christ and hope to have heavenly powers do not wear marvelous clothes or earthly ornaments. This cloak that I am wearing will serve me, and my tunic will not wear out nor my shoes burst before my soul departs from my body." Now when they were leaving the old prison, then Gundoforus sought out God's apostle, earnestly asking for mercy for his misdeeds. Then Thomas said to him: "Christ, my Lord,

hæfð micel getiþod þurh his mild-heortnysse eow,
þæt he wolde geswutelian swa his digelnysse eow.
Nu syndon eowre scira and eowre ceastra
afyllede mid halgum cyrcum and þæs hælendes geleafan.
Beoð eow sylfe nu gearwe to gewendenne to Criste,
þæt ge beon gefullode fram fyrnlicum synnum,
and beon gehalgode on þam halwendum fante."
Þa cwæð sona Gad to þam Godes apostole:
"Þa gebytlu ic sceawode þe þu minum breþer getimbrodest,
and englas me geærndodon to þam ælmihtigan hælende
þæt ic hi gebicgan moste." Þa cwæð bliþelice Thomas:
"Hit stent on þinum breþer gif þu hi gebicgan most."
Se cyning þa Gundoforus cwæð to his breþer:
"Nu hit me geworht is, ic wene þæt hit min beo.
Wyrce se apostol þe oþer weorc þyllic;
gif he þonne ne mage macian þe oþer,
unc bam mæg helpan to hæbbenne ðis an."
Þa cwæð se halga apostol: "Se hælend hæfð getimbrod
ungerime wununge and wid-gylla gebytlu
fram middan-eardes frymðe mærlice on heofonum,
and þa beoð geceapode mid soþum geleafan.
Gif ge willað nu beon embe þa gebytlu swiðor
and embe þa heofonlican speda sprecan on eornost,
þonne magon eowre æhta yrnan eow ætforan,
and hi ne magon folgian on forð-siðe eow.
Lætað nu eowre æhta wydewum fremian,
wædlum and wan-halum, and witað to soþan
þæt hi be hundfealdum eow gehealdene beoð,
þær þær nan geendung eow on ecnysse ne becymð."
Þa asprang his hlisa geond þæt land wide,
þæt to Indian come Cristes apostol,

has through his mercy granted a great thing to you, that he was willing to reveal his secrets to you in this way. Now your provinces and your towns are filled with holy churches and faith in the savior. Be ready to turn yourselves to Christ now, so that you may be cleansed by baptism of your former sins and be sanctified in the saving font." Then Gad immediately spoke to God's apostle: "I looked upon the buildings which you built for my brother, and angels petitioned the almighty savior on my behalf that I might buy them." Then Thomas spoke happily: "It is up to your brother whether you may buy them." Then the king Gundoforus said to his brother: "Since it is made for me, I think that it is mine. Let the apostle make you another construction like it; but if he cannot make another for you, then it can help us both to own this one." Then the holy apostle said: "The savior has built countless dwellings and spacious mansions magnificently in heaven since the beginning of the world, and they can be bought with true faith. If you would now rather be concerned with these buildings and speak in earnest about heavenly riches, your possessions can advance before you, but they cannot follow you at your death. Let your possessions now profit widows, the poor and sick, and know in truth that they will be kept for you one hundredfold, where no ending will befall you forever."

Then report of him spread widely throughout that land, and it was said that Christ's apostle had come to India, who

se þe mihte gehælan mid his handa hrepunge
deafe and blinde and þa deadan aræran.
Þa wende þæt land-folc þæt he wære god sylf,
and brohton him kyne-helmas and budon him gyrlan
kynelice geworhte, and woldon him offrian
hryþera and rammas swa swa ricum gode.
Thomas þa gecwæð þæt hi comon ealle
to anum gemote þæt he mihte him secgan
hwæt him to donne wære, and hi dydon þa swa.
Hi comon þa feorran to anum felde eft,
and manega þider feredon mislice untrume
þæt se halga Thomas hi gehælan sceolde.
Þa het se halga apostol ahebban þa seocan
on anre stowe ealle, and stod him tomiddes
up-astrehtum handum to heofonum and cwæð:
"Eala þu, halga God, ungesewenlice wealdend
and unawendendlic þurhwunigende æfre,
þu þe asendest us þinne Sunu ælmihtigne,
se forgeaf us þa mihte þæt we mihton gehælan
adlige and untrume ealle on his naman,
and behet us toeacan, þæt swa hwæs swa we bædon
on his halgan naman æt his heofonlican Fæder,
þæt he us getiþode, swa swa ælmihtig God,
nu bidde we on his naman þæt þu gehæle þas untruman,
þæt þis folc tocnawe mid fullum geleafan
þæt þu eart ana God, mid þinum an-cennedan Suna,
and mid þam Halgan Gaste, heofona wealdend."
Æfter þysre clypunge, þa hi cwædon: "Amen."
Þa com þær swilc leoht, swilce þær liget brude,
þæt hi ealle wendon þæt hi forwurðan sceoldon,
and lagon astræhte lange mid þam apostole.

with the touch of his hands could heal the deaf and the blind and raise the dead. Then the country people thought that he was himself a god, and brought him crowns and offered him robes made in a royal fashion, and wanted to offer him bulls and rams as if to a mighty god. Then Thomas announced that they should all come to a meeting so that he could tell them what they should do, and so they did this. They came afterward from far away to a field, and they brought many there who were afflicted in various ways so that the holy Thomas could heal them. Then the holy apostle ordered that the sick all be taken to one place, and he stood among them with his hands raised to heaven and said: "Oh, holy God, the invisible creator and continuing unchangeable forever, you who sent us your almighty Son, who gave us the power to heal all the sick and infirm in his name and promised us, moreover, whatever we asked for of his heavenly Father in his holy name, that he, as almighty God, would grant us, now we pray in his name that you will heal these ill people, that this people may know with full faith that you alone are God, with your only begotten Son, together with the Holy Spirit, ruler of heaven." After this cry of appeal, they said: "Amen."

Then there came such a light, as if lightening flashed there, so that they all thought that they would die, and lay prostrate for a long time with the apostle. Then Thomas got

Þa aras Thomas up and het hi arisan and cwæð:
"Min Drihten sylf com hider swa swa scinende liget
and hæfð eow gehæled. Ahebbað eowre heafda!"
Þa arison þa wan-halan, wundorlice gehælede,
wuldrigende þone Ælmihtigan and his ar-wurþan apostol.
Hwæt þa Thomas astah to anum stane and stod
þæt hi ealle mihton hine ænne geseon,
and clypode hlude, and cwæð to þam folce:
"Gehyrað nu, ealle! Se hælend me asende
to þysum earde hider and ic his þeowa eom,
mann swa swa ge syndon, and he asende me to þy:
þæt ic eow tæcan sceolde hu ge þa sceandlican godas
mid ealle forlætan and mid geleafan bugan
to eowrum scyppende, se þe soð God is ana
and wile gehealdan þa þe on hine gelyfað."
He tæhte þa langlice geleafan þam folce,
and hu hi leahtres forbugon and bysmorlice dæda,
and hu hi on godum weorcum þurhwunian sceoldon.
He cwæð eft to þære meniu þe on þam gemote wæron:
"Ne eom ic na God, ac eom Godes þeowa.
Nimað eowre sceattas þe ge me syllan woldon,
and dælað hi þearfum for Drihtnes lufan,
and bið gearwe to fulluhte mid fullum geleafan."
Hi dydon sona swa, and on þone Sunnan-dæg
wurdon feowertyne þusenda gefullode on Criste
butan wifum and cildum, þe ne wurdon getealde.

Þa wearð se halga Thomas gewissod eft þurh God
þæt he sceolde faran to þære fyrran Indian,
and gewende þyder and wundra gefremode.
He gehælde þær þurh God healte and blinde
and ealle untrumnyssa and þa egeslican hreoflian,

up and ordered them to rise and said: "My Lord himself has come here like shining lightening and has healed you. Raise your heads!" Then the sick got up, miraculously healed, glorifying the Almighty and his worthy apostle. Well then, Thomas climbed onto a rock and stood so that they could all see him, and called out loudly, and said to the people: "Listen now, everyone! The savior sent me here to this land and I am his servant, a human as you are, and he sent me for this reason: that I should teach you how you should altogether abandon the shameful gods and with faith turn to your creator, who alone is true God and will save those who believe in him." He taught the faith to the people for a long time, and how they should turn away from sin and shameful deeds, and how they should persevere in good works. He said again to the crowd that was at that meeting: "I am not God, but I am God's servant. Take the gifts which you intended to give to me, and distribute them to the needy for the love of the Lord, and be prepared for baptism with complete faith." They did this immediately, and on the Sunday fourteen thousand were baptized in Christ excluding women and children, who were not counted.

Then the holy Thomas was again directed by God to travel to the remotest parts of India, and he went there and performed miracles. Through the power of God, he healed the lame there and the blind and all afflictions and terrifying

and deofla adræfde, and þa deadan arærde.
Þæt land-folc þa ne mihte his lare wiðcweþan
þonne he swilce wundra geworhte him ætforan.
Sum wif hatte Sintice, seo wæs six gear blind
and wearð þa gehæled æt þam halgan apostole,
and com to hire magan, Migdonia gehaten,
beorhte locigende, þe blind hire fram eode.
Þa cwæð Migdonia: "Þes man is God sylf
oððe Godes engel, þe þine eagan onlihte
swa butan læce-cræfte." And hi swa lange spræcon,
oðþæt hi eodon butu þær se apostol bodode.
Migdonia þa gelyfde on þone lifigendan God
þurh þæs apostoles lare, and leng nolde cuman
to hire weres bedde æfter þære bodunge.
Seo Migdonia wæs þæs kyninges wifes swuster,
and hire wer þa gemacode wið Migdeum þone kyning
þæt man sette on cweart-ern sona þone apostol.
Migdonia þa com to þam cweart-erne dreorig
and feoll to his fotum mid fyrhte cweðende:
"Ic bidde þe, leof, þæs lifigendan Godes apostol,
þæt þu for me ne underfo swa fullicne teonan,
and Godes yrre becume for þam intingan ofer me."
Se Godes man hire cwæð to: "Gang þe ham ongean,
and ic cume ham to þe þæt þu oncnawe þurh þæt
þæt ic sylf-willes þrowige, for mines scippendes naman,
and hu micel se geleafa mæg þurh God gedon."
Heo dyde þa swa, and hire dura beleac,
licgende on gebedum on hire bure astreht.
Efne þa se apostol on þære ylcan nihte com
to Migdonian and cwæð: "Swa swa þu becymst þurh me
to þam ecan life, swa ic eac becume

lepers, and expelled devils, and raised the dead. The ordinary people could not deny his teaching when he performed such miracles before their eyes. There was a woman called Syntyche, who had been blind for six years and was then healed by the holy apostle, and seeing clearly, she came to her relative, called Migdonia, having left her when still blind. Then Migdonia said: "This man, who has brought sight to your eyes in this way without medicine, is God himself or an angel of God." And they talked in this way for a long time, until they went together to where the apostle was preaching. Migdonia then believed in the living God through the apostle's teaching, and no longer wished to share her husband's bed after that preaching. This Migdonia was the sister of the king's wife, and her husband then arranged with the king Migdeus that the apostle would be put in prison immediately. Then Migdonia came to the prison full of sorrow and fell at his feet, saying fearfully: "I beg you, master, apostle of the living God, that you do not submit to such a disgraceful injury for my sake, and God's anger fall upon me on that account." The man of God said to her: "Go back home again, and I will come to you at home that you may realize through this that I suffer of my own free will, for my creator's name, and understand how much faith can achieve through God."

She then did this, and locked her door, lying prostrate at prayer in her room. Now the apostle came that same night to Migdonia and said: "Just as you will come to the eternal

þurh þe to Criste mid kyne-helme martirdomes.
Beo nu swiþe an-ræde." Heo andwyrde mid fyrhte:
"La leof, ic þe bidde þæt þu onlihte mine sawla,
þæt ic geseon mage þone soðfæstan weg
þæt ic ne befealle on þone fulan sæð."
Thomas hire cwæð to: "Cep þæt þu fæste
seofon dagas georne, and ic syððan cume eft to þe
and þe gefullige fram fyrnlicum synnum,
and ælcne þe gelyfð on þone lifigendan God."
Æfter þysum, com hire wer to þam kyninge Migdeum
and bæd georne þone kyning þæt seo cwen moste
gespræcan hire swuster cunnian, gif heo mihte,
hire mod gebigan þæt heo his gebedda wære:
"Ne mæg ic hi geolæcan, ne mid ege gedon
þæt heo ete mid me oþþe on me beseo."
Þa geþafode se cynincg þæt seo cwen þider eode,
and heo cwæð sona to hire swuster ðus:
"Eala þu Migdonia, min leofe swustor,
hwi forsihst þu þinne wer and geunwurðast þe sylfe?
Se kyning sylf hit bemænð and his men ealle
þæt þu swa færlice forlure þin gewitt."
Migdonia hire andwyrde: "Eala þu, min swuster,
wistest þu þæt ic wat, þas word þu ne cwæde!
Se apostol wyrcð fela wundra on mannum,
and sægð us to soþan þæt sy oþer lif,
undeadlic and ece, ælces yfeles bedæled.
Nu toniht eode se ealdor-man him to
forþan þe his suna wæs færlice dead,
and lædde þone apostol to þam lifleasan cnapan,
and he sona arærde his suna of deaðe.

life through me, so also shall I come through you to Christ with the crown of martyrdom. Be very steadfast now." Afraid, she answered him: "Oh master, I beg you to enlighten my soul, so that I may be able to see the true way and not fall into the foul pit." Thomas said to her: "Be careful that you fast conscientiously for seven days, and afterward I will come again to you and cleanse you by baptism from your former sins, together with everyone who believes in the living God." After this, her husband approached king Migdeus and earnestly begged the king that the queen be allowed to speak with her sister to find out if she might change her mind and become his bedfellow again. "I cannot persuade her with flattery, nor compel her with fear to eat with me or even to look at me."

Then the king allowed the queen to go there, and she immediately spoke to her sister in this way: "Oh Migdonia, my dear sister, why do you despise your husband and dishonor yourself? The king himself and all his men complain that you have so suddenly lost your wits." Migdonia answered her: "Oh, my sister, if you knew what I know, you would never have said these things! The apostle performs many miracles among the people, and tells us in truth that there is another life, immortal and eternal, freed from every evil. Just tonight, a noble went to him because his son had suddenly died, and he brought the apostle to the lifeless boy, and he immediately raised his son from the dead. Now he is

Nu he sitt and lærð þær geleafan on þam huse
and gehælð þa untruman, ealle þe him to cumað."
Triptia seo cwen cwæð hire to andsware:
"Gif hit swa is, swa þu sægst, ic wille geseon þone man.
Dyslic bið to forseonne soðlice þæt ece lif,
and heard-mod bið se man þe ne mage þysum gelyfan."
Hi eodon þa butu his bodunge to gehyrenne.
Hi gemetton þa þone apostol micclum gebysgod
ofer þa untruman men þe he ealne dæg gehælde
þurh his handa hrepunge on þæs hælendes naman.
Þa ða seo cwen geseah swilce wundra æt him,
þa cwæð heo, ofwundrod: "Awyrgede synd þa men
þe nellað gelyfan þyllicum weorcum!"
Þa stod þær an hreofla tohrorenum lic-haman,
atelic on hiwe, and hine gehælde Thomas
and hine gefullode ætforan þære cwene.
Heo feol þa to his fotum, fulluhtes biddende,
and þæs ecan lifes mid geleafan gewilnode,
and cwæð þæt heo gelyfde on þone lifigendan God.
Thomas þa bletsode bliþelice þa cwene
and lærde hi georne to geleafan and cwæð:
"Min Drihten me clypode þæt ic cume to him,
and min tima is nu þæt ic of middan-earde fare;
underfoh nu forðy fulluht æt me hraðe."
He gefullode hi þa, and fela oþre mid hire,
wera and wifa and þa unwittigan cild,
and lærde hi georne þæt hi lufodon heora cyrcan
and sacerdas arwurðodon, and hi siþodon þa ham.
Þa com seo cwen on æfnunge to þam kyninge ham,
and he cwæð hire sona to: "Swyðe lange þu wære."
Heo cwæð eft him to: "Ge cwædon þæt min swuster,

sitting and teaching the faith in that house and healing the sick, all who come to him."

Triptia, the queen, replied to her: "If it is so, as you say, then I wish to see this man. Truly it is foolish to reject the eternal life, and the person who cannot believe this is stubborn." Then they both went to hear his preaching. They found the apostle then very occupied with the sick people that he had been healing all day through the touch of his hands in the name of the savior. When the queen saw such miracles performed by him, then, astounded, she said: "Cursed are those who refuse to believe in such actions!" A leper stood there with a decayed body, terrible in appearance, and Thomas healed him and baptized him in front of the queen. Then she fell to his feet, asking for baptism, and longed for the eternal life with faith, and said that she believed in the living God. Thomas then joyfully blessed the queen and taught her eagerly in the faith and said: "My Lord has called me to come to him, and my time is now come to leave the world; therefore receive baptism quickly from me." Then he baptized her, and many others with her, men and women and innocent children, and eagerly taught them that they should love their church and honor their priests, and then they went home.

Then the queen came home to the king in the evening, and he immediately said to her: "You have been a very long time." She replied to him: "You said that my sister

and ic sylf eac wende, þæt heo gewitleas wære.
Ac heo soþlice becom to soþum wisdome,
on þam heo me dyde dæl-nimend þæs ecan lifes.
Soðlice ic geseah þone sylfan apostol,
se þe halwende ræd æghwylcum men forgifð.
Nu þu, kyning, miht macian þe undeadlicne,
gif þu wilt gehyran þone halgan apostol;
ne swyltst þu on eccnysse, gif þu soðlice gelyfst."
Þa forhtode se cyning and het feccan him to
þone fore-sædan þegen, þe hire swustor hæfde,
and clypode mid gehlyde and cwæð him sona to:
"Mid þam þe ic hogode helpan þinum wife,
mid þam ic forleas min, and heo is mycele wyrse me
þonne Migdonia þe!" And hi motodon lange.

Þa het se kyning gebringan on bendum him Thoman,
and axode mid graman: "Hwæt is se, eower God,
þe awent þurh þe swa ure wif us fram?"
Thomas him cwæð to: "Þu, kyning, wilt habban
clænlice þenunga and gecwema þenas.
Wenst þu þæt God nelle, se ðe gewylt ealle þing,
habban clæna þenas and clænlice þenunga?"
Þa cwæð Migdeus se kyning: "Gemaca mid wordum eft
þæt þa wif gecyrran sylf-willes to us!"
Thomas him andwyrde: "Ic worhte ænne stypel,
and þu cwyðst þæt ic sceolde sylf hine towurpan.
Ac ic secge him swyðor soðlice Godes word:
þæt se þe lufað on eorþan his eorðlican fæder,
modor, oððe bearn, oþþe wif ofer God
ne bið he Gode wurð." And he cwæð eft him to:
"Þu, kyning, ne miht ofslean þa sawle mid wæpnum,
þeah ðe þu þone lic-haman alecge on deaðe.

was foolish, and I myself thought so too. But truly she has arrived at true wisdom, in which she has made me a participant in the eternal life. Truly, I saw the apostle himself, who offers saving advice to everybody. Now you, king, can make yourself immortal, if you are willing to hear the holy apostle; if you truly believe, then for eternity you will not die." Then the king was afraid and ordered that someone fetch him the noble whom we mentioned before, who was married to her sister, and called out loudly and immediately said to him: "While I was intent on helping your wife, I lost my own as a result, and she is much worse to me than Migdonia is to you!" And they consulted for a long time.

Then the king ordered that Thomas be brought to him in chains, and in anger asked him: "What is he, your God, who through you has turned our wives from us like this?" Thomas said to him: "You, king, wish to have virtuous service and agreeable servants. Do you think that God, who rules all things, does not wish to have pure servants and virtuous service?" Then king Migdeus said: "With your words, make our wives return to us again of their own free will!" Thomas answered him: "I built a tower, and you are saying that I should overthrow it myself. On the contrary, I prefer to tell them God's word truly: that whoever on earth loves his earthly father, mother, or children, or wife over God is not worthy of God." And again he said to him: "You, king, cannot kill the soul with weapons, though you may lay the body to rest in

God, se soðfæsta kyning, mæg asendan ægðer
ge sawle ge lic-haman to þam ecan fyre."
Þæt wif moste þa swa hire wer forlætan
forþan þe he hæþen wæs and hetol ehtere,
ac canones swaþeah cweðaþ and beodað þæt nan wif
ne sceole hire wer forlætan swilce for eawfæstnysse
buton him bam swa gelicige. Þa het se kyning
lecgan hate isena sona under his nacodum fotum,
þæt he lange swa þrowode, ac þær arn wæter up
wundorlice sona and celde þa isena.
Þa cwæð Thomas him to: "Ne dyde God þis for me, ac for þe swiþor,
þæt þu swa huru gelyfde on þone lifigendan God.
Witodlice he mæg þa mihte me syllan
þæt ic butan wætere þin wite me ne ondræde."
Þa het Migdeus se kyning þone Godes man gedon
on weallende wæter: þa wearð hit acolod,
and nan brand nolde byrnan under þam wætere.
He wearð þa gelæd to þam lifleasum godum
þæt he his lac sceolde lecgan him on offrunga
and his cneowa gebigan þam bysmorfullum anlicnyssum.
Þa gebæd hine Thomas bealdlice to his Drihtne,
and het þone scuccan þe on þam scin-cræfte wunode
þæt he ut eode of þære anlicnysse him to,
and het hine on Godes naman þæt he towende þa anlicnyssa
and þæt deofles templ swa þæt hit ne derode nanum.
Þa eode se deofol of þære anlicnysse ut
and towende hi sona, swa swa wex formylt,
swa þæt ne belaf hire an lim gesund.
Þa clypodon þa hæþen-gildan and hetelice grimetodon,
and heora an sona ofsloh þone apostol

death. God, the righteous king, can send both the soul and the body to the everlasting fire." At that time the wife was allowed to leave her husband because he was a heathen and a hateful persecutor, but, nevertheless, the canons say and command that no woman should leave her husband in such a way for piety unless it pleases them both to do so. Then the king ordered hot irons to be placed immediately under his bare feet, so that he would suffer for a long time in this way, but immediately water rushed up there, miraculously, and cooled the iron. Then Thomas said to him: "God did not do this for me, but rather for you, so that you might indeed believe in the living God. Certainly, he can give me the strength that even without water I will not fear your torture."

Then king Migdeus ordered the man of God be thrown in boiling water: then it became cool, and no flame would burn beneath the water. He was then brought to the lifeless gods to place his offering before them as a sacrifice and bend his knees to the shameful statues. Then Thomas boldly prayed to his Lord, and ordered the devil who lived in that magical apparatus to come out of the statue to him, and ordered him in the name of God to destroy those statues and the devil's temple so that it could not harm anyone. Then the devil came out of the statue and immediately destroyed it, just as wax melts, so that not one limb of it remained complete. Then the idolaters called out and roared furiously, and one of them immediately slew the apostle with a drawn

mid atogenum swurde: sæde þæt he wolde
his godes teonan wrecan. And se cyning gewende þanon,
forþan þe þæt folc wolde wrecan þone apostol.
Hi feredon þa his lic mid geleafan to cyrcan,
and wurðlice bebyrigdon, to wuldre þam Ælmihtigan.
Þær wurdon gelome wundra gefremode:
wode men þær wæron on gewitte gebrohte,
and gehwilce untrumnyssa hwil-tidum þær wurdon
gehælde þurh God, and se Godes apostol
wearð syððan geferod to Syrian lande
mid micelre ar-wurðnysse, þam Ælmihtigan to lofe,
se þe on ecnysse rixað, riclice mihtig. Amen.

sword: he said that he intended to avenge the injury to his god. And the king departed, because the people intended to avenge the apostle. Then they brought his body with faith to a church, and buried him worthily, to the glory of the Almighty. Miracles were frequently performed there: lunatics were restored to their wits, and from time to time every type of illness was healed there through the power of God, and God's apostle was afterward brought to Syria with great honor, to the praise of the Almighty, who reigns in eternity, gloriously powerful. Amen.

SAINT VINCENT

33

Saint Vincent

XI Kalendas Februarias: Passio sancti Vincentii martyris

I

On Ispanian, lande þære Speoniscan leode,
wæs se halga martir þe hatte Uincentius
to menn geboren and mid his magum afedd
on mycclum Cristendome, and he on Cristes lare
wel þeonde wæs oððæt he wearð gehadod
to halgum diacone, þam helende þeowiende
mid þam mæran bisceope Ualerium,
se wæs þa mære lareow on Ispanian lande,
swa swa seo gereccednysse us segð on Ledenum gereorde.
Þa aras seo ehtnys þæra arleasra cwelleræ
wide geond þas world wodlice swiðe
ongean Cristes geleafan and ongean þa Cristenan menn,
forþan þe se deofol wolde adwæscan þone geleafan
mid þam mycelam ehtnessum and þam ormetum witum.
Ac swa man ma ofsloh þara martira þa,
swa þær ma gelyfdon þyrh þa mycclan wundra
þe þa halgan geworhtan þurh þæs helendes mihte,

33

Saint Vincent

January 22: The Passion of Saint Vincent, Martyr

I

In Spain, in the land of the Spanish people, the holy martyr who was called Vincent was born and raised among his relatives as a devout Christian, and he was flourishing in Christian learning until he was ordained as a holy deacon, serving the savior alongside the illustrious Bishop Valerius, who was a famous teacher in Spain at that time, as the story tells us in Latin. Then a persecution by impious executioners against the faith of Christ and against Christians sprang up furiously throughout the world, because the devil intended to extinguish the Christian faith with those great persecutions and excessive torments. On the contrary, the more martyrs were killed, the more people believed through the great miracles that the saints performed through the savior's power,

forþam þe soða geleafa þæs soðfestan Godes
ne byð næfre adwæsced þurh þa deofollican ehtnysse,
ac byð swiðor geeacnod, swa swa us segað bec.
On þam dagum, wæs þa sum here-toga wæl-hreow
Datianus gehaten, swiðe hetol ehtere,
on anre heafod-byrig on þam fore-sædan lande,
þe begeat æt þam casere þæt he acwellan moste
þa halgan Cristenan menn mid mislicum witum.
Him geuþe þa se casere, swa swa us cyþað bec,
þæt se wæl-hreowa ehtere þone an-weald hæfde
þæt he moste acwellan þa Cristenan mid witum,
forþam þe hi begen wæron mid bealowe afyllede,
Criste wiðerwinnan mid wodlicre reðnysse.
Hwæt þa Datianus, se deofollica cwellere,
on þam an-wealde þe he underfangen hæfde,
gecydde his wodnysse ofer þa Cristenan menn
and began to dreccenne mid dyrstigum anginne
þa halgum bisceopas and þa gehadodan preostas.
Wolde ærest þa heafodmen þæs halgan geleafan
mid witum oferswiðan, þæt he syððan mihte
þa læssan ofercuman and fram heora geleafan gebigan.
Þa efste se bisceop and se eadiga Uincentius
to þam æðelan martirdome—
þohtan þæt hi wurdon witodlice gesælige
gif hi mid estfulnesse eardlice underfengon
þone wuldorfullan cyne-helm heora martyrdomes,
þurh þa andætnysse þæs hælendes geleafan.
Datianus þa, se deofollica ehtere,
het gebringan þa halgan
gebundene mid racen-teagum into anre burig
and hi begen belucan on leohtleasum cweart-erne.

because the true faith of the righteous God will never be extinguished through diabolic persecution, but will instead be increased, as books tell us.

In those days, there was a cruel general called Datianus, a most fierce persecutor, in a major city in the land of which we spoke previously, who obtained permission from the emperor to kill the holy Christians with various torments. Then the emperor granted the cruel persecutor, as books tell us, the authority to kill the Christians with torments, because they were both filled with malice to oppose Christ with insane ferocity. Well then, Datianus, the diabolic murderer, by the authority which he had received, revealed his insane hatred of the Christians and began to oppress with rash action the holy bishops and ordained priests. First he intended to defeat the leaders of the holy faith with tortures, so that afterward he could overcome the lesser members and turn them from their faith. Then the bishop Valerius and the blessed Vincent hastened to noble martyrdom—they thought that they would be truly blessed if they received the glorious crown of their martyrdom quickly and with devotion, through confession of their faith in the savior.

Then Datianus, the diabolic persecutor, ordered the saints to be brought, bound with chains, into a city and both of them to be incarcerated in a dark prison. He left them

Let hi liggan swa on mete-leaste,
micclum gehefegode mid þam heardan isene:
hopode þæt hi sceolde þurh þa wita
abugan fram Godes geleafan.
Æfter langsumum fyrste, he het hi gebringan him to:
wende þæt hi wæron mid þam witum fornumene
and mid þære meteleaste mihtlease gedone.
Wolde hi gewitnian mid marum witum,
þæt hi swa eaðelice geendian ne sceoldan.
Hi comon þa begen mid bliðum andwlitum
and ansundum lic-hamum to þam geleafleasan deman,
and he wearð ofwundrod þæt hi wæron ansunde
and fægeres hiwæs, on fulre mihte.
And axode þa weard-men humeta hi dorston
hi swa wel fedan mid wistum and drencum.
He ne mihte na tocnawæn þæt Crist sylf hi afedde,
and befran þa mid graman þone fore-sædan bisceop:
"Eala þu, Ualerius, ic þe befrine nu,
hwæt dest þu mid þam þæt þu durre winne
ongean þone casere swilce þurh eawfæstnysse?"
Ac þe bisceop ne geandwearde þam wæl-hreowum swa hraðe,
forþan þe God wolde þæt he wurde oferswiðed
þurh þone diacon on þam martirdome,
þe þa gearo wæs to þam wuldorfullan sige,
and þæt se manfulla mihte eac tocnawan
þæt se bisceop mihte mid gebyldum geleafan
his wita forseon, þa ða he wearð oferswiðed
þurh þone diacon mid his Drihtnes geleafan.
Þa cwæð Uincentius to þam ar-wyrðam bisceope:
"Andweard þam arleasan mid an-rædum geleafan

lying like this, deprived of food, greatly weighed down by the hard iron: he hoped that because of their tortures they would turn away from faith in God. After a long while, he ordered them to be brought to him: he thought that they would be worn down by their torments and made powerless by their lack of food. He intended to torment them with greater tortures, that they should not end their lives so easily. Then they both came with happy faces and physically sound bodies to the unbelieving judge, and he was astonished that they were in good health and with fine appearance, in their full strength. And then he asked the guards on what grounds they dared to nourish them so well with food and drinks. He could not understand that Christ himself had sustained them, and with anger he questioned the bishop of whom we spoke before: "Oh, Valerius, I ask you now, what are you doing when you presume to oppose the emperor as if out of piety?"

But the bishop did not answer the cruel prefect immediately, because God intended that the prefect would be conquered by the deacon, who was then ready for the glorious victory, in his martyrdom, and also so that the wicked man would realize that the bishop could scorn his torments with bold faith, when he had been surpassed by the deacon through his belief in the Lord. Then Vincent spoke to the worthy bishop: "Answer the wicked one with steadfast faith

þæt his wodnys swa wurðe tobrut
mid ealdordome ures Drihtnes mihte.
Seo ylce nædre specð nu, þurh þises arleasan muð,
þe þa frum-sceapenan men gefurn forlærde,
and mid niðfullum andan him benæmde þæs wuldres
þe him God forgeaf gif hi him gehyrsumodon.
He ne geearnode nanes wuldres, ne he ne wunode on soðfæstnesse,
ac þone deað þe he scencte þam frum-sceapenum mannum
þone he dranc ærest him sylfum to bealowe.
Winne he wiþ me on þisum gewinne nu,
and he wið me feohte on his feondlicum truwan,
and he gesyhð soðlice þæt ic swyþor mæg
þone ic beo gewitnod þonne he þe witnaþ,
forþan þe he sylf sceal swærran witu þrowian,
and he byð oferswiðed on minre geswencednysse."

Þa geangsumode sona se arleasa Datianus
and cwæð to his gingrum and to his witnerum þus:
"Forlætað þysne bisceop and gebringaþ on witum
Uincentium þone wiðer-coran, þe us mid wordum swa tynð.
Ahoð hine on þære hengene and hetelice astreccað
ealle his lima þæt þa liþa him togaan."
Þa gefæstnodon þa cwelleras þone Cristes þegn
on þære heardan hengene and hine hetelice tihton
swa swa man web tiht, and se wæl-hreowa him cwæð to:
"Hwæt segst þu nu, Uincentius? Hwæt þing þe be þe sylfuum
and be þinum earman lic-haman on þysum laþum witum?"
Se halga wer þa cwæþ to þam wæl-hreowan þus:
"Þises ic gewilnode and gewiscte æfre.
Nis me nan þing leofre þæt me on minum life getimode,

so that his insanity might be destroyed by the authority of our Lord's power. Through the mouth of this cruel prefect, the same serpent now speaks who long ago deceived the first created people, and with envious malice deprived them of that glory that God had granted them if they had obeyed him. He deserved no glory, nor did he continue in truth, but the death that he poured out to the first created he first drank to his own destruction. Let him contend against me in this battle now, and fight against me in his diabolic confidence, and he will see that truly I can be stronger when I am tortured than he who tortures, because he himself will have to suffer worse torments, and in my tribulation, he will be overcome."

Then the impious Datianus immediately became troubled and said this to his subordinates and to his torturers: "Leave this bishop and bring the rebel Vincent, who so provokes us with his words, for torture. Hang him up on the rack and violently stretch all his limbs so that his joints are pulled apart." Then the executioners attached Christ's servant onto the hard rack and violently stretched him as a piece of weaving is stretched, and the cruel prefect said to him: "What do you say now, Vincent? What do you think about yourself and about your poor body during these hateful torments?" Then the holy man spoke to the cruel prefect in this way: "I have desired and always wished for this. Nothing has ever happened in my life that was dearer to me, and

and þu swiðost geþwærlæcst mines sylfes gewilnunge.
Nelle ic þæt þu geswice, forþan þe ic sylf gearo eom
witu to ðrowienne for þam wuldorfullan Drihtne.
Nelle ic þæt ðu wanige min wuldor for Gode,
and þonne þu me witnast, þu bist sylf gewitnod."
   Datianus þa deofollice yrsode
and began to sleanne swiðe mid gyrdum
his agene witneras, þe þone halgan witnodon,
þæt hi swiðor sceolde hine geswæncan.
Se halga wer þa cwæþ: "Nu þu gewrecst on him
ða witu þe ic þrowige for þinre wæl-hreownysse,
swilce þu sylf wille gewrecen me on him."
He hrymde þa swiðor, and mid reðnysse grymetode
and gyt swiðor wedde, sleande his cwelleras
mid saglum and mid gyrdum. Het hi swiðor witnian
þone halgan wer on þære hengene:
þohte þæt he mihte his mod ahnexian
þurh þa ormætan wita, ac he wann on idel,
forþan þe hi ateoredon on þære tintregunge
þæt hi leng ne mihton þone martir gewitnian,
and he an-ræde þurhwunode on þam witum swaþeah.
   Datianus þa axode, mid æblæcum andwlitan,
his reðan cwelleras, þus cweðende him to:
"Hwar is nu eower miht and eower mægen becumen?
Ne oncnawe ic eowere handa, þe æfre hetole wæran
swa oft swa ge gewitnodon þa ðe wæron forscyldegode
oþþe þurh man-slihte oððe þurh morþ-dæda
oððe þurh dry-cræft oððe dyrne forliger.
Æfre ge gewyldon mid witum hi ealle,
and hi heore diglan dæda eow bedyrnan ne mihton.
Ac ge nu ne magon þusne mann oferswiðan,

you are acting very much in accord with my own desire. I do not want you to stop, because I myself am ready to suffer torments for the glorious Lord. I do not want you to diminish my glory before God, and when you punish me, you yourself will be punished."

Then Datianus became diabolically angry and began to strike his own torturers, who were torturing the saint, harshly with rods so that they might punish him more severely. Then the holy man said: "Because of your cruelty, you now inflict on them those tortures that I am suffering, as if you would wreak vengeance for me on them." He then roared more loudly, and fiercely raged and raved even more, striking his executioners with rods and sticks. He commanded them to torture the holy man on the rack further: he thought that with these excessive tortures he could soften his heart, but he strove in vain, because they became exhausted by their tormenting so that they could no longer torture the martyr, and he remained steadfast among the torments despite this.

With a pale face, Datianus then questioned his cruel executioners, speaking to them in this way: "Where has your power and your strength gone now? I do not recognize your hands, which were always fierce whenever you tortured those who were found guilty of either murder or deeds of violence or sorcery or secret adultery. You always overpowered them all with tortures, and they could not conceal their secret deeds from you. But now you cannot overcome this

þæt he huru suwige on þysum scearpum witum!"
Þa smercode se halga wer and to þam hetolan cwæð:
"Þis is þæt awriten is witodlice on Godes æ:
þæt ða geseondan ne geseoþ, ne þa gehyrendan ne gehyrað.
Drihten Crist ic andette, þæs ælmihtigan Fæder Sunu,
mid þam Halgan Gaste, anne soðne God.
Ac witna me gyt swiðor for þissere soðan andetnysse,
þæt ðu on eallum þingum þe oferswiðedne oncnawe."
Datianus þa cwæþ to þam Drihtnes cyþere:
"Gemilsa þe sylfum and ne amyr þine geoguþe,
and þin lif ne gescyrt on þisum suslum þus,
þæt þu hure ætberste þisum heardum witum,
huru nu æt ende, þeah þu ær noldest."
Uincentius him cwæþ to mid cenum geleafum þus:
"Ne ondræde ic þine witu ne þine wæl-hreowan tintrego;
ac ic swiðor ondræde þæt þu geswican wylle
þinre reðnusse and swa me gemiltsian."
Dacianus þa het hine gedon of þære hengene,
and hine eft ahon on heardum gealgan sona,
and hine man þa swang and mid saglum beot,
and mid blysum ontende his bare lic eall,
astrehtum limum. Ac his geleafa swaþeah
on his Drihtenes andetnysse æfre þurhwunode.
Man ledde to his breostum brade isene clutas,
swiðe glowende þæt hit sang ongean,
and hi þa teartan wita mid witum geeacnodon,
and his ærran wunda mid wundum ofsettan,
and into his innoðum hine gewundodon,
swa þæt on his lic-haman nan dæl ne belaf
þe nære gewundod on ðære witnunge.
Him fleow þa þæt blod ofer ealne þone lic-haman,

man, so that at the least he might keep quiet during these bitter torments!" Then the holy man smiled and said to the hateful man: "Truly, this is what is written in God's law: that the seeing will not see, nor the hearing hear. I confess the Lord Christ, the Son of the almighty Father, with the Holy Spirit, one true God. But torture me yet more for this true confession, so that you may recognize that you have been conquered in every way."

Datianus then spoke to the Lord's martyr: "Have mercy on yourself and do not spoil your youth, and do not shorten your life in this way with these tortures, that at least you may escape these harsh torments, now at the end at least, though you refused to before." Vincent spoke to him with brave faith in this way: "I do not fear your tortures or your cruel torments; instead I fear that you intend to put a stop to your ferocity and so have mercy upon me." Then Datianus ordered that he be taken down from the rack and immediately be hung up on a hard gallows, and then they whipped and beat him with rods, and with torches burned him all over his naked body, with limbs stretched out. But nevertheless his faith in professing his Lord endured throughout. They laid large iron plates on his chest, glowing so hot that the iron sang against it, and they added to the fierce torments with further torments, and they pressed down onto his earlier wounds with new wounds, and wounded him internally too, so that no part of his body remained that was not wounded by the torture. Then his blood flowed all over

and him se innoþ eac geopenode ongean,
and his liþa toslupon on þam laðum tintregum.
Ac he eall þis forbær mid bliþum andwlitan
and mid strangum gaste on Godes andetnysse,
to þam helende clypiende þe he on gelyfde.
"Wa la wa," cwæþ Datianus, "we synd oferswiðede!
Ac secaþ nu, ic bidde, an blind cweart-ærn
þær nan leoht ne mage inn, and on þam myclum þeostrum
strewiað geond eall tobrocene tigelan
scearpe geecgode, and þæron astreccaþ
þysne wiðer-coran, þæt he hine bewende
fram wite to wite and symble gearewe habbe.
Belucað hine þonne fæste þæt he licge þær ana,
leohtes bedæled, on þam laðum bedde.
Secgað me swa sona swa ge oncnawaþ
þæt he cucu ne byð." And þa cwelleras swa dydon:
gebrohton þone halgan wer on þam blindan cweart-erne,
and besæton hine syþþan, wakigende.
Mid þam ðe þa weard-men wurdon on slæpe,
þa com þær heofonlic leoht in to þam halgan were,
on þam blindan cweart-earne swilce beorht sun-beam,
and him wearð gebeddod mid hnescre beddinge,
and he sylf þa sang his sealmes bliðe,
his Drihten heriende mid incundre heortan.
Þa wundrode þa weard-men þæs wynsuman leohtes,
swiðe afyrhte for þam færlican tacne.
Þa cwæþ se halga wer: "Of þam heofonlican leohte
ne beo ge afyrhte. Ic heom nu gefrefrod
mid engellicre þenunge. Gað in and sceawiað.
Ge gebrohton me on þrystrum, and ic blissige nu on leohte,
mine bendas sund tolysede, and ic blissige mid sange.

his body, and his insides opened up again too, and his joints were dislocated in those hateful tortures. But he endured all this with a happy face and with a strong spirit in his profession of faith in God, calling to the savior in whom he believed.

"Alas!" cried Datianus, "We are conquered! But now, I entreat you, find a dark prison where no light can enter, and in the great darkness scatter broken tiles with sharp edges all over it, and stretch out this rebel upon it, that he might turn around from one torture to another and always find another ready. Then lock him in securely so that he may lie there alone, deprived of light, on that hateful bed. Tell me as soon as you know that he is no longer alive." And the executioners did this: they brought the holy man into a dark prison, and afterward guarded him, keeping watch. While the guards were asleep, then a heavenly light descended upon the holy man, as bright as a ray of the sun in the dark prison, and a bed was made for him with soft bedding, and he himself sang his psalms with delight, praising his Lord from the depths of his heart. Then the guards marveled at this beautiful light and were greatly afraid of the sudden sign. Then the holy man said: "Do not be afraid of this heavenly light. I am now comforted with angelic service. Come in and see. You brought me into darkness, and now I am rejoicing in the light, my bonds are loosened, and I rejoice with song. I am

Ic eom nu gestrangod and hnesce understreowod.
Wundriað þises: þæt se þe wurðaþ God
mid soþre andetnesse þæt he sigefæst byþ æfre.
Cyþaþ nu ardlice eowerum arleasan hlaforde
hwilces leohtes ic bruce and hwilcere beddinge,
þæt he gyt mage asmeagan sum syllic wite
to minum wuldre. Ne wanige he nan þing
þæs þe minum martirdome mage to wuldre becuman.
His mild-heortnesse ane ic me ondræde swiðost,
þæt he beo awend swilce he wille mildscian."
Hi cyddon þa þis þam hetolan cwellere,
and he wearð geangsumod
and æblæce on nebbe. Cwæþ him to andsware:
"Hwæt mage we him mare don, nu we synd oferswiðede?
Berað hine nu, ic bidde, of þam blindan cwært-erne
to suman softan bedde þæt he mage swa hine reste.
Nelle ic hine wyrcan wuldorfulran gyt,
gif he on þam witum gewitnod ateorað."
Hi hine þa bæran bliþelice on æarmun
þe hine ær witnodon on þam wæl-hreowum tintregum.
And hi his fet cystun, and his flowende blod
geornlice gaderoden him sylfum to hæle,
and geleddon hine swa on þam softan bedde,
swa swa se arlesa het, and forleetan hine swa.
Hit gelamp þa sona, æfter litlum fyrstum,
þæt se halga gewat of worlde to Gode
mid sigefæstum martirdome, oferswiðdum deofle,
to þam ecan wuldre mid þam wel-willendan Drihtene,
þæt þæt he þam behet eallum þe hine lufiað
and þam þe his geleafan healdaþ oð ende.

now strengthened and am softly bedded. Marvel at this: that he who worships God with a true confession will always be victorious. Quickly report to your impious lord now what kind of light I enjoy and what sort of bedding, that he may still be able to think of some rare torture for my glory. Let him not diminish anything that may result in glory for my martyrdom. His mercy alone I dread the most, that he might be changed as if he were willing to have mercy."

Then they reported this to the fierce executioner, and he became enraged and pale in face. He said to them in answer: "What more can we do to him, now that we have been conquered? Bring him now, I implore you, from that dark prison to a soft bed so that he might have rest. I refuse to make him yet more glorious, if he dies tormented by tortures." Then they who had tortured him with cruel torments happily carried him in their arms. And they kissed his feet, and carefully collected his flowing blood to heal themselves, and they laid him on the soft bed in this way, as the impious man had commanded, and left him so. Then it immediately came to pass, after a little while, that the holy man departed from this world to God with victorious martyrdom, having conquered the devil, to the eternal glory with the gracious Lord, which he has promised to all those who love him and keep their faith in him to the end.

Datianus þa cwæþ, se deofollica cwelleræ,
ofsceamod swaþeah: "Gif ic oferswiðan ne mihte hine
ær cucene, ic hine witnige deadne.
Awyrpað nu his lic on anum wid-gillum felda,
fugelum to æse and fulum hundum to mete
and þam wild-deorum," and his wæl-hreowan þegnas swa dydon;
sona geferedan þæt lic to þam feldan middan,
and hit þar awurpon wild-deorum to mete.
Hit gelamp þa sona þurh Godes fore-sceawunge
þæt an sweart hrem þær fleah sona to
and bewerode þæt lic wið þa wildan fugelas
and hi ealle afligde mid his fiðerum aweg
and eac þa reðan deor mid his onræsum.
Se ælmihtiga God þe þe Eliam his witegan
þurh þone sweartan hræm asende hwilon mete
and hine þa afedde þurh þæs fugelas þenunge,
swa swa on Cyninga bocum fulcuð is be þam,
þe ylca God geheold nu þæs halgan weres lic
þurh þæs hremmes weardunge wið þa oðre fugelas.

Þis wearð eft gecydd þam arleasan Datiane,
and he þa geangsumod þus cwæþ:
"Ne mæg ic hine oferswiðan forðon swa deadne?
Swa ic his swiðor ehte mid swiðlicre ehtnysse,
swa ic hine swiðor wyrce wuldorfulran symle.
Ac gif þeo eorðe ne mæg þone mann forniman,
be he besenced on sælicum yðum,
þæt us swa oft ne sceamige for his anes sige
on manna gesihþum, þe hit eall geseoð,
beo he huru bediglod on þære deopen sæ.
Be he besiwod on anum sæcce mid hefegum stanum,

Datianus, the diabolic executioner, then spoke, ashamed nevertheless: "If I could not overpower him previously when he was alive, I shall punish him when dead. Now throw his body into a large field as carrion for birds and food for dirty dogs and the wild animals," and his cruel servants did this; they immediately brought the body to the middle of a field, and there they threw it away as food for wild animals. It then straightaway came to pass through God's providence that a black raven immediately flew there and guarded the body against the wild birds and drove them all away with his wings and the fierce animals also with his attacks. The almighty God who once sent food to his prophet Elijah by the black raven and fed him through the ministration of the bird, as is made fully known in the books of Kings, the same God kept the holy man's body now with the raven's guard against the other birds.

This was reported to the impious Datianus afterward, and, troubled, he said this: "Can I not overpower him even dead like this? The more that I persecute him with ever greater persecution, the more I make him ever more glorious. But if the earth cannot destroy the man, let him be sunk beneath the sea's waves, that the victory of that one man not shame us too often in the sight of people, who see it all, and let him at least be hidden in the deep sea. Let him be sewn into a sack with heavy stones, and throw him into

and awurpað hine on þære wid-gillan sæ
þam fixum to mete, þeah þe þa fugelas noldon."
Ða reþan cwelleras þa raþe swa dydon:
awurpan þæs halgan lic on þære wid-gillan sæ,
mid þam hefegum stanum, swa swa hi het þe dema,
þæt he huru ne sceolde þære sæ ætberstan,
þeah þe he þære eorðan æror ætburste.
And reowan him hamweard mid healicre blisse.
Ac þæs halgan weres lic, þurh þes hælendes mihte,
to þam strande becom ær þam þe hi stopon on land,
and on þam ceosole gelæg, oðþæt sum geleafful wudewa
swutele gebicnunge be þam underfeng:
hwær se halga lic-hama læg on þam strande,
beworpen mid þam ceosole þurh þa sælican yþa,
swilce he bebyrged wære þurh Godes wissunge.
His lic wearð þa geferod to geleaffulre cyrcan
mid mycelre ar-wyrðnesse and þar on innan bebyriged.
And his halgan ban wurdon wide todælede,
and mid mycelre lufe hi man wyrðaþ gehwær
swa swa us secgað bec, for his soðan geleafan,
þam hælende to lofe, þe leofað a on ecnesse. Amen.

2

Unius martyris

Amen, amen dico vobis: nisi granum frumenti cadens in terram mortuum fuerit, ipsum solum manet, et reliqua.
"Soð, soð ic eow secge: gif þæt isawene hwætene corn
feallende on eorðen ne bið fullice beægðæd,

the deep sea as food for the fish, since the birds do not want him." The fierce executioners then quickly did this: they threw the saint's body into the broad sea, weighed down with heavy stones, as the judge had ordered them, that at least he should not escape the sea, though he had previously escaped from the earth. And they rowed home with great joy. But through the savior's power, the holy man's body arrived at the shore before they had stepped onto land, and lay on the shingle, until a Christian widow received a clear sign about it: where the holy body lay on the beach, covered over with shingle by the sea's waves, as if he had been buried according to God's instruction. His body was then carried to a Christian church with great honor and buried inside it. And his holy bones were widely distributed, and people everywhere honor them with great love because of his true faith, as books tell us, to the praise of the savior, who lives always in eternity. Amen.

2

For a Martyr

Amen, amen I say to you: unless the grain of wheat fall into the ground and die, itself remaineth alone, etc. "Truly, truly I say to you: if a grain of wheat that has been sown falls to the ground

hit wunæð him sylf anæ." Ant he cwæð eft þa:
"Gif hit soðlice beægðed bið, hit bringæð mycele wæstm forð.
Ðe þe his sawla lufæð he forlyst heo witodlice,
and þe ðe his sawlæ hatæð on þissere weorulde
þe heald hire on þam ecan life.
Ðe ðe me ðenæð, fylige he me þenne,
ant þær ðær ic me sylf beo, þer bið eac min þegn,
and þe ðe me ðenaþ, him þonne ar-wurðað
min Fæder almihtigæ þe ðe is on heofenum."
Ðis god-spel is nu isæd sceortlice on Englisc,
ac we wyllæð openian eow þæt gastlic andgit,
na swa ðeah to langlice, þæt hit eow ne laðige.
Æfter weorld-þingum, we witon to soðan
þæt þæt asawene corn gif hit ne chinæð on þare moldan,
and gif hit ne bið aðyd of þam þe hit ær wæs,
ðet hit na ne weaxæð, ac wunæð him sylf, anæ.
Þæt clæne hwætene corn þe Crist þa embespæc
tacnæð hine sylfne, þe sealde his lif for us
and he micelne wæstm of mon-cynne aber
þurh his anes deað, þe swiðe deore-wurðe is.
And he bringæð þone wæstm—þæt beo we synfulle—
into þe wynsume bærne þare ecan wununge.
He wæs ða dead þurh þa Iudeiscen,
and he cwicede us þe on hine lyfæð.
Heo hine forluron and we hine ilæhten,
and his nomæ weaxæð wunderlice on us
swa mycel swiðor swa he mid heom is iðryht,
þæt he adwæsced beo on heoræ dwyldum.
Rihtlice, þæt hwætene corn þe iclænsod is on wæstmum
and ealræ sæde fyrmest is iset on getacnunge

and is not properly raked, it remains alone." And he says after that: "If it is properly raked, it produces a great harvest. Whoever loves his soul will certainly lose it, and whoever hates his soul in this world will keep it in the eternal life. Whoever serves me, let him follow me then, and wherever I am, there my servant is too, and whoever serves me, then my Father almighty who is in heaven honors him."

This gospel is now told briefly in English, but we intend to open up the spiritual meaning for you, though not at great length, so that it is not hateful to you. According to worldly matters, we know in truth that if the sown grain does not burst open in the earth, and if it is not pushed out from what it had been, then it will never grow, but will remain by itself, alone. The clean grains of wheat that Christ then spoke about signify himself, who gave his life for us and produced a great harvest of humanity through the death of him alone, which is truly precious. And he will bring that harvest—that is we who are sinful—into the beautiful barn of the eternal dwelling place. He was then killed by the Jews, and he gave life for us who believe in him. They lost him and we took possession of him, and his name grows wonderfully among us as much as it is suppressed among them, so that in their error it may be extinguished.

Truly, the grain of wheat that is cleansed in the harvest and is the foremost of all the seeds represents our savior

ures hælendes Cristes for his heahlice mihte,
forþan þe he oferstihð alle isceaftæ.
"Ðe þe his sawle lufæð he forlosæð heo witodlice,
and þe ðe his sawlæ hatæð on þissere weorulde
he healt hire soðlice on þam ecan life."
Þæt is on twa wise witodlice to secgene:
gif þu wylt witodlice lif habbæn mid þam lifigendum hælende,
ne ondræd þu ðe to swæltænne for his soðan ileafan,
and ne lufe þu þis lif, þæt ðu on leahtrum wunige,
and þine sawle forleose on þe soðe life.
Her is ðeo sawla iset for þisse sceorte life,
and þe ðe on þissere weorulde witodlice leofæð
and on druncenesse his dagas aspent,
be ðam cwæð Paulus, ne cymæð he na to Godes rice.
Iselige beoð þa ðe heora sawlæ hatiæð
on þissere weorlde, þæt heo wislice libban
þæt heo þa ecan murhðe moten habben mid Gode.
Þa halige martyræs swa mycel forsægen
þis andwearde lif þæt heom leofere wæs to swæltanne
for þæs hælendes namen ær þam þe heo hine wið-socen,
swa swa Uincencius dyde, be þam þe we eow sæden ær.
"Ðe þe me þenæð, fylige he me þenne."
On monige wisum men þeniæð Criste:
sume on his ðeowdome on isette timan,
sume on mæsse-þenunge and on monige bedum,
sume on clænnesse for Cristes lufæn wuniæð,
sume sealden heora lif for his lufe to cwale,
sume doð ælmessan heoræ Drihtene to lofe,
and swa hwa swa deð his Drihtnes willan
on enige wisan, he þenæð him sylfum.

Christ in his sublime power, because he surpasses all creation. "Whoever loves his soul will certainly lose it, and whoever hates his soul in this world will truly keep it in the eternal life." Truly this can be explained in two ways: if you truly wish to have life with the living savior, do not fear to die for his true faith, and do not love this life, in which you dwell in sin, and lose your soul in the true life. The soul is put down here for this short life, and truly whoever lives in this world and spends his days in drunkenness, which Paul spoke about, will never come to God's kingdom. Blessed are those who hate their souls in this world, that they may live wisely so that they may have that eternal joy with God. The holy martyrs scorned this present life to such an extent that it was preferable to them to die for the savior's name than reject him, just as Vincent did, whom we told you about above.

"Whoever serves me, let him follow me then." People serve Christ in many ways: some in their services at a set time, some in Masses and in many prayers, some live in chastity for love of Christ, some have given their lives over to death for love of him, some offer alms to praise their Lord, and whosoever performs his Lord's will in any way, serves

"Ðe ðe me þenæð, fylige he me þenne."
Gif we Criste ðeniæð, we sceolen him fyligen.
We sceolon faran on his wegas,
þæt is on rihtwisnesse and soðfestnessæ simle þeniæn.
"And þer ic beo seolf, þær bið eac min þegn."
Her we magen ihyren hwæt he deð us to leane
gif we him þeniæð on eawfestum life
and on wæl-dedum, þæt we wuniæn moten
þær þær he sylf bið on þam soðe life
on ece wuldre a to weorulde.
"And þe ðe me þenæð, hine þone ar-wurðæþ
min almihtiga Fæder þe ðe is on heofenum."
Mid hwylce wyrð-mente ar-wyrðæð þe Fæder
þone mon þe þenæð on þisse life his Sunu,
butan mid þam wyrð-mente þæt he wuniæn mote
on þam ecan life þær þær he sylf bið,
and his wuldor iseon, and þare wynsumnesse
a butæn ende brucæn mid alle his halgum?
Hwa mæg æffre wilniæn mare wyrð-mente,
oððe hwa durste þisses wilniæn, gif þe almihtiga Hælend
þisses ne behæte þam ðe hine lufiæð?
Ðe ðe leofað on ecnesse mid his almihtigæ Fæder
and þam Halgan Gaste on anre godcundnesse,
on ane mægen-ðryme, on anum gecynde a on ecnesse.
Amen.

him. "Whoever serves me, let him follow me then." If we serve Christ, we must follow him. We must travel on his paths, that is always to serve in righteousness and truth. "And wherever I am, there my servant is too." Here we can hear what he will give us as a reward if we serve him with a pious life and good deeds, so that we may dwell where he himself is in that true life in eternal glory forever.

"And he who serves me, then my Father almighty who is in heaven will honor him." With what honor will the Father honor the person who serves his Son in this life, except with the honor that he be allowed to dwell in the eternal life where he himself is, and see his glory, and enjoy the beauty with all his saints forever without end? Who can ever desire greater honor, or who would presume to desire this, if the almighty Savior had not promised it to them who love him? He who lives in eternity with his almighty Father and the Holy Spirit in one divinity, in one majesty, in one nature forever in eternity. Amen.

Abbreviations

AS = J. Bollandus et al., ed., *Acta Sanctorum,* 68 vols. (1643–1940): Ian.–Oct, 60 vols. (repr., Brussels, 1965–1970); Auctaria Oct. (Paris, 1875); Propylaeum ad Nov. (Brussels, 1902); Nov. vol. 1 (Paris, 1887); Nov. vol. 2, pt. 1 (Brussels, 1894); Nov. vol. 2, pt. 2 (Brussels, 1931); Nov. vol. 3 (Brussels, 1910); Nov. vol. 4 (Brussels, 1925); and Propylaeum ad Dec. (Brussels, 1940)

Belfour = A. O. Belfour, ed., *Twelfth-Century Homilies in MS Bodley 343. Part I, Text and Translation,* EETS os. 137 (London, 1909)

BHL = *Bibliotheca Hagiographica Latina,* 2 vols., Subsidia hagiographica 6 (Brussels, 1898–1901); *Supplementi editio altera,* Subsidia hagiographica 12 (Brussels, 1911); *Novum supplementum,* Subsidia hagiographica 70 (Brussels, 1986)

BL = London, British Library

BT = J. Bosworth and T. N. Toller, *An Anglo-Saxon Dictionary* (London, 1898); T. N. Toller, *Supplement* (Oxford, 1921); with *Revised and Enlarged Addenda* by A. Campbell (Oxford, 1972); the digital Bosworth Toller online, http://bosworth.ff.cuni.cz/

CCCC = Cambridge, Corpus Christi College

CH I = Peter Clemoes, ed., *Ælfric's Catholic Homilies: The First Series,* EETS ss. 17 (Oxford, 1997)

CH II = Malcolm Godden, ed., *Ælfric's Catholic Homilies: The Second Series,* EETS ss. 5 (Oxford, 1979)

CH III = Malcolm Godden, ed., *Ælfric's Catholic Homilies: Introduction, Commentary and Glossary,* EETS ss. 18 (Oxford, 2000)

CSEL = Corpus Scriptorum Ecclesiasticorum Latinorum

CUL = Cambridge University Library

DOE = *The Dictionary of Old English: A to H,* http://tapor.library.utoronto.ca.ucd.idm.oclc.org/doe/

EETS = Early English Text Society: os. = Original series; ss. = supplementary series

Fontes = *Fontes Anglo-Saxonici,* http://fontes.english.ox.ac.uk/

HE = Bede's *Historia Ecclesiastica gentis Anglorum,* in *Bede's Ecclesiastical History of the English People,* ed. Bertram Colgrave and R. A. B. Mynors (Oxford, 1969)

Irvine = Susan Irvine, ed., *Old English Homilies from MS. Bodley 343,* EETS os. 302 (London, 1993)

Jackson and Lapidge = Peter Jackson and Michael Lapidge, "The Contents of the Cotton-Corpus Legendary," in *Holy Men and Holy Women: Old English Prose Saints' Lives and Their Contexts,* ed. Paul E. Szarmach (Albany, 1996), 131–46

Ker = *Ker, N. R. Catalogue of Manuscripts Containing Anglo-Saxon* (Oxford, 1957)

LS = Ælfric's *Lives of Saints*

Moloney = Bernadette Moloney, ed., "A Critical Edition of Ælfric's Virgin-Martyr Stories" (PhD diss. University of Exeter, 1980)

Mombritius = B. Mombritius, ed., *Sanctuarium seu Vitae sanctorum,* 2 vols. (Paris, 1910; repr., Hildesheim and New York, 1978)

OED = Oxford English Dictionary, http://www.oed.com.ucd.idm.oclc.org/

PL = J.-P. Migne, ed., *Patrologia Latina,* 221 vols. (Paris, 1844–1864)

Pope = John C. Pope, ed., *Homilies of Ælfric: A Supplementary Collection,* 2 vols., EETS os. 259, 260 (London, 1967–1968)

Skeat = W. W. Skeat, ed., *Ælfric's Lives of Saints,* EETS os. 76, 82, 94, 114, reprinted in 2 vols. (London, 1966)

Wanley = Humfrey Wanley, *Librorum Veterum Septentrionalium,* in vol. 2 of George Hickes, *Linguarum Septentrionalium Thesaurus* (Oxford, 1705)

Zettel = Patrick H. Zettel, "Ælfric's Hagiographic Sources and the Latin Legendary Preserved in B.L. MS Cotton Nero E.i + CCC MS 9 and Other Manuscripts" (D.Phil. diss., Oxford University, 1979)

Note on the Text

Lives of Saints Manuscripts

The sigla in this list are those commonly used for Ælfric studies; it should be noted, however, that they were devised for his *Catholic Homilies,* and the order of sigla is relevant for those texts, not for the *Lives of Saints.* We have adopted the sigla in Aaron Kleist's forthcoming *The Chronology and Canon of Ælfric of Eynsham* for the last two manuscripts in the list.

B = Oxford, Bodleian Library, Bodley 343 (second half of the 12th century)

C = Cambridge, Corpus Christi College 303 (first half of the 12th century)

E = Cambridge, Corpus Christi College 198 (LS items from the first half of the 11th century)

F = Cambridge, Corpus Christi College 162, Part I, pp. 1–138 and 161–564 (beginning of the 11th century)

G = London, British Library, Cotton Vespasian D. xiv (middle of the 12th century)

J = London, Lambeth Palace Library 489 (third quarter of the 11th century)

K = Cambridge, University Library Gg.3.28 (end of the 10th or beginning of the 11th century)

L = Cambridge, University Library Ii.1.33 (second half of the 12th century)

M = Cambridge, University Library Ii.4.6 (middle of the 11th century)

N = London, British Library, Cotton Faustina A. ix (first half of the 12th century)

O = Cambridge, Corpus Christi College 302 (end of the 11th or beginning of the 12th century)

P = Oxford, Bodleian Library, Hatton 115 (LS items from the second half of the 11th century)

R = Cambridge, Corpus Christi College 178, Part I, pp. 1–270 (first half of the 11th century)

S = Oxford, Bodleian Library, Hatton 116 (first half of the 12th century)

T = Oxford, Bodleian Library, Hatton 114 and Oxford, Bodleian Library, Junius 121 (third quarter of the 11th century)

V = Cambridge, Corpus Christi College 419 (first half of the 11th century)

W = London, British Library, Cotton Julius E. vii (beginning of the 11th century)

f^a = Cambridge, Corpus Christi College 367 (LS item from the middle of the 12th century)

f^c = Cambridge, Queens' College, Horne 75 and Bloomington, Indiana University, Lilly Library, Poole 10 (beginning of the 11th century)

f^d = Gloucester, Cathedral Library 35 (LS item from the first half of the 11th century)

f^i = London, British Library, Cotton Otho B. x and Oxford, Bodleian Library, Rawlinson Q.e.20 (first half of the 11th century)

f^k = London, British Library, Cotton Vitellius D. xvii, fols. 4–92 (formerly fols. 23–234) (middle of the 11th century)

X[i] = London, Lambeth Palace 487 (end of the 12th or beginning of the 13th century)

Y12 = London, British Library, Cotton Caligula A. xiv, fols. 93–130 (middle of the 11th century)

Y20 = London, British Library, Royal 8 C. vii, fols. 1–2 (beginning of the 11th century)

Ælfric's *Lives of Saints* is found as a series in only one manuscript, London, British Library, Cotton Julius E. vii (W), written at the beginning of the eleventh century in a scriptorium that was certainly not Ælfric's. It is the base text for our edition. It was at Bury Saint Edmund's by the thirteenth century and may have come there at the time of or shortly after the refoundation of Bury as a Benedictine house ca. 1020.[1]

Although written in southern England within a decade of Ælfric's composition of the texts, the spelling system of the scribe who copied all of the Ælfric texts in W is quite different from what we know to have been Ælfric's. As Mechthild Gretsch says, "We may assume that the saints' *uitae* left Ælfric's scriptorium in a linguistic form very close to the *Catholic Homilies.*"[2] However, the texts must have been considerably altered by transmission before and/or when W was copied. The W scribe, to quote Gretsch again, "clearly had not been trained by someone thoroughly imbued with Ælfric's ideas of writing correct English" and "is noted for quite a number of orthographic peculiarities."[3] Some of the scribe's spellings are typical of late Old English, while others may be his own rather idiosyncratic practice.[4] The scribe's practice changes to some extent over the course of the manuscript; for example, the distinction between *þone* and *þonne* becomes much more consistently observed. Some features are more typical of the early texts in W, which suggests that he corrected the manuscript as he worked on it.[5] The principal scribe corrected the text by comparison with the exemplar, signaling superscript insertions, usually of missing letters, with a comma-like caret (referred to as a comma in the Notes to the Text). He also occasionally used a *punctum* under erroneous letters and corrected them superscript; we have reserved the word *punctum* for instances where we think the original scribe was responsible.

Another corrector, a little later, then went over the manuscript and made many more corrections, as well as some independent insertions.[6] The thirteen Ælfric texts on which he worked are, according to the numbering of this edition, LS 2, 10, 11, 12, 15, 17, 18, 19, 20, 21, 23, 24, and 29. He also corrected two anonymous texts not included in this volume. Four of the fifteen are the Lives of English saints (*Æthelthryth, Swithun, Oswald,* and *Edmund*), one British *(Alban),* and five from elsewhere (*Eugenia, Forty Soldiers, Apollinaris,* and the anonymous texts the *Seven Sleepers* and *Eustace*). Four are sermons (*Shrove Sunday, Prayer of Moses, Memory of Saints,* and *Kings*), and *Maccabees* is a combination of saint's Life and sermon. We do not know exactly when this corrector worked, but N. R. Ker dates his hand to the middle of the first half of the eleventh century.[7] G. I. Needham suggested, on the basis of the corrections to the *Life of Edmund* (LS 29), line 2.244, that he might have worked at Bury St. Edmunds.[8] The points corrector usually put a point under letters he wished to change and put his correction superscript. He generally signaled longer corrections (a word or more) by two points, often arranged like a colon, and also used them to signal his insertions. When the double points signal a longer insertion, the superscript insertion is often also preceded by double points. He occasionally also erased what the W scribe wrote and then wrote over the erasure.

The points corrector's numerous corrections show that he was much more fastidious about inflectional endings than the W scribe and altered many of them. As Needham, Michael Lapidge, and Michèle Bussières all point out, he does not seem to have worked from an exemplar, but was correcting according to what seemed right to him, and he also made additions, often quite pedantic.[9] Many of his corrections are in accordance with what we think of as correct OE grammar in the treatment of vowels in inflectional endings. He also systematically distinguished between the dative singular and plural of *he* in a way that Ælfric himself did not, by correcting the dative plural *him* to *heom,* reserving *him* for dative singular.[10] The points corrector has his own linguistic peculiarities. For example, he frequently inserted an *e* in forms like *ecan,* to give *ecean,* and on occasion attempted to rectify deficiencies in the text in front of him. At other times he made insertions with lexical alternatives (e.g., *sceande* for *hætse* in LS 17, line 350). As Needham has pointed out, the points corrector was particularly interested in doxologies, or the lack of them, and he made alterations to the conclusions of six out of the fifteen homilies that he corrected.[11] Bussières has tabulated all of the corrections and insertions in the manuscript, distinguishing those of the W scribe, the points corrector, and those that cannot be attributed on the basis of script or points;[12] those corrections involving inflectional endings are, however, more numerous in the texts on which the points corrector was active, suggesting that he was primarily responsible for them. Bussières's work is an excellent guide to the activities of the points corrector, and to all of the corrections in the manuscript, and we are much indebted to it.

In addition to these two correcting hands, there is a very large number of corrections by erasure in the manuscript. Erasures by their nature are not attributable, but there are some indications that both correctors used erasure, although it is impossible to be certain. These corrections are found in the majority of texts, almost to the end of the manuscript, but they become much less frequent.

W, therefore, is a complex manuscript because of the two layers of correction, with erasures making it impossible to recover all of the original readings, and it presents editorial challenges. But it is not the only manuscript for most of the texts that it contains. Many of the individual texts in W, or parts of them, are also found elsewhere. Altogether, twenty-six manuscripts (counting T as two) preserve parts of the series, though some of these are binding fragments containing only parts of texts. These manuscripts range in date from the beginning of the eleventh century to the second half of the twelfth. The two manuscripts other than W that had the biggest selection of texts from the LS were both victims of the Cotton Library fire of 1731, f^i and f^k; they are now in a fragmentary state, with some texts in both entirely destroyed. Fortunately, both were catalogued by Humfrey Wanley before the fire, and he recorded the titles and opening lines of all the texts in both manuscripts, but for some texts that is all that we now have. Because the individual texts in LS have such different transmission histories, they present very different editorial challenges, depending on how and where they have been transmitted. The simplest to edit are texts now extant only in W, such as LS 6 or LS 10. Others have a more complicated transmission: LS 12, for example, is now extant in W, C, F, M, and O, and in addition to the complete text in M, was also excerpted for another text in M.

The only other edition of the series as a whole is that of W. W. Skeat, who published it in parts from 1881 to 1900; facing translations were provided partly by him but largely by two assistants, Catherine Gunning and J. E. Wilkinson.[13] Skeat's text is in general accurate; some minor transcription errors have been silently corrected in this edition. The basis on which he edited the series has, however, been much criticized in recent years, which makes a new edition all the more necessary.[14] There have been other editions of individual Lives or small groups, including Needham's *Three English Saints,* Lapidge's edition of the *Life of Swithun,* Gabriella Corona's of the *Life of Basil*, Robert Upchurch's of the Lives of the virgin spouses, as well as editions in PhD dissertations, such as that of Moloney. These are noted in the Notes to the Text.

Editorial Procedures

As the only complete manuscript, W is the obvious choice of base manuscript, but we have collated all known manuscripts for each text in the series. Our aim has been to present the texts in what we hope is as close to Ælfric's wording as possible. We have not, however, attempted to restore Ælfric's orthography. Lapidge's edition of the *Life of Swithun* and Corona's of the *Life of Basil* normalize the W text by systematically correcting the W scribe's spelling according to Ælfric's usual practice, without signaling each instance of departure from W. This produces a much more normal-looking text (similar to the *Catholic Homilies*) but does not correspond to any medieval manuscript, and the apparatus in their editions does not allow one to work out the original manuscript readings. We have been more cautious and have preserved the W scribe's orthography, unusual though it may be. Punctuation is modern and abbreviations have been silently expanded. The numbering of the texts is editorial, and, as we not have included the four anonymous Lives, differs from that of Skeat's edition.

Where texts survive in other manuscripts, we can see that the W scribe made errors, usually minor ones that we cannot detect without these other manuscripts. Where W is obviously in error, we have corrected it from other witnesses, or occasionally without manuscript authority where the error appears clear to us. Very occasionally, even where we suspect or know that the points corrector erased and corrected, we have had to keep the correction in the edited text because what is erased is not recoverable. Where the points corrector interfered with the text on a larger scale, we have attempted to undo his work with the help of other manuscripts.

Departures from W's reading and the principal scribe's corrections are given in the Notes to the Text, but the notes do not record every correction or erasure. Among the features not recorded are the numerous corrections, especially in the first five texts, made by erasure of part of *æ* to yield *e;* letters written over erasures; the frequent corrections, especially in the first five texts, of *seo* and *heo* forms to *se* and *he* (although any editorial correction of such forms is noted); the points corrector's alterations of individual words, except on those rare occasions when they supply a missing word or correct an obvious error. His larger additions have, however, been included in the Notes to the Text, as have erasures of more than roughly four letters.

When collating the other manuscripts, we have not included variations in spelling or minor scribal errors, or the presence or absence of the *ge-* prefix. *Selþe* and *seolþeo* variations in B and in L are not included in the notes. Where the manuscripts have conflicting readings, we have taken each case on its merits and have accepted some readings from another manuscript or manuscripts that we think are superior (where they are supported by the source, where they make better sense, where they improve the alliterative pattern, or where they agree better with Ælfric's normal usage).

The names of people and places that are familiar to a general audience have been modernized in the translations and accompanying notes; those that are less familiar have been left in their original form. The Dumbarton Oaks Medieval Library's Vulgate supplies the translations of Ælfric's Latin Vulgate quotations as well as other quotations from the Bible. Classical Latin orthography has been silently adopted in the titles of the texts.

Following series practice, hyphens have been added to compound nouns and adjectives and their derivatives, and also to some other words (excluding personal names) where the meaning of the separate constituents is particularly transparent.

Notes

1 See Lapidge, *Cult of St Swithun,* 581.

2 "In Search of Standard Old English," 42.

3 "In Search of Standard Old English," 45. These peculiarities include

much vowel confusion and much leveling of inflectional endings. The scribe frequently does not preserve the distinction between *-a* and *-e* endings in nouns of various types. There are sporadic *-as* for *-es* endings, and vice versa. See Needham, "Additions and Alterations," 163; Gretsch, "In Search of Standard Old English," 49.

4 Gretsch, "In Search of Standard Old English," 49.

5 Michèle Bussières points out that the number of *æ* for *e* spellings, very common at the beginning of the manuscript, decreases dramatically after the first five texts, but they never disappear ("The Controversy about Scribe C in British Library, Cotton MS Julius E. vii," *Leeds Studies in English* n.s. 38 [2007]: 67). Many of these instances were corrected in the manuscript by erasure. At the beginning of the manuscript, in the first three texts, the scribe confuses masculine and feminine definite articles and pronouns rather frequently, in an odd series of errors. These errors virtually disappear after the first three texts. It is hard to explain how a scribe would make a whole series of such fundamental errors. See Bussières, "Étude," 181.

6 We call this corrector the points corrector; G. I. Needham calls him the point corrector, Michael Lapidge calls him W^{1} or the "dotting hand," and Bussières calls him D.

7 Ker, 207.

8 Needham, "Additions and Alterations," 160.

9 Needham, *Three English Saints,* 1n2; Lapidge, *Cult of St Swithun,* 584; and Bussières, "Etude," 178.

10 On this, see Donald G. Scragg, "Ælfric's Scribes," *Leeds Studies in English* 37 (2006): 179–90, at 182.

11 "Additions and Alterations," 162n3.

12 "Étude," 365–87.

13 As he explains, Skeat, vol. 2, liv–lv.

14 See Alexander, "W. W. Skeat and Ælfric"; and Schipper, "W. W. Skeat's Edition of Ælfric's *Lives of Saints,*" 229–36.

Notes to the Text

24. Saint Oswald

Manuscripts: The *Life of Saint Oswald* is found in three manuscripts, W (fols. 153r–57v), L (fols. 161r–66r), and f^{k} (previously at fols. 144–48, but now with only one folio surviving at fol. 10). This portion of the last manuscript is very badly damaged, with only lines 157 *(genealæhton)* to 236 *(moldan)* retained. The title and the first line are given by Wanley, 207. In W the so-called points corrector was active, often making changes to the spelling (for instance, *Cedwalla* to *Ceadwalla*).

Previously edited and translated by Skeat, vol. 2, 125–43; edited by Needham, *Three English Saints,* 27–42; and edited by Whitelock, *Sweet's Anglo-Saxon Reader in Prose and Verse*, 77–85, 252–54.

title	NATALE: *W f*^{k}; PASSIO *L*
4	freondum: *preceded by superscript* his *with two vertical points beneath W*
5	gefullod: *L*; ge- *added superscript with two vertical points beneath W*
6	mid him: him mid *L*
7	þam: þisum *L*
9	geciged: gehaten *L*
12	hlafordes: hlaforda *L*
24	Oswolde: *followed by* cyninge *added superscript with two vertical points beneath W*
25	ærne-morgen *L*; oðerne megen *with* r *of* mergen *added superscript with punctum beneath W*
26	Wealdend: *preceded by superscript* eall *with two vertical points beneath W*
36	man him: him man *L*

37 þæs: *omitted L*

39 geearnunga: *L*; geearnungum *with* -um *written over an erasure W*

48 wæs ða: ða wæs *L*

49 getiþodon: getiðodan *L*; tiþodon *preceded by superscript* ge- *with comma beneath W*

52 gesæligan: *omitted L*

59 wel-willendum: -um *written over an erasure W*

63 gewende: *L*; ge- *added by points corrector and preceded by an erasure of three or four letters W*

71 Norðhymbra land: Norðhumbra land *L*; Norhymbra lande *W*

74 oðrum: *L*; oðre *with final* -e *written over erasure of two letters W*

85 cyrcan: þa cyrcan *L*

86 mid: and mid *L*

87 gelamp: gelamp ða *L* ætgædere: togædere *L*

95 sandum: *L*; sande *with* -e *written over erasure of two letters W*

101 þeos: þes *L*; -eos *written over an erasure W* swyðre: hand *L*; swyðre *followed by* hand *added superscript with two vertical points beneath W*

103 gesundful: gesund *L*

104 gerymed: getrymed *L*

106 Scottas: and Sceottas *L*

118 wiþ: *followed by* þæs *added superscript with two vertical points beneath W*

123 Rome: Romebyrig *L*

131 swa: *omitted L*

148 geweold: *L*; weold *preceded by superscript* ge *with comma beneath W*

149 wæs on ylde: on ylde wæs *L*; -e *of* ylde *added in margin W*

152 Cedwallan: Cedwealla *L*

162 aslean: -n *altered from* -h *W*; slean f^k

163 hi: him *L*

166 stod on stacan: on stacan stod f^k

171 gecwæð: *L* f^k; cwæð *preceded by superscript* ge *with comma beneath W*

173 mynstre: cyrcan *L*

175 aslagen: slagen *L*

183 heofonlic: *L*; heofon *with* -lic *added superscript with two vertical points beneath W*; heofon f^k

191 gelogodon: gelogode *L*
207 feld: *followed by* ferde *added in right margin W*
209 ær: her *L*
212 þa: *L* f^{k}; *added superscript following* ridda *with comma beneath W*
213 þider: þyder ðe *L*
215 reccenne: *L* f^{k}; reccenne *preceded by* ge- *added in left margin W*
221 eac: *omitted* f^{k}
230 oðþæt þæt: þæt *L*
234 ana ætstod: ætstod ana *L*
239 þæt: *L*; þa *W*
241 men: *L*; *added superscript following* anum *with comma beneath W*
242 cwæð: sæde *L*
243 se ne gymde his lare: *omitted L*; ne *added superscript following* se *with two vertical points beneath W*
245 adreah: dreah *with initial* a *added superscript with comma beneath L W*
247 he: *L*; *added superscript before* þone *with comma beneath W*
261 wurþest: wyrst *L*
267 heortan: heorte *L*
280 Godes: *omitted L*
287 Ælmihtigan: ælmihtigan Gode *L*; Gode ðe on ecnysse rixað *added superscript with two vertical points preceding the material to be inserted and two vertical points following* Ælmihtigan *W*

25. Exaltation of the Holy Cross

Manuscripts: The Life is found in W (fols. 157v–60v), L (fols. 203r–6v), f^{a} (81r–88v), and f^{k} (once fols. 168–71, now fols. 74–75). Manuscript f^{a} retains only line 157 *þæt Cristes læwa Iudas se arleasa* to the end: this manuscript represents a miscellaneous compilation of historical and philosophical material containing fragments of six quires from a collection of homilies dated to the twelfth century. See Hill, "The Dissemination of Ælfric's *Lives of Saints*," 244; and the Parker Library online. Skeat was unaware of the manuscript and does not collate it. Manuscript f^{k} contains line 66 to the end; the title and the first line are given by Wanley, 207.

Previously edited and translated by Skeat, vol. 2, 144–59.

title XVII KALENDAS OCTOBRIS: *omitted L*
10 gewritu: bec *L*
17 hær-fæste: *L*; hærfest *W*
25 Gehergode: he gehergode *L*
35 manegum: manegum mannum *L*
40 þunor wyrcan: wyrcan ðunor *L*
46 gelyfed: and wel belyfed *L*
47 gefeohte: *L* gefeohtum *W*
49 þeowas: *written in margin with signe de renvoi at the appropriate point W*
51 wolde: and wolde *L*
74 se: *omitted L*
76 het: het hine *L*
78 cnapa: cnapan *L*
83 georne mid: mid micelere *L*
89 wearþ: wearð þæt geat *L*
97 stedan: *L*; steda *W*
100 up: up to heofonum *L*
101 ða se casere: ðe casere ða *L* lihte: alyhte *L*
104 eode: and eode *L* mid: *omitted L*
108 geopenode: geopenodon *L*
110 of: *L*; on *W* þa þa . . . wæs: *omitted L*
111 geond: geond eal *L* afylde: fylde f^{k}
123 heo: heo ær *L*
124 Cosdrue: *omitted L*
126 þa: *omitted L*
128 þær: *L*; þæ *with* r *added superscript W*
134 gedyde þær: þær gedyde *L* gegodede: gebette *L*
138 is: *omitted L* Cristenum: *omitted L*
139 on Engliscre spræce: *omitted L*
152 þeah: swaþeah *L*
153 se: þonne bið se *L*
154 biþ sona: *omitted L*
155 man: man hine *L*
159 þære: *L* f^{a}; þam *W*
160 mage: mage hine f^{a}

162 leas: næfre leas f^a
168 he: *L* f^a; þe *W*
169 þæt: *omitted* f^a
175 willa: willan *L*
185 to: *omitted* f^a
190 breost: breaste f^a
194 his: *omitted L* fyrlenum: fyrnlicum *L* f^a
195 þa: *omitted L* f^a eahta: eahta þa f^a
196 leofode: leofode his lif f^a
199 towearp: towearp heora *L*
205 mild-heort: milde f^a mersode: lofede *L*
207 þe: *omitted* f^a gewundode: gewandode f^a
208 on: nu on *L*
209 dema: *omitted L*
210 þe: *omitted L*
216 and: and syððan *L*
217 wuldrigende: wundrigende *L*

26. Saint Maurice and His Companions

Manuscripts: Although once part of f^k, fols. 153–56, this version is now lost, and W preserves the only extant version of the *Life of Saint Maurice* and his companions on fols. 160v–63v. The title and the first line of f^k are given in Wanley, 207.

Previously edited and translated by Skeat, vol. 2, 158–69.

title PASSIO: NATALE f^k ET SOCIORUM EIUS: CUM SOCIIS SUIS f^k
33 þa: þæra *W*
38 gegladian: gladian *with* ge *added superscript with comma beneath W*
71 astræhton: astræhto *with* -n *added superscript with comma beneath W*
130 geþyldige: þyldige *with* ge- *added in left margin W*
166 earfoðnyssum: eafoðnyssum *with* r *added superscript with comma beneath W*

27. Saint Dionysius

Manuscripts: The passion of Saint Dionysius is found extant in two manuscripts, W (fols. 163v–69v), and L (fols. 166r–72r); it was once in f^k, fols. 156–59 (Wanley, 207). Where L and W differ, Ælfric is not close enough to the source, which is far more expansive, to provide any indication as to which variant is to be preferred. In some instances, however, the W-reading appears to better preserve the alliteration of the line.

Previously edited and translated by Skeat, vol. 2, 168–91.

title VII: *L* f^k; IIII *W* PASSIO: NATALE f^k ET SOCIORUM EIUS: CUM SOCIIS SUIS f^k

4 Athenas: thenas *with superscript* A *and comma beneath W*

7 hæþenra: *L*; hæþena *W*

19 soðan: *omitted L*

23 on Englisc: *omitted L*

34 ealdan: *omitted L*

40 drihtenlican: miclan *L*

46 þær lange: þær *omitted L*

47 lifigendan: lifigende *L*

49 him gebæde: bæde for him *L*

50 þone mild-heortan Drihten: to Gode *L*

56 rode: rode-tacna *L*

60 sæge: sæge him *L*

66 sona þam ar-wurþan were: *omitted L*

69 minum: mine *L* oþ: on *L*

83 georne: geornlice *L*

92 and gehwilce oþre: *omitted L*

124 bisceop: halga bisceop *L*

125 hwile: þrage *L*

126 swa swa Crist him gewissode: *omitted L*

147 se hælend: God *L*

155 geleafan: Gode *L*

156 þam þe: þa þe *L*

160 wiðer-rædan: wiðerweardan *L*

161 swa us: swa swa us *L*

162 to: *L*; *added superscript with comma beneath W*

168 mid: on mid *L*

170 ledon: aleddon *L*

183 þe: ðe þe *L*

187 suman: *L*; sume *W*

202 Cristen: Criste *L*

206 Dionisius: Dionisium *L* mid wæpnum: *omitted L*

212 ænne: æne *with second* n *superscript with comma beneath W*

213 geciged: geclyped *L*

216 ferdon: ferde *L*

217 Sisinnius: *L*; Sisinniuus *W*

219 þa: *omitted L*

230 þone halgan bisceop unscrydan: unscrudan þone halgan bisceop *L*

238 Dionisies geferan: *omitted L*

243 nacode lic: nacodum lice *L*

246 wæron ofhingrode: ofhingrode wæron *L* halgan: *omitted L*

250 adwescton: adwæston *L*; adweston *with* c *added superscript with comma beneath W*

252 wæl-hreowa: *omitted L*

256 don hine: hine don *L*

261 eallum: ealle *L*

269 þa: þas *L*

271 ðe: *L*; *added superscript with comma beneath W*

276 on mergen: morhgon *L*

278 geoffrian: hi offrian *L*

280 þa: *omitted L*

283 beswingan: ða swingan *L*

298 oðþæt þæt: þæt *L*

299 ealle: *L*; elle *with superscript* a *and comma beneath W*

310 þe: *omitted L*

318 preostes: preostas *L*

28. Saint Martin

Manuscripts: The *Life of Saint Martin* is preserved in three manuscripts, W, B, and Y12. The W version of this Life (fols. 179v–203r) includes a preface and fifty-five numbered sections, possibly influenced by the division of

Sulpicius's *Dialogues* II and III into numbered sections in CCCC 9 (Paul E. Szarmach, "Ælfric Revises: The Lives of Martin and the Idea of the Author," in *Unlocking the Wordhord: Anglo-Saxon Studies in Memory of Edward B. Irving, Jr,* ed. Mark C. Amodio and Katherine O'Brien O'Keeffe [Toronto, 2003], 38–61, at 41). B does not include these divisions. At the end of the text, there is a Latin note apparently by Ælfric himself in which he calls upon the saint to intercede for him. It is unique to W and has been edited in verse form by P. Grosjean ("Gloria postuma S. Martini Turonensis apud Scottos et Britannos," *Analecta Bollandiana* 55 (1937): 300–408, at 347). The points corrector did not work on the W version of this Life, but it is heavily corrected by the original scribe. B (fols. 35v–39v) is an abbreviated version of the Life, offering lines 1–130, 207–53, 366–87, 427–63, 487–526, 562–73, 682–705, 775–91, 1038–55, 1135–42, and 1259–1495. The scribe of B (a late twelfth-century manuscript), displays a number of idiosyncrasies that have not been noted here, but which are discussed at length by Irvine (Irvine, lv–lxxviii). Y12 (fols. 125r–30v and fols. 93r–111v) begins imperfectly, at line 374, with lines 630–71 omitted. The first section, lines 374–629, is now found on fols. 125r–30v; lines 671–1495 are on fols. 93r–111v. The text is very close to that of W.

Previously edited and translated by Skeat, vol. 2, 218–313, and Mertens, "Old English Lives of St Martin of Tours," 233–413.

title EPISCOPI ET CONFESSORIS: EPISCOPI .IIIA. IDUS NOVEMBRIS *B* ANGLICE: *omitted B*; ANGLICAE *W*

1 snoter: *B*; *omitted W*

2 ðe: he *B*

7 worhte: wrohte *B*

10 I. Martinus: Martinus *B W*

17 gefylcum: folcum *B*

31 þæs: *B*; þære *W*

35 þe on: þa he on *B* andode: awacode *B*

38 þam: þam ðe *B*

46 soðe: soðfeste *B*

49 ealle: þa alle *B*

50 þa: *omitted B*

53 fedde þearfende: þerfende fædde *B*

55 of: on *B*

56 to: *omitted B*

57 be: bi *B*; *added superscript with comma beneath following* þu *W*

60 swiðlicum: mycel *B*

61 þearfan nacodne: nacoden þearfum *B*

62 riddon: ridende *B*

63 ne: and ne *B*

64 him: *B*; his *W*

65 þa ða þa: þa þa *B*

66 he sylf: sylf *B*

68 his: al his *B*

69 gelæhte ða: ðeah ilahte *B*

74 mihton: mihte *B*

75 on swefne: *omitted B*

82 gescrydde: scrydde *B*; gescydde *with superscript* r *added with comma beneath W*

84 on minum naman anum: anum on mine nome *B*

90 gefullod: þa ifullod *B*

91 nolde: and nolde *B*

97 sylene: gifu *B*

101 Him: for him *B*

108 gefeohtes: feohtes and *B*

114 mid rode-tacne gescyld: iscild mid rodetacnæ *B*

136 wunode: wuno *with superscript* de *and comma beneath W*

155 to: *added superscript with comma beneath W*

170 he: *added superscript with comma beneath following* gemette *W*

176 se deofol: seo deofol *W*

180 his: *added superscript with comma beneath W*

193 and . . . þanon: *added in right margin following the* þanon *of line 192 W* ig-lande: *followed by* þanon ferde *erased through with a line W*

212 sarige þa sæton: þa sarilice sæten *B*

218 astod: stod *B*

221 lociende wæs: wæs locigende *B*

227 sæde: *omitted B*

228 wære: wæs *B*

235 wurde: were *B*
236 swa: swa ða *B*
237 asprang: spronc *B*
244 wearþ: wæs *B*
248 ut: þa ut *B*
249 lic-haman: *omitted B*
250 geedcucode: cwicode *B*
252 and mid: *B*; mid *W*
318 mynstre: mynste *W*
348 martyres: *written after* naman *with a signe de renvoi to indicate its correct position preceding* naman *W*
366 sumne sæl siðode: sume time ferde *B*
367 bær man: beron men *B*
368 bebyrigdon: burigden *B*
371 heora land: þæt land *B*
372 worhte: wrohte *B*
374 þa: sonæ þa *B*
376 se: *omitted B* ðe: ðe ðærbi *B* gehende: *omitted B*
377 earðan: ðare eorðan *B*
379 astyrian: styrigan *B*
380 asetton: setten *B*
382 þa þa: þa ðe *B* mid: *omitted B* ferdon: beren *B*
383 na mid: and na *B*
384 to siþigenne forð: forð to farene *B*
386 mid worde: mid his weorde *B*
392 forceorfan: *Y12*; forceofan *with second* r *added superscript and comma beneath W*
429 bradum lige brastligende hreas: on brade læge brastlinde wæs *B*
430 þam: þe *B*
431 þære: *omitted B* gehendost stod: ne next wæs *B*
432 mid: þa mid *B*
433 fyr: lig *B*
434 Þær: þer me *B* se ðe wære gehende: þe þerbi were *B*
435 wunnon: fuhten *B*
437 forbeah: and forbeah *B*
438 þe: þæt *B*
439 wic: stede *B*

442 þa forwyndon: þe forwernde *B*
443 gedrefedne: *omitted B*
444 Þa . . . þanon: *added in right margin with a signe de renvoi to indicate its correct position following the* þanon *of line 443 W*
447 hæðene: *omitted B* tobrytte: *B*; *omitted W ϒ12*
448 hit tocwysan: tocwæssæn hit *B*
449 comon færlice to: com to ferlice *B*
454 him: *B*; *omitted W ϒ12*
455 ðam: *B*; þære *W*
457 duste: duste ibrohte *B*
458 ealle: and alle *B* heora: þæræ *B*
460 ac: and *B*
461 geleafan: bileafan *B*
487 XIIII: *ϒ12*; *omitted B*; XIII *W*
488 ealle wurdon: wurdon alle *B*
489 unwene læg: læg unwæne *B*
490 þa: *omitted B*
491 to þam halgan: *omitted B*
492 his fet: þæs halgan fet *B*
493 hi bletsode: hire bletsode and cwæð *B*
494 he cwæð: *omitted B*
497 hine to biddenne: to bidden hine *B*
498 mid Martine wæron: weron mid Martine *B*
500 andbidode: abidon *B*
505 þam folce: þæt folc *B*
506 gehaten Tetradius: Tetradius ihaten *B*
507 manna: mon *B*
508 him onsette: on him sætte *B*
509 þa het: het *B*
511 wedde: awedde *B*
517 hæðena: hæðene *B ϒ12* þegen: mon *B*
520 asette: sette *B* gescynde þone: ascynde þon *B*
522 þa: swa *B*
525 wundorlicre: *ϒ12*; wunderlice *B*; wudorlicre *W*
530 egeslicne: egeslice *ϒ12*
545 ne: *added superscript over* moste *with comma beneath W*
556 þurh: *B ϒ12*; þur *with superscript* h *and comma beneath W*

562 meniu: folc *B*

563 þæt: *omitted B*

566 hine: him *B*

569 wurdon: weron *B*

571 bet sona: sonæ bet *B*

583 sceolde: *Y12*; sceol *with* de *added superscript with comma beneath W*

598 þe: þæt *Y12*

600 hæfst: *Y12*; hæft *with* s *added superscript and comma beneath W*

620 Godes: *Y12*; Gode *with* s *added superscript and comma beneath W*

682 geseah englas him: iseah him englæs *B*

683 hi hiw-cuðlice: heo cuðlice *B*; him cuðlice *Y12*

684 sæde: cwæð to *B*

689 sæde him sylf: seolf sæde *B*

696 þa ða: þa ðe *B*

699 him: *omitted B*

701 to me hider: hider to me *B*

703 ac: and ac *B*

705 gescrydde: *Y12*; iscrudde *B*; gescydde *with* r *added superscript with comma beneath W*

710 se: *added superscript with comma beneath W*

729 halgan: halgum *W Y12*

741 ænige: ænigne *W*

777 ða: þe *B*

778 nu: *omitted B*

780 him to: to him *B*

786 and: and hine *B* hine: *omitted B*

787 þa: *added superscript with comma beneath W*

789 lange: *omitted B*

791 hit: *omitted B* ær: *omitted B*

802 ne gelyfde: gelyfde *W Y12*

818 buton: *Y12*; buto *with* n *added superscript with comma beneath W*

849 streaw: *Y12*; steaw *with* r *added superscript with comma beneath W*

906 scrydde: *Y12*; scydde *with* r *added superscript with comma beneath W*

909 erce-diacon: *Y12*; ercedicon *with* a *added superscript with comma beneath W*

911 him wære: him *W Υ12*

929 nis: is *Υ12*

976 mid stafum: stafum *Υ12*

1016 wæron: comon *Υ12*

1036 cristnigenne: *Υ12*; crisnigenne *with* t *added superscript with comma beneath W*

1038 siðode: ferde *B*

1040 þearle: *omitted B*

1044 ac: and *B* sona: *omitted B*

1045 stod: ætstod *B*

1051 ferde of: ferde þa of *B* heo: *omitted B* sona: sona þa cu *B*

1053 stilnysse: stuntnysse *B*

1056 sume: sumne *W Υ12*

1134 he dumb: dumb *Υ12*

1137 hi him: hi *B* þæs: heores *B*

1140 Martines: *W Υ12*; Martinus *B*

1142 ablunnenre hreohnysse: *omitted B*

1171 þearft: *Υ12*; þeaft *with* r *added superscript with comma beneath W*

1208 astrehte: *Υ12*; astreh *with* te *added superscript with comma beneath W*

1261 wið heora: to heom *B*

1266 men me: men *B*

1271 gefon: nimen *B*

1272 nu: *omitted B*

1274 wearp: and wearp *B* oninnan: þa innan *B*

1275 an: *omitted B*

1276 bær ham to mynstre: and ham ber *B*

1283 þære bene him: heom þære bene *B* ablan: swac *B*

1285 þæs þe: þæt *B*

1286 þa com: com þa *B*

1291 eall: *Υ12*; all *B*; eall *added superscript with comma beneath W*

1292 þam: *B*; þa *W Υ12*

1293 of þære yrmðe swa: swa of þære yrmðe *B*

1295 sumne dæl dyde: dyde sumne dæl *B*

1296 cwædon: and cwædon *B* wære: weron *B*

1301 synd: beoð *B*

1302 areccan: reccen *B*
1309 æt: on *B*
1311 wolde: and walde *B*
1313 gebroðrum: his broðrum *B*
1315 grunde: þe grunde *B*
1320 gefangene: *omitted B*
1322 bebead: bead *B*
1323 siþedon: ferden *B*
1327 mid þære: *omitted B*
1332 wurdon: wæron *B*
1336 becumað: we bicymæð *B*
1339 ac: and *B* synd: beoð *B* gewisse: *omitted B*
1340 us: *B*; ure *W Υ12*
1351 mid: on gebedum mid *B*
1352 þa gebroðra: his broðræ *B*
1355 buton þæt he: þæt he buton *B*
1358 openum: mid opene *B*
1363 sy: beo *B*
1364 gehende: neah *B*
1366 her: *omitted B*
1367 manfulla ænig þincg: nan þinc monfulles *B*
1369 gewat: ferde *B*
1374 fela manna: monige men *B*
1375 stemna: stæfne *B*
1376 þa: *omitted B*
1377 synd: beoð *B*
1381 to: swiðor to *B*
1383 hlude þa: wæs ða lude *B*
1385 Severinus: Severinus ihaten *B*
1389 stemne: stæfne *B*
1392 he: and he *B* his: *B*; *added superscript with comma beneath W*
1394 astrehton: astræhte *B*
1397 stemne: stæfne *B* swægende: *B*; swegen *W*
1398 ða stemna: þam stæfne *B*
1400 of þysum middan-earde gewat: ferde of þisse middanearde *B*
1404 gewat: ferde *B*

1406 synfullum, nu se: synfule gif þe *B*

1409 to Martines bisceop-stole: *omitted B*

1410 soðlice gesæd: cyð *B*

1415 awreccan: aweccan *B*

1416 awrehton: awæhton *B*

1422 min broþor, Martinus se halga: Martinus min broþor þe æadiga *B*

1423 of lic-haman is afaren: is of lichamen ifaren *B*

1424 wrehton: awræhton *B*

1426 wurdon: wurdon ða *B*

1427 ar-wurða: eadiga *B*

1431 halgena getel: halgre engel itæl *B*

1433 ferdon: ferde *B*

1436 synd: beoð *B*

1439 mid mædenlicum werodum: mæden mid mædenlice werode *B*

1440 and: on *B*

1441 halgan: *omitted B*

1442 þa: *omitted B* com þær: comð æfter *Υ12*

1443 swa swa þæt: and *B*

1445 þe: þæt heo *B*

1446 eac: *omitted B*

1448 spræce: lare *B* lare: spæce *B*

1450 wundrum: wordum *Υ12* wæron: ge wæron *B*

1451 sy: beo *B* nu huru us: us nu hure *B*

1453 andswaredon þa: andswerdan heom *B*

1454 synd: beoð *B*

1455 þonne: *Υ12*; þone *with second* n *added superscript with comma beneath W* worhte: wrohte *B*

1456 forhebbon: habbæn *B*

1459 maran mihte: hæfde mare miht *B* hæfde: hæfde he *B*

1463 ðære: *B*; þa *W Υ12* he: *omitted B*

1465 þæt: forþan ðe *B*

1468 wearð: wæs *B*

1469 butu ða: ba twa þa *B*

1476 genamon: þa nomen *B*

1478 ea Uigenna: Uigennæ ea *B*

1481 awrehte: awæhte *B*

1487 wurdon: weron *B*
1488 for: þurh *B*
1490 butan bisceope lange: longe buton bioscope *B*
1493 Sy: beo *B*
1494 sacerd: *omitted B*
1496–end *omitted B Υ12*

29. Saint Edmund

Manuscripts: The *Life of Saint Edmund* is preserved in five manuscripts, but only three of these are free of damage: W (fols. 203r–7r), B (fols. 62r–64r), and L (fols. 151r–55v). The points corrector worked in the W version of this *passio,* repairing obvious omissions and, at 2.243–44, modernizing the text. There are a couple of instances where the word order of W differs from that of the other manuscript witnesses (2.33, 2.122, and 2.166); where this occurs the text has been emended to reflect the word order preserved in the other manuscripts on the grounds that W's deviations are probably scribal and not authorial. The opening lines of this Life, introducing the background to the text and the line of transmission from Abbo to Ælfric, are written in nonalliterating prose. They are not preserved in L, which has line 2.1 to the end. B, a twelfth-century manuscript, has a number of idiosyncrasies that are reflective of its late date. They are discussed by Irvine but not noted here (see the headnote to the *Life of Saint Martin* above). Manuscript f^i (once fols. 186–89, now preserved in fols. 42r–44v; see Wanley, 192) contains lines 1.1–2.182 *(haligdom),* but these are only partly legible. Where it is legible, the text seems to be close to W, with largely minor spelling variants. Manuscript f^k, fols. 168–88 in its original foliation (see Wanley, 208), now fol. 79r, contains line 2.234 *(þone martyr . . .)* to the end, but is only partly legible due to damage.

Previously edited and translated by Skeat, vol. 2, 314–35; edited by Needham, *Three English Saints,* 43–59, and Bruce Mitchell and F. C. Robinson, *A Guide to Old English,* 8th ed. (Oxford, 2011), 203–211; edited and translated by Treharne, *Old and Middle English,* 142–52; and translated by Swanton, *Anglo-Saxon Prose,* 97–103.

title KALENDAS DECEMBRES: PASSIO: NATALE *B* f^k MARTYRIS: *omitted* f^i

1.1–12 Sum . . . mynstre: *omitted L*

1.2 cynincges dæge: dagum kynges *B*

1.3 ær: ær þam þe *B*; *illegible in* f^i, *but there is sufficient room for a reading similar to B's* se: sum *B*

1.4 æt spræce: on spece *B*

1.8 þa gereccednysse: þas gereccednysse *B*

1.11 his: *omitted B* sona: þa *B*

2.6 naþre: nane *B* ahylde: ahydde *B*

2.7 lare: lufe *B*

2.8 Þu: Gyf þu *B*

2.13 on soþan geleafan: *omitted B and probably* f^i

2.17 fyrmestan: fyrstan *B*

2.24 þa becom: bicom þa *B*

2.28 on: to *B L* f^i ofsloh: *L*; sloh *B*; sloh *with erasure of* of- *W*

2.31 sona syððan: syððan sona: *B L*

2.33 his feores rohte: *B L* f^i; rohte his feores *W*

2.37 hæfð: and hæfð *L* leoda: þeodæ *B*

2.42 and: þæt *B*

2.44 Eadmund: *B*; Eamund *L*; Eadmun *with second* d *added superscript with punctum beneath W* cyning: *B L* f^i; *omitted W*

2.46 andwyrdan: berstan *B*

2.49 him bead Hinguar: Hinguar him bead *B*

2.52 synd: beoð *B*

2.54 gefeohte: *L* f^i; feohte *B*; feohte *preceded by* ge *added superscript with punctum beneath W*

2.64 beddum: *B L* f^i; bedde *W*

2.72 him to: to him *B*

2.73 wyrðe sleges nu: wyrðe nu sleges *L (and* f^i*?)*; nu weorðe slæges *B*

2.74–75 on þinum fulum blode mine clænan hande: mine clæne handæn on þine fule blode *B* f^i

2.75 Criste folgie: folgige Criste *B* f^i

2.76 and: ac *B*

2.77 swa: *omitted B*

2.78 Far: Fare *B*

2.86 þa bebead: bead þa *B*

2.88 hæse: here *B L*

2.90 stod innan: stod ða innan *L*

2.93 to winnenne: to feohten *B*

2.94 þa arleasan þa: þa þa arleasan *B*

2.95 gebysmrodon huxlice: huxlice gebysmorode *L*

2.102 wurdon: wurdon þa *B* wodlice: swyðe *B*

2.104 swilce him to gamenes to: him togeanes *B*

2.109 ac: and *changed to* ac *or vice versa B*

2.110 het: he het *L*

2.115 his: *omitted B*

2.117 we hit: *B L*; hit *added superscript after* we *with punctum beneath W*

2.122 to þe: þe *L* þa wæs *B L* f^i; wæs þa *W*

2.123 læg butan heafde: buton heafde þa læg *B*; buton heafde læg f^i

2.130 eodon þa: *B L* f^i; eodon þa secende *W* ealle endemes: endemes ealle *B* f^i

2.132 ahwær: *omitted B and probably* f^i

2.133 wearð: wæs *B*

2.134 wissunge: mihte *L with* [wi]ssunge *glossed in margin but first two letters cut by the binding*

2.135 and niht: and ofer niht *L*

2.136 symle: *omitted B*

2.137 þam ðe: þa þe f^i; þæt þa þe *B*

2.138 gefera: gerefa *B*

2.140 him . . . clypode: *omitted B*

2.145 abyrian: onburigan *B* ac: *B L*; and *W*

2.153 hine: *omitted B*

2.154 selost: leohtlicost *B* f^i

2.155 sona: *omitted B* him onuppon: onuppon him *B*

2.160 forþan ðe . . . wurdon: *omitted B*

2.164 eallswa: eall *B L*

2.166 forslagen wæs: *B L* f^i; wæs forslagen *W*

2.167 ræd: *omitted B*; read *L* f^i

2.169 þa wunda: wundræ *B*

2.173 andbidigende: abidende *B*

2.178 æt . . . byrgene: *omitted B*

2.184–85 and Þeodred . . . seolfre: *omitted B*

2.185 gegodode þæt mynster þam sancte: *L*; þam sancte *W*; *omitted B*

2.186 þeofas: þeowæs *B*

2.188 woldon: and wolden *B*

2.191 feolode: feoledon *B*

2.193 wolde: woldon *B L*

2.197 nan: *B L*; *inserted superscript with comma beneath W*

2.198 stodon: heo stodon *B*

2.200 on: uppon *B L*

2.203 ealle: *omitted L*

2.207 hi: *omitted B*

2.213 Eft þa: eft þa ða *B* sceawode his bec syððan: syððan he his bec sceawode *B L*

2.214 behreowsode: bereowsode *possibly* he reowsode *B*

2.217 him mid: mid him *L*

2.218 þone Ælmihtigan: þone Ælmihtigan God *B*; Ælmihtigan *L*

2.220 and: *omitted B*

2.225 grymetede: *B*; grymytte *L*; grymete *with superscript* "de" *with punctum beneath W*

2.227 se: *omitted B* geleaffulla: halga *B*

2.228 sæde: *omitted B*

2.231 ge gode, ge yfele: *omitted B*

2.240 eft: *omitted or transposed* f^{k}

2.241 his: *omitted B*

2.242 of: on *B*

2.243 wære: *B L*; *possibly* f^{k}; *erasure of four or five letters over which space the points corrector has added superscript* is *W*

2.44 wurþode: wæl wurðode *B*; wurðode *L* f^{k}; wurþige *with* -ige *written over erasure W* gelogode: wælegode *B*; wel gelogode *L* f^{k}; gelogige *with* -ige *written over erasure W*

2.248 þonne: for þam *B*

2.249 cyning: *B L*; is *added superscript with punctum beneath W*

2.250 Æþeldryð: *B L* f^{k}; *preceded by* sancte *added superscript with two vertical points beneath W*

2.251 ansunde: ealle andsunde f^{k}

2.252 halgan: *omitted B*

2.253 is cuð: cuð is *L*

2.255 Crist: Crist sylf *B*

2.257 þe: *omitted* f^{k} Iudei: Iudeiscæn *B*

2.261 soða: gode *B*

2.263 wuldor: wuldor and lof *B f*[k] Gaste: a buton ende *erased but partly legible B inserted by points corrector following Gaste W*

30. Saint Cecilia

Manuscripts: The passion of Saint Cecilia is found in two manuscripts, W (fols. 213v–191r) and f[k] (fols. 123–27 in their original foliation, now 111r–v; see Wanley, 207, for the title and the first line). The latter is a very imperfect copy: the manuscript is damaged and very few readings are legible. It begins at line 230 *(Noldon we)* and ends at line 301. Within these lines those readings that can be made out point to minimal differences between W and f[k], amounting essentially to variations in spelling practice. Moloney has readings that Skeat does not and that we cannot see on the microfilm (access to the manuscript is no longer allowed), so they are noted as f[k] (Moloney) below.

Previously edited and translated by Skeat, vol. 2, 356–77, and Upchurch, *Ælfric's Lives,* 72–85, and Moloney, 320–21; and translated by Donovan, *Women Saints' Lives,* 57–65.

title PASSIO: NATALE *f*[k]

32 lufe: life *W*

61 wæron: *followed by erasure of three or four letters at end of line and another four letters at start of following line W*

160 Gast: *inserted superscript with comma beneath W*

191 gastlican: gaslican *with* t *inserted above line with comma beneath W*

218 þu: *superscript with comma beneath W*

246 þam: þa *f*[k] *(Moloney)*

252 his: *superscript with comma beneath W*

31. Saints Chrysanthus and Daria

Manuscripts: The passion of Saints Chrysanthus and Daria survives only in W (fols. 219r–24r).

Previously edited and translated by Skeat, vol. 2, 378–99, and Upchurch, *Ælfric's Lives,* 86–99.

26 on: *added superscript with comma beneath W*

79 andwyrdan: andwyrde *W*

117 hwilce: hwilc *W*

127 gebigde: gebide *with superscript* g *and comma beneath W*

145 man: *added superscript with comma beneath W*

149 bysmrigende: bymrigende *with superscript* s *and comma beneath W*

173 morþ-dæde: morþcræfte *W*

177 Chaldeiscan: Chaldiscan *with* e *added superscript with comma beneath W*

181 þinum: *superscript with comma beneath W*

191 hi: hit *W*

206 þearft: þeaft *with* r *added superscript, possibly with comma beneath W*

211 Claudius: Claudus *W*

218 moston: mosto *with* n *added superscript with comma beneath W*

258 seo: se *W*

262 heo: he *W*

280 leon: leo *W*

303 eode: *added superscript with comma beneath W*

32. Saint Thomas

Manuscripts: The *Life of Saint Thomas* survives complete in three manuscripts, W (fols. 224v–30r), L (fols. 103v–10r), and Y12 (fols. 11v–121v). The points corrector did not work on this text in W, although there is minor correction by the original scribe. It was once in f^k (fols. 148v–53v, according to Wanley, 207), but it is now lost; Wanley records the title and the opening *Dubitam diu transferre,* as well as the first line of the Old English. The opening lines of this *passio* are in Latin and are preserved in W, Y12, and cited in Wanley for f^k, but they do not appear in L.

Previously edited and translated by Skeat, vol. 2, 398–425.

title PASSIO: NATALE f^k

1 *omitted L* venerabilis: uoræbilis *Y12*

2.11 þe: *omitted L*

2.12 nu and: nu *L*

2.17–18 se gerefa reow him to lande, Abbanes gehaten: se gerefa, Abbanes gehaten, reow him to lande *L*

2.19 scira: *L*; scipa *W Υ12*

2.26 þa þe on: þa ða on *L*

2.27 hi: he *L* æræren: ærære *W*

2.29 getreowne: getreowe *Υ12*

2.50 ferdon: *L Υ12*; ferden *with* o *added superscript W*

þa: *omitted L*

2.65 þa cwæð: him cwæð to *L*

2.76 comon: eodon *L Υ12*

2.77 Abbanes: *L Υ12*; Abbane *with* s *added superscript with comma beneath W*

2.78 he: *omitted L*

2.83 þa: þe *L*

2.85 bæftan: *L Υ12*; bæfta *with* n *added superscript with comma beneath W* þære: þone *Υ12*

2.86 and winter-hus: winterhus *L*

2.90 þam apostole: ðam Godes apostole *L*

2.91 cræfta: cræftica *L*

2.94 swa swa: swa *L*

2.111 tucian: *L*; tucan *W Υ12*

2.124 soþlice: *omitted L*

2.133 huru: *omitted L*

2.138 forworpen: forworden *L*

2.141 Godes: Godes halig *L*

2.166 hi: *L*; hit *W Υ12*

2.167 þa: *omitted L*

2.180 nu: *omitted L*

2.191 ricum: rice *uel* [ri]cum *L*

2.196 þider feredon: feredon ðider *L*

2.209 þas untruman: þis untruman folc *L*

2.221 wuldrigende: *L*; wundrigende *W Υ12*

2.222 astah: þa stah *Υ12*

2.227 mann: *L*; *omitted W Υ12*

2.228 þa: *L Υ12*; *added superscript with comma beneath W*

2.238 lufan: *omitted L*

2.245 gewende: he gewende *L*
2.247 hreoflian: hreofla *L*
2.248 adræfde: *L*; adræfdon *W Υ12*
2.265 cweart-erne: *gap of four letters between* cwear- *and* –terne *W*
2.276 nihte: niht *L*
2.278–79 becume þurh þe: þurh þe becume *L*
2.279 martirdomes: *L*; marytrdome *W Υ12*
2.285 to þe: *omitted L*
2.313 soðlice: *omitted L*
2.314 mage: mæg *L*
2.330 cume to him: cume him to *L*
2.334 þa: *omitted L* unwittigan: ungewittige *L*
2.336 þa: *omitted L*
2.337 seo: se *Υ12*
2.340 wære: *added superscript with comma beneath insertion W*
2.342 dyde: cydde *Υ12*
2.344 men: *omitted L* graman: grame *L*
2.356 swa: *omitted L*
2.359 gewylt ealle þing: ealle þing gewylt *L*
2.368 eft him: him eft *L*
2.380 celde: acelde *L*
2.395 hit: he *L*
2.398 ne: he *L*

33. Saint Vincent

Manuscripts: This text does not survive complete in any manuscript and is unique among this collection in not being found in W: the first part, the *passio,* survives in L, and the second part, a pericope exposition, is preserved in B. Both manuscripts date to the second half of the twelfth century and contain material from Ælfric's CH and LS, as well as anonymous texts. Skeat recognized that the *passio* was an Ælfrician work based on its use of the alliterative style and includes it in his edition of the *Lives of Saints* as an appendix (see Skeat, vol. 2, xviii). Peter Clemoes ("Chronology," 236n1) identifies the pericope as belonging to the *passio,* and the two have been edited together by Irvine in her edition of seven homilies from

Bodley 343 (Irvine, 77–115). Alex Nicholls objects to this approach, however ("Ælfric's 'Life of St Vincent': The Question of Form and Function," *Notes and Queries* n.s. 38 [1991]: 445–50). There is no evidence that Ælfric himself ever added Vincent to his *Lives,* at least in its original form, but Irvine argues that ultimately the two parts of the text probably derive from a Lives of saints collection (see Irvine, xli and 77–78). This having been said, as she points out, "The combination of gospel exposition with narrative in the homily on St. Vincent makes it somewhat anomalous in the corpus of Ælfric's writings" (Irvine, 78). Clemoes tentatively dates the composition of this text to the period 1002 to 1005, after the publication of the LS; Irvine argues that it was a special commission and prefers a date nearer to 1005 (Clemoes, "Chronology," 244–45; Irvine, 91–93).

The *Life of Saint Vincent* is found in L (fols. 128v–32v, lines 1.1–283) and in B (fols. 121v–22r, lines 2.1–88). Orietta Da Rold argues that the former, the *passio,* has been "extensively corrected in a twelfth-century hand with interlinear annotations, probably by Scribe 1" ("Cambridge, University Library, I. i. 33," in *The Production and Use of English Manuscripts 1060–1220,* accessed May 2017, http://www.le.ac.uk/english/em1060to1220/mss/EM.CUL.Ii.1.33.htm). These annotations have not been noted below except where they correct an obvious scribal error.

The *passio* was previously edited and translated by Skeat, vol. 2, 426–43, and the *passio* and pericope were edited together by Irvine, 99–115.

1.123 halgan: hagan *with* l *added superscript L*

1.149 gescyrt: gesyrt *with* c *added superscript with comma beneath* L

1.161 Drihtenes: drihtene *with* s *added superscript L*

1.180 bewende: bewendan *L*

1.191 wearð: weard *L*

1.214 swiðede: *marked for erasure and* cumene *added superscript L (see 1.232)*

1.223 geleddon: geddon *with* -le- *added superscript with comma beneath* L

1.232 oferswiðan: cumen *added superscript L (see 1.214)*

1.236 wild-deorum: wildeorum *with second* d *added superscript with comma beneath* L

1.238 wild-deorum: wildeorum *L*

1.239 þurh: þur *L*

1.246	þurh: þur *L*
1.255	þeo eorðe: þeorðe *L*
2.4	beægðæd: beægdðæd *B*
	sylf anæ: sylfenæ *B*
2.31	iðryht: iðyht *B*
2.40	witodlice: witolice *B*
2.42	ondræd: ondræed *B*
2.72	moten: *erasure above* t *B*
2.77	wyrð-mente arwyrðæð: wyrdmente arwyrdæð *B*
2.82	a butæn: a *superscript B*

Notes to the Translation

24. Saint Oswald

Oswald, king of Northumbria (633–641), provides an interesting contrast to Edmund, king of the West Saxons (LS 29), for while the latter was a pacifist who set aside his sword, the former is most famous, perhaps, for his victory at the battle of Heavenfield. Ælfric draws on Bede's *Vita sancti Cuthberti* and his *Historia Ecclesiastica* 3.1–13 for the material of this Life but omits the political context and the many references to the Easter controversy described by Bede (as, for example, at *HE* 3.4, which is cut entirely). The resulting text follows the more traditional pattern of life, passion, and finally miracles of the saint. It has been suggested that the version of the *Historia Ecclesiastica* that Ælfric used was in the form of excerpts: a later copy of a collection of such excerpts, including the texts above, possibly compiled by Ælfric himself, survives in Paris, Bibliothèque nationale, MS lat. 5362, written ca. 1100; see Michael Lapidge and Michael Winterbottom, ed. and trans., *Wulfstan of Winchester: The Life of St Æthelwold* (Oxford, 1991), cxlvii–cxlvix. The text is sourced in *Fontes Anglo-Saxonici.*

title The feast day of Saint Oswald was celebrated on August 5.

1 *Augustine*: Saint Augustine was sent by Pope Gregory to convert the English and became the first archbishop of Canterbury in 597 CE.

5 *Scotland*: During this period, "Scotland" can be used to refer to either Scotland or Ireland *(Hibernia)*. That having been said, as Godden points out in relation to CH II 20.252 *(Item in Letania Maiore: Feria Tertia),* where Ælfric refers to *Yrrland and Scotland*, "The coupling with *yrrland* shows that by *scotland* Ælfric meant modern Scotland rather than Hibernia, and this is indeed his normal usage" (CH II, p. 366).

7 *Edwin*: Edwin was Oswald's uncle (his mother's brother) and a member of the royal family of Deira. Æthelfrith, Oswald's father and a member of the royal family of Bernicia, drove Edwin into exile but was killed in 616. Edwin then took possession of both kingdoms and drove Æthelfrith's sons into exile. He died in 632, and Osric took possession of Deira, while Eanfred became king of Bernicia.

9 *Cadwalla*: King of Gwynedd (ca. 625–634 CE).

10 *successors*: Osric and Eanfred. Bede emphasizes the apostasy of these two kings (*HE* 3.1), while Ælfric appears to downplay it, referring only to the apostasy of the people (lines 46–47, 60–63).

34 *one man*: Bothelm, according to Bede (*HE* 3.2).

46–47 *to convert his people*: In his description of the rule of Osric and Eanfred, Bede describes the kings' defeat at the hands of Cadwalla as just retribution for their apostasy (*HE* 3.1). See lines 62–63.

53 *Aidan*: An Irish monk and missionary, Aidan (635–651 CE) traveled from Iona at the invitation of Oswald and converted Northumbria to Christianity, establishing a monastic cathedral at Lindisfarne, which he served as its first bishop.

76 *educated young men*: The verb *teon* can have the sense "to attract" or "to educate, teach." In this instance, since it is coupled with his teaching, the translation "to educate" is preferred.

89 *regal meal*: The Old English *cynelice þenunga* are, literally, "royal services/rites," but the description of the contents of the dish as *sandum* at line 95 indicates that this Easter ritual is in the form of food, as does Bede's Latin (*HE* 3.6).

119 *Birinus*: A Frank sent to England by Pope Honorius I, he was known as the apostle of the West Saxons and the first bishop of Dorchester. He converted the West-Saxon king, Cynegils, to Christianity in order that an alliance between Wessex and Oswald's Northumbria could be formed against their common enemy, the Mercians.

121 *Cynegils*: King of Wessex (r. ca. 611–642).

150 *Penda*: Penda was king of Mercia (d. November 15, 655) and de-

feated Edwin, king of Northumbria, in the Battle of Hatfield Chase in 633.

155 *Maserfeld*: The Battle of Maserfeld was fought on August 5, 641 or 642.

164 *Oswig*: King of Bernicia, part of Northumbria, from 642 until his death in 670. He presided over the Synod of Whitby in 664 CE.

176 *His brother's daughter*: Osthrith (see Bede, *HE* 3.11).

181 *coffin*: Skeat translates *lic-reste* as "hearse," following the Latin *carrum,* the car containing the bones (Skeat, vol. 2, 34.181).

279 *Cuthbert*: Hermit, monk, and bishop of Lindisfarne, Cuthbert became one of the most important of the Anglo-Saxon saints, with a cult centered at his tomb in Durham Cathedral.

25. Exaltation of the Holy Cross

The feast of the exaltation of the cross recalls the finding of the cross by Helena, celebrates the restoration of the true cross to Jerusalem by the emperor Heraclius II, and honors the place that the cross holds within Christian worship. The source for this story of the exaltation of the cross (BHL 4178) is found in the Cotton-Corpus legendary (BL Cotton Nero E. i, part 2), where it precedes the *Gesta sancti Silvestri papae* (Jackson and Lapidge, 143; Zettel, 34). A homily on the subject by Hrabanus Maurus and the *Passio sancti Longini* (BHL 4965) appear also to have been used as sources for this homily (see *Fontes Anglo-Saxonici;* Joyce Hill, "Preaching the Cross: Texts and Contexts from the Benedictine Reform," in *Cross and Culture in Anglo-Saxon England: Studies in Honor of George Hardin Brown,* ed. Karen L. Jolly, Catherine E. Karkov, and Sarah Larratt Keefer [Morgantown, 2007], 36–48, at 42). The invention (or finding) of the cross is covered in part of Ælfric's homily for May 3 in CH II 18, and Ælfric, in passing, refers to material found in various versions of the *Inventio* legend (Zettel, 48). The text is sourced in *Fontes Anglo-Saxonici.*

title The exaltation of the cross was celebrated on September 14.

2 *two days*: The feast of the invention of the cross was celebrated on May 3 and is noted in the poem of the liturgical calendar known as the *Menologium* as an occasion celebrated by

the monks and the laity (Godden, CH III, 513). The exaltation of the cross was celebrated on September 14, together with the feast of Saints Cornelius and Cyprianus, whose feast was later moved to September 16, a movement that had not yet occurred at the time that Ælfric was writing (Hill, "Preaching the Cross," 40).

6 *Helena*: Helena (ca. 250–ca. 330 CE) was an empress of the Roman Empire and the mother of the emperor Constantine the Great.

9–10 *in the same city in which Christ suffered death*: Jerusalem.

16 *this falls after Easter*: The feast on May 3.

17–18 *during the autumn we observe . . . a second feast day*: September 14.

22 *Chosroes*: Chosroes II, who reigned from 590 to 628 CE.

34 *as if he himself were a god*: The clause *swylce he sylf god wære* could be translated as "as if he were God himself," but since it is more common for *sylf* to follow the noun or pronoun to which it is referring, "as if he himself were a god" is preferred. Nevertheless, the alternate meaning "God himself" hovers in the background, adding to Chosroes's outrageous presumption.

47 *Heraclius*: Heraclius II (ca. 575–641 CE) was emperor of the Eastern Roman Empire (the Byzantine Empire) from 610 to 641.

134 *endowed God's church*: Both W's reading *gegodede* (enriched, endowed) and L's *gebette* (repaired, restored) are reflected in the source for this point in the narrative, Hrabanus Maurus's *Exaltatio sancti crucis* (Mombritius, vol. 1, 381.22–23).

188 *the ninth hour*: "None" is an hour designated for prayer in the divine office. Derived from the Latin word for "nine," it is the origin of Modern English "noon," but for Ælfric *non* was about 3:00 P.M.

26. Saint Maurice and His Companions

The earliest account of the martyrdom of Saint Maurice and his companions occurs in a letter by Eucherius, bishop of Lyons (ca. 434–450); D. Van Berchem, *Le martyre de la légion Thébaine: Essai sur la formation d'une legend* (Basle, 1968), 55–59. A *Passio sancti Mauricii et sociorum* by Eucherius (BHL 5741, 5743) is found in BL, Cotton Nero E. i, part 2 (part of the Cotton-

Corpus legendary) for September 22. The textual history of this legend is complex, and some of the problems associated with the sources of Ælfric's text are discussed by E. Gordon Whatley in "Acta Sanctorum" (333–38). The text is sourced in *Fontes Anglo-Saxonici.*

title The feast day of Saint Maurice and his companions is September 22.

1 *Maximian*: Herculius Maximian (284–305).

63–65 The part of the Passion story in which Jesus tells Peter to put up his sword is found in Matthew 26:52: *Converte gladium tuum in locum suum, omnes enim qui acceperint gladium gladio peribunt* (Put up again thy sword in its place, for all that take the sword shall perish by the sword). The episode is referred to repeatedly in the LS.

144 *In your patience you will possess your souls*: Luke 21:19.

27. Saint Dionysius

A prose account of the legend of Saint Dionysius and his companions—the *Passio sanctorum Dionysii, Rustici et Eleutherii* (BHL 2175)—is preserved in the Cotton-Corpus legendary (CCCC 9, fols. 88v–100v: see Jackson and Lapidge, 141; Zettel, 27). Composed by Hilduin, abbot of the monastery of Saint Denis (815–840), it provides the basis for Ælfric's version of the story, which is significantly condensed. The *passio* and consequently Ælfric's rendering also, like many other versions of the story composed following the promotion of the cult of Saint Denis of Paris by Hilduin, conflates the legends of Dionysius the Areopagite, the disciple of Saint Paul (see Acts 17:34), with those of the fifth-century Neoplatonist Pseudo-Dionysius, and the third-century figure Dionysius (Denis) of Paris. The text is sourced in *Fontes Anglo-Saxonici* and discussed in detail by Lapidge, *Hilduin of Saint-Denis.*

title The feast of Saint Dionysius/Saint Denis falls on October 9.

12 *the ninth hour*: About 3:00 P.M.

37–45 Paul's words here paraphrase much of the Apostles' Creed.

59 *enlightened*: The Old English *onlihte* carries the sense of physical light entering the eyes of the man who once was blind, as well as the sense of revelation and enlightenment.

87 *wrote many books*: This is a reference to the writings of both Dionysius the Areopagite and the fifth-century works of Pseudo-Dionysius the Areopagite, all of which were until the fifteenth century associated with the man converted by Paul (Acts 17:34).

93–94 *John the honorable evangelist*: The gospel of John never reveals its author's identity, but Christian tradition associates John the Evangelist with John the Apostle, who was also believed to have written the book of Revelation while in exile on the island of Patmos.

96 *Domitian*: Emperor of Rome from 81 to 96 CE.

108 *Nero*: Emperor of Rome from 54 to 68 CE, who according to tradition was responsible for the persecution of Christians following the great fire of Rome in 64 CE.

121 *Clement*: Pope from 88 to 99 CE.

132 *Frankish kingdom*: Dionysius is depicted as a contemporary of the apostle Paul, but the term Francia first appears in the third century to describe the Germanic tribes living north of the Rhine frontier of the Roman Empire.

137–38 *you will take over responsibility for all of the Frankish kingdom*: The prose *passio* here reads *omnem suscipiens Galliam* (taking over responsibility for all of Gaul). See Lapidge, *Hilduin of Saint-Denis*, 273–74).

177 *Northmen*: If translated as "Normans," this is another anachronism on Ælfric's part; it seems likely, however, that it is to the more generic "Northmen" that he is here referring, as the Latin *passio* notes how *sed subdebat se illi potius certatim Gallicanus cothurnus atque Germanica ceruicositas* ("but rather Gallican arrogance and Germanic obstinacy eagerly subjected itself to him," Lapidge, *Hilduin of Saint-Denis*, 278–79).

204 *Sisinnius*: Fescennius Sisinnius, a fictitious governor of the province of Gaul. As Lapidge points out (*Hilduin of Saint-Denis*, 513), the post of prefect of Gaul is an anachronism, although a figure by this name plays the role of persecutor in several late-antique *passiones;* see Hippolyte Delehaye, "Étude sur le Légendier romain: Les saints de novembre et de décembre," *Subsidia Hagiographica* 23 (1936): 171–86, at 103.

333 *singular*: The Old English *ænlic* can have the meaning "unique, peerless, and incomparable," but also "unique, single," reminding the reader/listener of the shared fate of the three martyrs and their unity throughout the tortures described. An attempt to capture the duality of these meanings is offered with the Modern English "singular."

28. Saint Martin

Ælfric's treatment of the *Life of Saint Martin* differs in some important respects from the others included in the LS collection. In the first instance, he is the only saint for whom Ælfric wrote two independent Lives, one in the CH (CH II 31) and the second here in the LS. Second, this text is considerably longer than any other within the collection, offering a series of vignettes rather than a sustained narrative. And finally, in contrast to many of the other sermons and Lives here translated, no indication is given in W's title of the *Life of Saint Martin* in W as to when it was intended to be read. We might assume from its positioning in W that the text was designed for the principal feast day of Saint Martin on November 11, as opposed to his translation, which was marked on July 6.

In this version of his *Life of Saint Martin,* Ælfric drew upon the writings of Sulpicius Severus (*Vita sancti Martini, Epistolae,* and *Dialogii*), Gregory of Tours (*De virtutibus sancti Martini* and *Historia Francorum*), and Alcuin's *Vita sancti Martini,* almost certainly as part of a so-called "Martinellus" collection. One such collection, including all six texts mentioned above, is found in one manuscript of the Cotton-Corpus legendary (Oxford, Bodleian Library, MS Bodley 354), although readings closer to Ælfric's text are sometimes to be found in the relevant texts in CCCC 9 and Hereford, Cathedral Library MS P.VII.6. Frederick M. Biggs, "Ælfric as Historian: His Use of Alcuin's *Laudationes* and Sulpius' *Dialogues* in His Two Lives of Martin," in *Holy Men and Holy Women: Old English Prose Saints' Lives and Their Contexts*, ed. Paul E. Szarmach (Albany, 1996), 289–315, has suggested that Ælfric may have consulted the Alcuin text found in MS Cambridge, Pembroke College 25, although there are instances where other readings are closer (see the entry in *Fontes Anglo-Saxonici*). In this version of the *Life of Saint Martin,* in contrast to his *Catholic Homilies* account, Ælfric relies far more heavily on Sulpicius Severus than on Alcuin; see Juliet Mullins,

"Tracing the Tracks of Alcuin's *Vita Sancti Martini*," in *Anglo-Saxon Traces*, ed. Jane Roberts and Leslie Webster (Tempe, Ariz.), 165–79. The text is sourced in *Fontes Anglo-Saxonici*.

title The feast of Saint Martin was celebrated on November 11.

1 *Sulpicius*: Author of a substantial body of Martiniana, Sulpicius Severus (ca. 363–ca. 425) wrote the *Vita sancti Martini*, the *Dialogii*, and the *Epistolae*, all of which Ælfric drew upon for much of this Life.

11 *Pannonia*: Probably Szombathely in modern Hungary.

17 *engaged in combat among the soldiers in training*: The Old English *larlicum gefylcum* might be translated as "troops under instruction/in training." The Latin is more precise, however, and indicates that it was in the cavalry of the guard, *scholares alas*, that Martin served (*Vita Martini* 2).

18 *Constantine*: Constantine II, Roman emperor in the East from 337 to 361 CE, decreed Julian as Caesar in Gaul in 355. It is possible that Ælfric has confused him with Constantine I, who was renowned as the first Christian emperor.

19 *Julian*: The apostate emperor who succeeded Constantine II as emperor, from 361 to 363. He figures prominently in the *Life of Basil*.

23 *catechized*: A catechumen was someone receiving religious instruction in preparation for baptism but not yet baptized. See also line 1065 *cristnigenne* (to prepare someone for baptism, to anoint them as a catechumen).

43 *in which humanity greatly sins*: The Latin indicates that it is this particular type of man (namely, the soldier), rather than humanity in general, who is prone to be entangled in this type of corruption: *quibus illud hominum genus inplicari solet* ("in which men of this kind usually become entangled," *Vita Martini* 2).

57 *Do not think of tomorrow*: See Matthew 6:34: *Nolite ergo esse solliciti in crastinum, crastinus enim dies sollicitus erit sibi ipsi* (Be not therefore solicitous for tomorrow, for the morrow will be solicitious for itself).

78 *the clothing that he had given to the beggar*: The reading found in

both manuscript witnesses at this point (B and W) gives a very long line, in effect three half-lines. The repetition of the phrase "that he had given to the beggar" (*þe he sealde þam þearfan*: see lines 76–77) might suggest eye-skip. Leftover half-lines do occur in Ælfric's alliterative prose (see Pope, vol. 1, 120–21), however, and the Latin has a second clause also, though it does not have the repetition of "the beggar": *Vidit Christum chlamydis suae, qua pauperem texerat, parte vestitum. Intueri diligentissime Dominum vestemque, quam dederat iubetur agnoscere.* (He saw Christ clothed in the part of his cloak that had covered the beggar. He was told to look very carefully at the Lord and to recognize the clothing that he had given.)

84–85 See Matthew 25:40: *Et respondens rex dicet illis, "Amen dico vobis: quamdiu fecistis uni de his fratribus meis minimis, mihi fecistis"* (And the king answering shall say to them, "Amen I say to you: as long as you did it to one of these my least brethren, you did it to me").

100 *to be discharged from military service*: *Cuman of* has the sense "to leave, come away from, escape," but both Ælfric and Sulpicius depict this departure as more positive than the translation "leave/escape military service" might suggest.

106 *I am a soldier of God*: the ideal of the *miles Christi,* the soldier of God, was a popular one which drew upon the imagery used in Saint Paul's letter to the Ephesians in which he describes the armor of God (Ephesians 6:11; see also Romans 13:12).

133 *Hilary*: A great theologian, Hilary (ca. 315–ca. 367) was famous for his work *On the Trinity.*

177 Psalms 118:6. Note that in the *Life of Saint Antony,* 6, Antony also answers the devil with a verse of this same psalm (118:7). See Carolinne White, trans., *Early Christian Lives* (Harmondsworth, 1998), 217.

184 *Arian heresy*: The Arian heresy centered around a number of theological disputes between Arius and Athanasius of Alexandria, the most important of which concerned the relationship between God the Father and God the Son.

277–79 Psalms 8:2. The choice of psalm is no accident, for it plays on the name of Martin's principal opponent, Defensor (the Latin for "defender"), and makes it clear that he is to be perceived as the enemy in this case. Moreover, as White, *Early Christian Lives*, 217, notes: "The reading 'defensor' (defender) which plays on the name of Martin's principal opponent and is crucial to the point of this episode, is not found in the Latin Vulgate version, but only in the version of the Psalms known as the Psalterium Romanum."

314 *he desired no other wilderness*: The Old English term *wæstenes* (desert, wasteland) draws upon the tradition of the desert Fathers and the ascetic ideal established by Saint Antony, a contemporary of Martin's, of withdrawing to the desert in order to battle with the devil and overcome vice (see line 26 also).

482 *adapted*: The Old English *geliþ-wæccan* means to "soften" and BT has to suggest a unique meaning, "to make to suit a purpose, to adapt" to fit this context. It seems possible, however that something is missing here from the Old English. Sulpicius's Latin reads *ita praedicatione sancta gentiles animos mitigabat ut, luce eis veritatis ostensa, ipsi sua templa subverterent* ("he would soothe the minds of these pagans by means of his holy preaching in such a way that when the light of truth was revealed to them, they would destroy their own temples themselves"). Ælfric may well have written that Martin soothed the minds of the pagans by his preaching so that they destroyed their prized temple themselves.

585 *Paulinus, who later flourished in virtue*: Compare the Latin *postmodum futurus exempli* ("who would afterward be a great example," *Vita Martini* 19). Paulinus of Nola (ca. 354–431) was a noble who rose to the rank of governor of Campania but abandoned his station and gave away his wealth in favor of an ascetic lifestyle.

599–600 Matthew 19:21.

610 *Maximus*: Magnus Maximus Maxentius, emperor of the Roman territories in the West from 383 to 388.

615 *a man who had killed one emperor and banished another*: This is a reference to the murder of emperor Gratian, reputedly at Maximus's order, and the exile of Valentinian II.

640 *Valentinian*: Roman emperor from 375 to 392.

701–2 *Mary . . . Thecla and Agnes*: In the CH *Life of Saint Martin,* the virgins visit Martin at the same time as the apostles Peter and Paul and not separately. See Biggs, "Ælfric as Historian," 293–94.

704 *unexpectedly*: The Old English *rædlice* could be *hrædlice* (unexpectedly) or *rædlice* (with good counsel).

899–900 In 2 Corinthians 11:25 Paul describes the danger he has faced: *ter naufragium feci; nocte et die in profundo maris fui* (thrice I suffered a shipwreck; a night and a day I was in the depth of the sea).

1056 *hunters*: In W, the reading here is for a singular noun, *sumne huntan,* which does not agree with the plural form, *heora.* The noun is plural in the Latin source: *venantium agmen* ("band of hunters"); Carolus Halm, ed. *Sulpicius Severus, opera omnia*, CSEL 1, (Vienna, 1866), 191. See Alexander, "W. W. Skeat and Ælfric," 44.

1131 *the author*: That is, Sulpicius.

1213–14 See 1 Corinthinas 6:2–3: *An nescitis quoniam sancti de mundo iudicetis? Et si in vobis iudicabitur mundus, indigni estis qui de minimis iudicetis? Nescitis quoniam angelos iudicabimus? Quanto magnis saecularia?* (Know you not that the saints shall judge this world? And if the world be judged by you, are you unworthy to judge the smallest matters? Know you not that we shall judge angels? How much more things of this world?)

1256–57 See Luke 8:43–48, Mark 5:25–34.

1385 *Severinus*: Severinus was the fourth bishop of Cologne.

1412 Ambrose: Ambrose of Milan (ca. 340–397) was one of the four original Doctors of the Church and, like Severinus, a staunch opponent of Arianism.

1425 *headcloth*: The Latin source at this point, Gregory of Tours's *De virtutibus sancti Martini* 1.5, describes Ambrose complaining that *capitellum tantum . . . non explevi.* According to the *Dictionary of Medieval Latin from British Sources,* a *capitellum* or *capitulum* could be a hood; it could also be a scriptural reading. Ælfric clearly interpreted it as the former and assumes that Ambrose was physically preparing the body for burial. From Gregory's other writings, however, it would seem more likely that it was the funeral rites that Gregory was describing.

1496–1507 This Latin passage is included in Skeat's edition but not translated. The lines are edited by P. Grosjean ("Gloria postuma S. Martini Turonensis apud Scottos et Britannos," *Analecta Bollandiana* 55 (1937): 300–408, at 347). They are found uniquely in W. As Hugh Magennis notes: "The personal tone of these lines presents a striking contrast with the public register that is normally associated with the writings of Ælfric" ("'No Sex Please, We're Anglo-Saxons'? Attitudes to Sexuality in Old English Prose and Poetry," *Leeds Studies in English* n.s. 26 [1995]: 1–27, at 16).

29. Saint Edmund

Tradition has it that Edmund, king of East Anglia (855–November 20, 869), refused to fight in the face of a Viking onslaught and allowed his kingdom to succumb to the invaders. As a result of these raids, there is little contemporary historical evidence surviving from his reign; nevertheless, a strong cult of the saint emerged in the years that followed. The *Life of Saint Edmund* is rare among the LS for not being represented in the Cotton-Corpus legendary. Instead, Ælfric draws upon Abbo of Fleury's *Passio sancti Eadmundi,* which, as he indicates in the opening lines, he translated from the Latin shortly after it had been composed. The text is sourced in *Fontes Anglo-Saxonici.*

title The feast of Saint Edmund is celebrated on November 20.

1 *Æthelred*: Æthelred II (ca. 968–April 23, 1016) was king of England from 978 to 1013 and from 1014 to 1016.

Dunstan: Dunstan was archbishop of Canterbury from 960 to 978 and a leading figure in the first generation of monastic reform.

Saint Benedict's monastery: The learned monk in question, Abbo, was monk and later abbot of the abbey of Fleury, now known as Saint-Benoît-sur-Loire near Orléans, France.

Abbo: Abbo (ca. 945–November 13, 1004) was in England during the period from 985 to 987, most of which time was spent in the newly founded monastery of Ramsey, Cambridgeshire.

Æthelstan: Æthelstan reigned from ca. 893/895 to October 27, 939.

2.6 *nor did his way of behaving deviate to the left or the right*: Literally, "nor did he turn away from his good practices on either side." Abbo's *Passio sancti Eadmundi* is far more grandiloquent than Ælfric's Old English, but see *Passio sancti Eadmundi* 4 (Hervey, *Corolla sancti Eadmundi,* 16–17): *gradiensque via regia, nec declinabat ad dexteram, extollendo se de meritis, nec ad sinistram, succumbendo vitiis humanae fragilitatis* (and proceeding along the royal road, he deviated neither to the right through too exalted a notion of his own merits, nor to the left by falling victim to the faults of human frailty). Note Deuteronomy 5:32 and 2 Kings 22:2, "He did what was right in the eyes of the Lord and followed completely the ways of his father David, not turning aside to the right or to the left."

2.8–9 *Are you established . . . one of them*: These lines draw upon Abbo: *Principem te constituerunt? Noli extolli, sed esto in illis quasi unus ex illis* ("Have they made you a prince? Be not exalted, but be among them as one of them"; see Hervey, *Corolla sancti Eadmundi,* 16–17.) Abbo, in turn, paraphrases Ecclesiasticus 32:1: *Rectorem te posuerunt? Noli extolli; esto in illis quasi unus ex ipsis.* (Have they made thee a ruler? Be not lifted up; be among them as one of them.)

2.14 *Danes*: Ælfric, with his contemporaries, uses the term *denisc* (Danish) to refer to all Norse and Scandinavian peoples.

2.18 *Hinguar and Hubba*: Hinguar is the Old English version of the name Ivar: Ivar Ragnarsson was son of Ragnar Lothbrok, the legendary Viking leader, whose deeds are recorded in Norse sagas and skaldic poetry. Hubba, or Ubbe Ragnarsson, was one of the brothers of Ivar Ragnarsson. Little is known of Ubbe beyond his role as one of the leaders of the Norse army that invaded England in 865. Both leaders appear in the *Anglo-Saxon Chronicle.*

2.19 *ships*: The term *æscum* literally means "ash tree" but is used for a light swift ship, particularly a Viking ship. Compare the Old Norse *askr.*

2.25 *Alfred*: King of Wessex from 871 to 899 CE.

2.45 *who was closest to him*: The Latin makes it clear that this was not physical proximity but a close relationship; see *Passio sancti Eadmundi* 8.2: *et accito uno ex suis episcopis qui erat ei a secretis, quid super his respondere deberet consulit* ("and hailing one of his bishops, who was his confidential adviser, consulted with him as to the answer which was proper to be returned to the demands preferred," Hervey, *Corolla sancti Eadmundi,* 24–25).

2.63 *thanes*: This term is used throughout the LS to refer to men of authority within the Roman Empire; this is one of the few instances where it is used within an Anglo-Saxon context. For this reason, elsewhere *þegn* has been translated as "prefect, official, or noble," but here the Old English term in its Modern English spelling "thane" is retained.

2.91–93 Matthew 26:52: see the note to LS 26 *(Saint Maurice and His Companions),* lines 63–65 above.

2.106 *Sebastian*: See LS 5.

2.206 *Cease not to deliver those who are appointed to die*: Abbo (*Eos qui ducuntur ad mortem eruere ne cesses,* see Hervey, *Corolla sancti Eadmundi,* 50–51), quoting Proverbs 24:11: *Erue eos qui ducuntur ad mortem, et qui trahuntur ad interitum liberare ne cesses* (Deliver them that are led to death: and those that are drawn to death forbear not to deliver).

2.228 *Gregory recorded in his letter*: Gregory provides an account of this in one of his letters, book 4, epistle 30 (PL 77, col. 701 and following).

2.243 *the place is worthy*: The preterite subjunctive is used here to express the need to realize proper action. In W, however, the corrector has emended the text at this point so that *wære* is replaced with *is, Wurþode* with *wurþige,* and *gelogode* with *gelogige,* thus placing the action in the present tense. As Needham has argued ("Additions and Alterations," 160), this would suggest that the corrector knew that Bury St Edmunds had become a Benedictine monastery and may have been working there.

2.249 *Cuthbert*: Saint Cuthbert (ca. 630–687) was bishop of Lindisfarne and the subject of Ælfric's CH II.10.

2.250 *Æthelthryth*: Æthelthryth (ca. 630–679) was abbess of Ely, as was her sister, Saint Sexburga. For the Life of the former, see LS 19.

30. Saint Cecilia

Although named for Cecilia, this Life is as much concerned with her husband, Valerian. The feast day of Saint Cecilia (November 22) was celebrated independently of that of Saints Valerian, Tiburtius, and Maximus (April 14), the three principal protagonists that she converts, because historically they were venerated in distinct Roman cemeteries (Upchurch, *Ælfric's Lives,* 8; Whatley, "Acta Sanctorum," 461). Both Cecilia and Valerian were important saints in their own right within the Anglo-Saxon liturgical cycle, and, indeed, across western Europe Cecilia was one of the most widely venerated of the female Roman saints. Three copies of the *Passio sanctae Caeciliae* (BHL 1495) survive in the Cotton-Corpus legendary: in CCCC 9; Oxford, Bodleian Library, Bodley 354; and Hereford, Cathedral Library, P.VII.6. Ælfric appears to have drawn from a text belonging to a branch of the manuscript tradition imperfectly preserved in the Hereford (H) manuscript (see Upchurch, *Ælfric's Lives,* 30, and his edition of the Latin text at 72–85). The text is sourced in *Fontes Anglo-Saxonici.*

title The feast of Saint Cecilia is on November 22.

12 *Valerian*: Valerian's feast day was celebrated on April 14 and was an important feast in the two graded late-tenth-century Anglo-Saxon calendars printed by Francis Wormald, *English Kalendars before A.D. 1100*, Henry Bradshaw Society 72, (London, 1934), 47, 61.

25 *Let my heart and my body be immaculate . . . shame*: See Psalms 118:80: *Fiat cor meum immaculatum in iustificationibus tuis, ut non confundar* (Let my heart be undefiled in thy justifications, that I may not be confounded).

32 *I have an angel of God who protects me with love*: Although W's *life* makes sense, the Latin source reveals that *lufe* is to be preferred: *angelum Dei habeo amatorem* ("I have an angel of God for a lover," Upchurch, *Ælfric's Lives,* 176).

52 *Urban*: Pope from 222 to 230. Although the Latin claims that he was *bis confessor factus inter sepulchra mortuorum* (made a con-

fessor for a second time amongst the graves of the martyrs), his episcopate fell during the reign of the emperor Alexander Severus, who was protective toward Christianity (Moloney, 336; see also Lapidge, *The Roman Martyrs,* 147n35).

62 *One God, one faith, one baptism*: This is paraphrasing Ephesians 4:5, *unus Dominus, una fides, unum baptisma* (one Lord, one faith, one baptism).

77 *the red of the rose and the white of the lily*: See CH I 30.128–30: *ðæra rosena blostman getacniað mid heora readnysse martyrdom: & þa lilian mid heora hwitnysse getacniað þa scinendan clænnysse ansundes mæigðhades* (the blossoms of roses with their redness signify martyrdom, and the lilies with their whiteness signify the shining purity of immaculate virginity).

80 *with a pure heart*: In the *passio,* as Upchurch notes, the saints are ordered to keep the crowns *immaculato corde et mundo corpore* (with an unstained heart and a pure body): "By omitting any mention of corporeal virginity, he [Ælfric] shifts the focus to the couple's spiritual purity" (Upchurch, *Ælfric's Lives,* 105).

197 *Almachius*: There is no evidence of a prefect by this name: see Delehaye, "Étude sur le Légendier romain," 81–82.

216 *a counselor*: Tarquinius Lacca, according to the Latin (*Passio sanctae Ceciliae* 22 [Upchurch, *Ælfric's Lives,* 202]).

259–61 This speech draws upon the martial imagery employed by Paul in Romans 13:12, particularly the "armor of light" *(arma lucis).*

264–65 This is an echo of 2 Timothy 4:7–8: *Bonum certamen certavi, cursum consummavi, fidem servavi. In reliquo reposita est mihi corona iustitiae, quam reddet mihi Dominus in illa die, iustus iudex: non solum autem mihi, sed et iis, qui diligunt adventum eius. Festina ad me venire cito.* (I have fought a good fight, I have finished my course, I have kept the faith. As to the rest, there is laid up for me a crown of justice, which the Lord the just judge will render to me in that day: and not only to me, but to them also that love his coming. Make haste to come to me quickly.)

288 *as if she were a widow*: As Lapidge notes, "The urban prefect is hoping to get his hands on the property of Caecilia before she spends it all, so it can be sequestered by the imperial treasury as *bona damnatorum*" (*The Roman Martyrs,* 159n65).

339, 341 The repetition of this line is reflected in the source: *Istem autem figuras saxeas per ignem melius in calcem posse conuerti, quia modo sui otio pereunt et nec quid tibi proderunt neque sibi si uero in ignem mittantur poterunt subuenire* ("But it would be better if these stone figures were turned into lime in the fire, since they only perish by their idleness and neither offer anything to you nor are able to help themselves if they are thrown into the fire," Upchurch, *Ælfric's Lives,* 214–15.)

31. Saints Chrysanthus and Daria

The Roman martyrs Chrysanthus and Daria may have been genuine historical figures who were executed during the reign of the emperor Valerian (rather than Numerian, as stated in their *passio:* see Whatley, "Acta Sanctorum," 140), but otherwise there is little historical detail to connect with the couple. In the sixth century, Gregory of Tours reports that he had visited the sand pits on the New Salarian Way where they had been buried alive, and their feast is commemorated in the early Roman Mass books. In Anglo-Saxon England, they were honored in Aldhelm's prose and verse *De viriginitate,* and the Latin *Passio sanctorum Chrysanthi et Dariae* (BHL 1787) is preserved in the Cotton-Corpus legendary (CCCC 9). Zettel has noted, however, that the account in Hereford, Cathedral Library P.VII.6 is a more faithful witness than CCCC 9 (Whatley, "Acta Sanctorum," 140; Zettel, 258–59). Upchurch further notes that a number of manuscripts that he has examined are closer to Ælfric's text, the earliest of which is a tenth-century manuscript from Rheims (Paris, Bibliothèque nationale, MS lat. 13764, fols. 118v–37r: see Upchurch, *Ælfric's Lives,* 31). Relics of Chrysanthus and Daria were among those sent to King Æthelstan during the tenth century and later donated to the monks at Exeter. Their feast day appears to have been celebrated in a number of key sites associated with the Benedictine Reform, including Winchester, where Ælfric had received his training (see Upchurch, *Ælfric's Lives,* 16–17). The text is sourced in *Fontes Anglo-Saxonici.*

title The feast of Saints Chrysanthus and Daria was celebrated on November 29.

173 *fiendish magic*: See BT: "As *cræft* is regularly masculine perhaps

morþ-dæde . . . should be read here, *cræfte* having been taken owing to the neighbouring *drýcræft*."

253 *a lion*: There is evident confusion over the grammatical gender of the Latin *leo;* although it is given a masculine pronoun at lines 258 and 262, the feminine pronoun is used at 261 and for the rest of the Life.

341–61 This ending is Ælfric's addition, but Zettel has argued that the opening lines of the *Passio* may have served as a prompt: Zettel, 258n164. Lines 341–42 are a clear statement about the role of the saints in worship: the saints themselves are not to be venerated, but they confer other spiritual benefits on those who follow them. Similarly, in the final passages of LS 26 *(Saint Maurice and His Companions),* Ælfric details the importance of the saints to believers—not as objects of veneration but as examples to be imitated in their long suffering and forebearance.

359 *as the savior says in his holy gospel*: It is unclear which specific passage of the gospels Ælfric is referring to here: Upchurch suggests that "he may have in mind one similar to Matthew 24.1–31" (*Ælfric's Lives,* 108).

32. Saint Thomas

Two interrelated Latin recensions of the Thomas legend were known in the early medieval West: the *De miraculis beati Thomae apostoli* and the *Passio sancti Thomae apostoli,* both dated by Zelzer (*Die alten lateinischen Thomasakten,* xxv) to the fourth century. Ælfric's source appears to have derived from a version of the *Passio* (BHL 8136) that was similar to that preserved in two manuscripts of the Cotton-Corpus collection: Oxford, Bodleian Library, Bodley 354 (fols. 168v–176r) and Hereford, Cathedral Library, P. VII.6 (fols. 195r–201v). In his second series of homilies, Ælfric had apologized for failing to include the *Life of Saint Thomas* because of an incident in which the apostle appears to have exacted cruel revenge on an unbeliever (CH II "Excusatio Dicantis," 298.7–17; see Godden, "Ælfric's Saints' Lives," 294–96); the same qualms are echoed in the opening Latin lines of this Life. Furthermore, although he does not mention it, Ælfric was surely aware that the Gelasian decree had listed the Acts of Thomas among those apocryphal books not accepted in the Catholic canon (see Godden, "Ælfric's Saints' Lives," 296). The text is sourced in *Fontes Anglo-Saxonici.*

title The feast of Saint Thomas was celebrated on December 21.

1 *the great Augustine*: The episode of the cupbearer who strikes Thomas and is later killed and dismembered, as the saint prophesies, is recounted by Augustine in three of his works: his commentary on the Sermon on the Mount and two tracts against the Manicheans (see Godden, "Ælfric's Saints' Lives," 294). As Godden points out, however, "Ælfric's account of Augustine's views is remarkably different from what the saint actually wrote" (294).

Æthelweard: Ælfric's patron, to whom the LS collection is dedicated. See Introduction, under Æthelweard and Æthelmær.

2.7 *steward*: *Gerefan* is glossed in Godden (CH III, 754) as "tax-gatherer, public official . . . officer of king or emperor, governor." Here, Ælfric uses it to translate the Latin *praepositum,* a term used to describe an official.

2.41 *slave*: The Latin describes Thomas as a *servus* (servant or slave), playing on the ideal of the *servus Dei* (servant of God). The Old English *þeowa* often has the stronger sense of "slave," who was the personal property of his or her master and totally subject to him.

2.132–33 *I wished that I might be even a doorkeeper in that glorious house*: This whole passage has echoes of Psalm 84, especially verses 5 and 11.

2.241 *fourteen thousand*: The principal manuscripts of the *Passio* note that nine thousand men *(novem milia virorum)* were baptized (see Matthew 14:21). The Cotton-Corpus legendary has the same figure as Ælfric (see Zettel, 261).

2.305 *a noble*: The Latin is more specific: *dux militum Sinforus* ("a military leader called Sinforus," *Passio sancti Thomae apostoli* 43).

2.366–68 This passage expresses the sentiment of Matthew 10:27 and Luke 14:26, but, as Zettel notes, "The Ælfrician form of this biblical adaptation corresponds more closely to the Cotton-Corpus text than it does to any of the Gospel versions" (262n169).

33. Saint Vincent

Saint Vincent, a deacon and martyr of Saragossa in Spain, is the earliest Spanish martyr whose name is known to us. A poem in his honor composed by Prudentius (348–405 CE) and four homilies by Augustine of Hippo attest to an early cult; by the time of Gregory the Tours, his relics had been widely distributed throughout Gaul; see Victor Saxer, "La passion primitive de S. Vincent diacre dans la première moitié du Ve siècle: Essai de réconstitution," *Revue des Études Augustiniennes* 35 (1989): 275–97. The earliest surviving versions of the *passio* of Saint Vincent—the *passio amplissima* (BHL 8627–33), the *passio fusior* (BHL 8639), and the *passio brevior* (BHL 8638)—were composed during or after the seventh century, but the textual tradition is complex and the place of Ælfric's source within it unclear: see Whatley, "Acta Sanctorum," 470–73). The text is sourced in *Fontes Anglo-Saxonici* as "Irvine 4."

title The feast of Saint Vincent was celebrated on January 22.

1.7 *Valerius*: Bishop of Saragossa (d. 315).

1.21 *Datianus*: The *Old English Martyrology* describes Datianus as an emperor *(Datianus se casere)*, but this is an error, and in the *passio* he is a minor official. Saint George is also persecuted by an official called Datianus (see LS 13), but the character in that account is fictitious and not the same person who tortures Vincent.

1.33 *insane hatred*: The Latin source compares Datianus's savagery to that of a dog—*famelico cani sua rabies adspirasset* ("his madness had approached that of a starving dog," *Passio sancti Vincentii* 3, ed. Fábrega Grau)—and later, when Ælfric again refers to the executioner's *wodnys* ("insanity," 79), the *passio* describes him as barking in fury at the servants of God (*conterrita rabies, que contra sanctum Dei mysterium latrat*, "a terrified madness, which bays against the holy rite of God," *Passio sancti Vincentii* 6).

1.91 *than*: Irvine's suggestion of rendering *þe* as the relative pronoun is followed.

1.96 *rebel*: *Wiðer-coran* is often used of the devil and applied here to Vincent, following discussion of the temptation of Eve by the serpent, and again at line 180, with a sense of irony.

1.120 *roared*: *Hrymde* is often translated as "to call, cry out, shout," but the superscript addition of *swa leo* (like a lion) in L encourages this translation.

1.142 Matthew 13:13.

1.162 *plates*: DOE, *clut* lists the following definition: "3. *isen clut* 'thin sheet or strip of metal' (used red hot as an instrument of torture)." The Latin *passio* reads *inprimuntur ardentes pectori laminę* ("burning metal plates were placed upon his chest," *Passio sancti Vincentii* 15). The translation "plate" offered here follows Godden's translation of *clutas* in CH I 29.145 (see CH III, 694).

1.247 *in the books of Kings*: 3 Kings 17:6. See also LS 17 *(Kings)*, line 59.

2.1–2 *For a martyr. Amen, amen I say . . . remaineth alone, etc*: John 12:24–26. The verse continues: "But if it die, it bringeth forth much fruit. He that loveth his life shall lose it, and he that hateth his life in this world keepeth it unto life eternal. If any man minister to me, let him follow me, and where I am, there also shall my minister be. If any man minister to me, him will my Father honor." This Gospel text was associated with the feast of Saint Lawrence, whose legend bears many similarities to Vincent's. See Irvine, 82–83.

2.7 *Whoever loves his soul*: The Latin of the Vulgate (John 12:25) reads *Qui amat animam suam perdet eam, et qui odit animam suam in hoc mundo in vitam aeternam custodit eam* (He that loveth his life shall lose it, and he that hateth his life in this world keepeth it unto life eternal). For Ælfric's views on the soul, see *Nativity of Christ* (LS 1) above and Mary Clayton, "Blood and the Soul in Ælfric," *Notes and Queries* 54, no. 4 (2007): 365–67.

2.46–48 1 Corinthians 6:10. For other instances in which Ælfric warns his audience of the dangers of drunkenness, see Irvine, 92n4. This passage is also quoted in *On Omens* (LS 16.1.4).

2.56 *Whoever serves me, let him follow me then*: See John 12:26.

2.69 *And wherever I am, there my servant is too*: See John 12:26.

2.75 *And he who serves me . . . honor him*: See John 12:26.

Bibliography

Editions and Translations

Algeo, John Thomas, ed. "Ælfric's *The Forty Soldiers:* An Edition." PhD diss., University of Florida, 1961.

Corona, Gabriella, ed. *Ælfric's Life of Saint Basil the Great: Background and Context.* Anglo-Saxon Texts 5. Cambridge, 2006.

Donovan, Leslie A., ed. "The Old English Lives of Saints Eugenia and Eufrosina: A Critical Edition." PhD diss., University of Washington, 1993.

———, trans. *Women Saints' Lives in Old English Prose.* Cambridge, 1999.

Earle, John, ed. *Legends of Saint Swiðhun and Sanct Maria Ægyptiaca with Photozincographic Facsimiles.* London, 1861.

Hardwick, Charles, ed. *An Anglo-Saxon Passion of St George.* London, 1851.

Lapidge, Michael, ed. *The Cult of St Swithun.* Winchester Studies 4, part 2. Oxford, 2003.

Lee, Stuart D., ed. Ælfric's Homilies on *Judith, Esther,* and the *Maccabees:* An Online Edition. First published April 1999 at http://users.ox.ac.uk/~stuart/kings/main.htm.

Leinbaugh, T. H., ed. "The Liturgical Homilies in Ælfric's Lives of Saints." PhD diss., Harvard University, 1980.

Mertens, André, ed. and trans. "Old English Lives of St Martin of Tours: Introduction, Edition and Commentary." PhD diss., Ludwig-Maximilians Universität, Munich, 2016.

Moloney, Bernadette, ed. "A Critical Edition of Ælfric's Virgin-Martyr Stories." PhD diss., University of Exeter, 1980.

Morini, Carla. *La passione di S. Agata di Ælfric di Eynsham.* Alexandria, 1993.

Needham, G. I., ed. *Ælfric: Lives of Three English Saints.* Exeter, 1976.

Schipper, W., ed. "Ælfric's *De auguriis:* A Critical Edition with Introduction and Commentary." PhD diss., Queen's University at Kingston, 1981.

Skeat, W. W., ed. and trans. *Ælfric's Lives of Saints.* EETS os. 76, 82, 94, 114. London, 1881–1901. Reprinted in 2 vols., London, 1966.

Swanton, Michael, ed. and trans. *Anglo-Saxon Prose.* London and Melbourne, 1975; rev. ed., 1985.

Treharne, Elaine, ed. and trans. "Old English Preface to His *Lives of Saints*" and "Passion of Saint Edmund." In *Old and Middle English c. 890–c. 1450: An Anthology,* edited by Elaine Treharne, 142–52. 3rd ed. Oxford, 2010.

Upchurch, Robert K., ed. and trans. *Ælfric's Lives of the Virgin Spouses with Modern English Parallel-Text Translations.* Exeter, 2007.

Wilcox, Jonathan, ed. and trans. *Ælfric's Prefaces.* Durham Medieval Texts 9. Durham, 1994.

Whitelock, Dorothy, ed. *Sweet's Anglo-Saxon Reader in Prose and Verse.* 15th ed. Oxford, 1967. Reprint, 1988.

Editions and Translations of Related Texts

Belfour, A. O., ed. *Twelfth-Century Homilies in MS Bodley 343: Part I, Text and Translation.* EETS os. 137. London, 1909.

Bollandus, J. et al., ed. *Acta Sanctorum.* 68 vols. Antwerp, Brussels, and Paris, 1643–1940.

Clayton, Mary, ed. and trans. *Two Ælfric Texts: The Twelve Abuses and The Vices and Virtues.* Woodbridge, 2013.

Clemoes, Peter, ed. *Ælfric's Catholic Homilies: The First Series, Text.* EETS s.s. 17. Oxford, 1997.

Colgrave, Bertram, and R. A. B. Mynors, ed. and trans. *Bede's Ecclesiastical History of the English People.* Oxford, 1969.

Fábrega Grau, Ángel, ed. *Pasionario Hispanico.* 2 vols. Monumenta Hispaniae Sacra Serie Litúrgica 6. Madrid and Barcelona, 1953–1955.

Godden, Malcolm, ed. *Ælfric's Catholic Homilies: The Second Series, Text.* EETS s.s. 5. Oxford, 1979.

Godden, Malcolm R., ed. *Ælfric's Catholic Homilies: Introduction, Commentary and Glossary.* EETS s.s. 18. Oxford, 2000.

Godden, Malcolm R., and Susan Irvine, eds. *The Old English Boethius: An Edition of the Old English Versions of Boethius's "De consolatione philosophiae."* 2 vols. Oxford, 2009.

Hervey, Francis, ed. and trans. *Corolla sancti Eadmundi: The Garland of S. Edmund.* London, 1907.

Irvine, Susan, ed. *Old English Homilies from MS. Bodley 343.* EETS os. 302. London, 1993.

Lapidge, Michael, ed. and trans. *Hilduin of Saint-Denis: The "Passio S. Dionysii" in Prose and Verse.* Leiden, 2017.

———, trans. *The Roman Martyrs: Introduction, Translations and Commentary.* Oxford Early Christian Studies. Oxford, 1998.

Mombritius, B., ed. *Sanctuarium seu Vitae sanctorum.* 2 vols. Paris, 1910. Reprint, Hildesheim and New York, 1978.

Pope, John C., ed. *Homilies of Ælfric: A Supplementary Collection.* 2 vols. EETS o.s. 259 and 260. London, 1967–1968.

Schulz-Flügel, Eva, ed. *Tyrannius Rufinus, Historia monachorum sive De vita Sanctorum Patrum.* Patristische Texte und Studien 34. Berlin, 1990.

Surius, L., ed. *De probatis sanctorum historiis.* 2nd ed. 7 vols. Cologne, 1576–1581.

Wilcox, Jonathan, ed. and trans. *Ælfric's Prefaces.* Durham Medieval Texts 9. Durham, 1994.

Zelzer, Klaus, ed. *Die alten lateinischen Thomasakten.* Texte und Untersuchungen 122. Berlin, 1977.

Relevant Studies

Alexander, Robert J. "W. W. Skeat and Ælfric." *Annuale Mediævale* 22 (1982): 36–53.

Bussières, Michèle. "Etude d'un recueil hagiographique en vieil anglais, MS British Library Cotton Julius E. vii." PhD diss., University of Poitiers, 2004.

Clayton, Mary. "Ælfric's *De auguriis* and Cambridge Corpus Christ College 178." In *Latin Learning and English Lore: Studies in Anglo-Saxon Literature for Michael Lapidge,* edited by Katherine O'Brien O'Keeffe and Andrew Orchard, 376–94. Toronto, 2005.

Clemoes, Peter. "The Chronology of Ælfric's Works." In *The Anglo-Saxons: Studies in Some Aspects of Their History and Culture Presented to Bruce Dickins,* edited by Peter Clemoes, 212–47. London, 1959.

Collins, Rowland L., and Peter Clemoes. "The Common Origin of Ælfric Fragments at New Haven, Oxford, Cambridge and Bloomington." In

Old English Studies in Honor of J. C. Pope, edited by R. B. Burlin and E. B. Irving, 285–326. Toronto, 1974.

Cubitt, Catherine. "Ælfric's Lay Patrons." In Magennis and Swan, *A Companion to Ælfric,* 165–92.

Gneuss, Helmut. *Handlist of Anglo-Saxon Manuscripts: A List of Manuscripts and Manuscript Fragments Written or Owned in England up to 1100*. Tempe, 2001.

Godden, Malcolm R. "Ælfric's Saints' Lives and the Problem of Miracles." In *Old English Prose: Basic Readings,* edited by Paul E. Szarmach, 287–309. New York, 2000.

———. "Apocalypse and Invasion in Late Anglo-Saxon England." In *From Anglo-Saxon to Early Middle English: Studies Presented to E. G. Stanley,* edited by Malcolm R. Godden, Douglas Gray, and Terry F. Hoad, 130–62. Oxford, 1994.

Gretsch, Mechthild. *Ælfric and the Cult of Saints in Late Anglo-Saxon England.* Cambridge Studies in Anglo-Saxon England 34. Cambridge, 2005.

———. "In Search of Standard Old English." In *Bookmarks from the Past: Studies in Early English Language and Literature in Honour of Helmut Gneuss,* edited by Lucia Kornexl and Ursula Lenker, 33–66. Munich, 2003.

Hill, Joyce. "The Dissemination of Ælfric's *Lives of Saints:* A Preliminary Survey." In *Holy Men and Holy Women: Old English Prose Saints' Lives and Their Contexts,* edited by Paul E. Szarmach, 235–59. Albany, 1996.

———. "Identifying 'Texts' in Cotton Julius E VII: Medieval and Modern Perspectives." In *Beatus vir: Studies in Early English and Norse Manuscripts in Memory of Phillip Pulsiano,* edited by A. N. Doane and Kirsten Wolf, 27–40. Tempe, 2005.

Ker, N. R. *Catalogue of Manuscripts Containing Anglo-Saxon. Oxford, 1957.*

Lapidge, Michael. "Ælfric's *Sanctorale.*" In *Holy Men and Holy Women: Old English Prose Saints' Lives and Their Contexts,* edited by Paul E. Szarmach, 115–29. Albany, 1996.

Magennis, Hugh. "Ælfric's *Lives of Saints* and Cotton Julius E.vii: Adaptation, Appropriation and the Disappearing Book." In *Imagining the Book,* edited by Stephen Kelly and John J. Thompson, 99–109. Medieval Texts and Cultures of Northern Europe 7. Turnhout, 2006.

Magennis, Hugh, and Mary Swan, eds. *A Companion to Ælfric.* Leiden and Boston, 2009.

Needham, Geoffrey. "Additions and Alterations in Cotton MS. Julius E VII." *Review of English Studies* n.s. 9 (1958): 160–64.

Ott, J. Henry. *Über die Quellen der Heiligenleben in Ælfric's Lives of Saints I.* Halle, 1892.

Schipper, William. "W. W. Skeat's Edition of Ælfric's *Lives of Saints.*" In *Text and Language in Medieval English Prose: A Festschrift for Tadao Kubouchi,* edited by Akio Oizumi, Jacek Fisiak, and John Scahill, 229–36. Frankfurt, 2005.

Wanley, Humfrey. *Librorum veterum septentrionalium.* Vol. 2, *Linguarum veterum septentrionalium thesaurus,* by George Hickes. Oxford, 1705.

Whatley, E. Gordon. "Acta Sanctorum." In *Sources of Anglo-Saxon Literary Culture I: Abbo of Fleury, Abbo of Saint-Germain-des-Prés and Acta Sanctorum,* edited by Frederick M. Biggs et al., 22–486. Kalamazoo, 2001.

———. "Hagiography and Violence: Military Men in Ælfric's *Lives of Saints.*" In *Source of Wisdom: Old English and Early Medieval Latin Studies in Honor of Thomas D. Hill,* edited by Charles D. Wright, with Frederick M. Biggs and Thomas N. Hall, 217–38. Toronto, Buffalo, and London, 2007.

———. "Late Old English Hagiography, ca. 950–1150." In *Hagiographies: Histoire internationale de la littérature hagiographique latine et vernaculaire en Occident des origines à 1550,* edited by Guy Philippart, vol. 2, pp. 429–99. Turnhout, 1996.

———. "Pearls Before Swine: Ælfric's Vernacular Hagiography and the Lay Reader." In *Via Crucis: Essays on Early Medieval Sources and Ideas in Memory of J. E. Cross,* edited by Thomas N. Hall, with the assistance of Thomas D. Hill and Charles D. Wright, 158–84. Medieval European Studies 1. Morgantown, W.Va., 2002.

Zettel, Patrick H. "Ælfric's Hagiographic Sources and the Latin Legendary Preserved in B.L. MS Cotton Nero E i + CCCC MS 9 and Other Manuscripts." D.Phil. thesis, Oxford University, 1979.

———. "Saints' Lives in Old English: Latin Manuscripts and Vernacular Accounts: Ælfric." *Peritia* 1 (1982): 17–37.

Zupitza, Julius. "Bemerkungen zu Ælfric's Lives of Saints (1) ed. Skeat." *Zeitschrift für deutsches Altertum und Literatur* 29 (1885): 269–96.

Index

Aaron (martyr), 18.134
Aaron (Old Testament prophet), 12.13, 12.24, 12.26
Abbanes, 32.18, 32.36, 32.39, 32.51, 32.65, 32.77, 32.106
Abbo, 29.1
Abdenago, 15.2.37
Abel, 15.1.2
Abiram, 12.221
Abraham, 12.192, 12.193, 12.200, 12.208, 15.1.3, 17.127, 23.253, 28.1368
Absalom, 18.198, 18.201, 18.205, 18.215
Achaea, 14.156
Achitophel, 18.201, 18.208
Acts of the Apostles, 14.155
Adam, 11.1.20, 12.184, 15.1.2, 22.179, 22.180
Ælfheah (bishop), 11.2.3
Ælfstan (bishop), 11.2.2
Aeneas, 9.42
Æthelmær, LatPref.4, OEPref.1.1
Æthelred, King, 29.1
Æthelstan, King, 29.1
Æthelthryth, Saint, 19.2, 19.8, 19.23, 19.26, 19.31, 29.2.250
Æthelweard, LatPref.4, OEPref.1.1, 32.1
Æthelwold, Saint, 11.2.3, 20.16, 20.28, 20.37, 20.83, 20.137, 20.139, 20.223, 20.256, 20.257, 20.401, 20.460, 20.461
Africa, 2.322. *See also* Egypt; Ethiopians
Agnes, Saint, 7.2, 7.7, 7.19, 7.24, 7.71, 7.77, 7.92, 7.102, 7.110, 7.117, 7.122, 7.154, 7.184, 7.195, 7.223, 7.251, 7.254, 7.268, 7.273, 7.288, 7.292, 7.295, 7.321, 28.702
Agricola, 10.10, 10.52
Ahab, King, 17.45, 17.85, 17.214, 17.323, 17.358, 17.373, 17.383
Ahaziah, King, 17.228
Aidan, Saint, 24.53, 24.68, 24.88, 24.98, 24.102, 24.280
Alcimus (priest), 23.597, 23.652, 23.723
Alexander, 23.1
Alexandria, 2.8, 2.10, 2.29, 2.34,

Alexandria *(continued)*
2.182, 2.277, 7.399, 14.13, 14.17, 14.21, 14.40, 31.3
Alfred, King, 29.2.25
Almachius, 30.197, 30.204, 30.221, 30.277, 30.287, 30.308, 30.320, 30.332, 30.345, 30.349
Amalek, 12.5, 12.8, 12.11, 12.17, 12.22, 12.29
Ambrose (bishop of Milan), 7.1, 7.5, 28.1412, 28.1428
Amiens, 28.59
Amon, King, 17.452
Anastasius (priest), 3.465
Anatolius (monk), 28.792
Andrew, Saint, 27.255
Anianus, 14.27
Anna, King, 19.5
Antichrist, 15.1.2, 20.440, 28.832, 28.844, 31.347, 31.349, 31.360
Antioch, 3.82, 3.297, 4.2, 4.105, 9.6, 9.12, 21.2, 23.596
Antiochus 23.7, 23.169, 23.224, 23.329, 23.380, 23.531, 23.555
Antonius (priest), 4.231, 4.414
Aphrodosia, 8.10, 8.14, 8.26
Apocalypse of Saint John the Apostle, 14.209
Apollo, 13.35, 13.40, 13.123
Apollonius (Egyptian abbot), 23.837
Apollonius (military commander), 23.290, 23.296, 23.758
Aquilea, 28.648
Arborius, 28.574
Arius, 15.2.171
Armenia, 10.11
Arian heresy, 28.184, 28.653
Arthemia (daughter of Gallicanus), 7.311
Asia, 14.170, 23.753, 27.100
Aspasius, 7.216, 7.243
Athanasius (sorcerer), 13.50, 13.53, 13.67
Athens, 3.11, 27.4, 27.78
Attica (daughter of Gallicanus), 7.311
Augustine of Canterbury, Saint, 18.150, 24.1
Augustine of Hippo, Saint, 16.2.21, 32.1
Avitianus, 28.1143, 28.1161, 28.1186, 28.1192
Avitus, 2.17, 2.239, 2.249, 2.317, 2.426

Baal, 17.46, 17.91, 17.93, 17.100, 17.103, 17.114, 17.122, 17.139, 17.370, 17.375, 17.378, 17.379
Babylon, 17.439, 23.536
Bacchides, 23.651, 23.721
Bamborough, 24.174
Bardan, King, 7.363
Bardney Minster, 24.178
Basilla, Saint, 2.328, 2.334, 2.340, 2.350, 2.358, 2.360, 2.366
Bede, the Venerable, 19.20, 19.24, 19.118, 24.272
Benedict, Saint, 3.147, 6.3, 6.5, 6.9, 6.13, 6.17, 6.44, 6.48, 6.51, 6.52,

6.59, 6.60, 6.70, 6.109, 6.129, 6.139, 6.182, 6.292, 6.358; monastery dedicated to (*see* Saint Benedict's monastery); Rule of, 23.852
Birinus, Saint, 24.120, 24.123, 24.135
Boniface (nobleman of Ravenna), 21.72, 21.84
Bosor, 23.414
Britons, 18.148, 24.9, 24.106

Caesarea (Cappadocia), 3.663
Caesarea (Israel), 9.114, 9.124, 32.4
Candes, 28.1309
Candidus, Saint, 26.19
Canterbury, 19.72
Cappadocia, 3.9, 3.87, 3.664, 10.16, 13.7, 13.29
Carinus (emperor), 5.325
Carthage, 2.322
Castolus, 5.383
Catania, 8.240, 8.370
Cedwalla, King, 24.9, 24.11, 24.28, 24.152
Celerinus, 31.319
Celsus, 4.188, 4.203, 4.356
Chaldeans, 15.2.36, 15.2.45, 17.438, 31.177
Chartres, 28.1103
Chosroes, King, 25.22, 25.62, 25.65, 25.74, 25.124
Chromatius, 5.32, 5.151, 5.164, 5.189, 5.218, 5.234, 5.244, 5.249, 5.256, 5.266, 5.284, 5.296, 5.309, 5.322, 5.326, 5.330, 5.332, 5.345, 5.368
Clarus, 28.795, 28.802, 28.814
Claudia, 2.15, 2.105, 2.237, 2.251, 2.265, 2.313, 2.346, 2.420
Claudius (emperor), 21.1
Claudius (soldier), 31.170, 31.188, 31.194, 31.203, 31.211, 31.214, 31.223, 31.225, 31.230
Clement (pope), 27.121, 27.125, 27.126
Cologne, 28.1385
Commodus (emperor), 2.6
Constantia, 7.264, 7.274, 7.277, 7.287, 7.299, 7.319
Constantine (emperor), 7.262, 7.287, 22.74, 28.18
Constantinople, 25.136
Cornelius (bishop), 2.337
Cornelius (centurion), 9.118, 9.125, 9.129, 9.135, 9.145
Cumbrians, 20.452
Cuthbert, Saint, 24.279, 29.2.249
Cynefrith, 19.62
Cynegils, King, 24.121, 24.129, 24.132, 24.134
Cyrion, 10.67

Danes, 29.2.14
Daniel (prophet), 15.2.43, 23.256
Dathan, 12.221
Datianus (emperor), 13.7, 13.8, 13.23, 13.33, 13.41, 13.53, 13.55, 13.59, 13.82, 13.96, 13.128, 13.151, 13.159, 13.179
Datianus (general), 33.1.22, 33.1.31, 33.1.45, 33.1.94, 33.1.113, 33.1.129,

Datianus (general) *(continued)* 33.1.147, 33.1.156, 33.1.175, 33.1.231, 33.1.250
David, King, 11.3.68, 11.3.70, 11.3.71, 12.240, 12.246, 12.252, 12.257, 12.266, 12.268, 15.2.20, 15.2.23, 16.2.180, 17.14, 17.22, 17.28, 17.30, 17.32, 17.424, 17.459, 18.197, 18.207, 18.223, 23.256, 23.372
Decius (emperor), 22.1, 22.8, 22.15, 22.20, 22.28
Defensor (bishop), 28.271, 28.283, 28.285
Demetrius, 23.595, 23.599, 23.648
Demosthenes, 21.206, 21.211, 21.220
Diana, 2.386
Diocletian (emperor), 4.89, 5.10, 5.408, 5.420, 5.446, 8.368, 18.1
Domitian (emperor), 27.96, 27.190
Dorchester, 24.136
Dunstan (archbishop), 20.459, 20.461, 29.1

Eadsige, 20.26, 20.42, 20.75, 20.83
East Angles, 19.5, 29.2.1, 29.2.24
Easter, 14.49, 24.88, 25.16, 28.1267, 28.1268
Ecgfrith, King, 19.14, 19.21
Edgar, King, 20.1, 20.135, 20.446, 20.452, 20.454
Edmund's sword-bearer, 29.1
Edwin, King, 24.7, 24.110, 24.152
Egypt, 2.10, 3.33, 4.2, 4.88, 4.105, 7.399, 10.180, 12.2, 14.2, 14.4, 23.8, 27.10, 31.61. *See also* Africa; Alexandria
Egyptian people, 2.281, 14.14, 28.1138
Eleazar (friend of Judas Maccabeus), 23.581
Eleazar (scribe), 23.33, 23.86, 23.95
Eleazar Maccabeus, 23.212
Eleutherius (archdeacon), 27.214, 27.319
Elijah (prophet), 15.2.25, 15.2.33, 17.53, 17.58, 17.75, 17.85, 17.87, 17.96, 17.97, 17.101, 17.118, 17.123, 17.138, 17.140, 17.156, 17.158, 17.160, 17.206, 17.234, 17.247, 17.252, 17.263, 17.273, 17.277, 17.283, 17.289, 28.835, 33.1.244
Elisha (prophet), 17.276, 17.280, 17.291, 17.308, 17.309, 17.315
Ely, 19.38, 29.2.250
England, 18.11, 18.17, 18.135, 20.193, 20.446, 23.566, 24.1, 29.2.248, 32.88
English: language, LatPref.1.1, OEPref.1.1, 6.367, 8.203, 8.219, 9.4, 11.1.2, 15.1.1, 15.2.233, 15.2.251, 15.2.261, 15.2.266, 15.2.272, 15.2.279, 15.2.286, 15.2.291, 15.2.304, 22.113, 24.40, 25.139, 27.23, 28.Title, 28.8, 29.1, 32.1, 33.2.14; people, OEPref.1.1, 19.2, 20.3, 24.106, 29.2.247, 29.2.252
Enoch, 15.1.2, 15.2.27

Ephrem (priest), 3.492, 3.501, 3.503, 3.510, 3.517, 3.559, 3.634, 3.636, 3.639, 3.643
Esau, 10.179
Ethiopians, 4.286. *See also* Africa
Etna, Mount, 8.218, 8.222
Eubolus, 3.12, 3.41, 3.49, 3.77, 3.85, 3.131, 3.253
Eupator, 23.549, 23.555
Euphrates, 3.269
Eusebius (bishop), 3.91
Euthicia, 8.241
Evantius, 28.941, 28.954
Exuperius, Saint, 26.18, 26.60
Ezekiel (prophet), 14.179

Fabianus, 5.367, 5.371, 5.375, 5.381, 5.403, 5.406
Felicula, Saint, 9.248, 9.263, 9.271
Flaccus, 9.251, 9.271, 9.279, 9.288
Florus, 6.126, 6.136, 6.140, 6.144, 6.161, 6.162, 6.181, 6.216, 6.229, 6.237, 6.245, 6.270, 6.297
Frankish lands, 24.240, 26.2, 27.132, 27.137, 27.144, 27.205
Franks, 6.54, 6.91, 6.124, 6.140, 27.164, 27.177
Frigg, 28.717

Gad (brother of Gundoforus), 32.109, 32.112, 32.117, 32.162
Gad (prophet), 12.242, 12.263
Gaius (pope), 5.321
Galaad, 23.403
Galilee, 23.395, 23.400
Gallinaria (island), 28.194
Gaul, 28.95
Gloucester, 24.285
Goliath, 17.19
Grantchester, 19.78
Greece, 27.113
Greek: language, 2.44, 3.513, 3.522, 14.109; people, 3.10, 3.24, 3.143, 3.145, 27.5; philosophy, 3.21
Gregory (bishop), 3.20, 3.629
Gregory (pope), 18.151, 29.2.228
Gundoforus, King, 32.6, 32.103, 32.109, 32.152, 32.167

Hampshire, 20.15
Heavenfield, 24.40
Hebrew: language, 14.109, 14.131, 14.133; people, 3.584, 3.590, 14.133. *See also* Israel; Jewish
Hedda (bishop), 24.141
Helena (mother of Constantine), 7.377, 25.6, 25.24
Helenus (bishop), 2.58
Heliodorus, 23.762, 23.770, 23.778, 23.790, 23.795, 23.801, 23.803
Hengest, 18.148
Heraclius (emperor), 25.47, 25.63, 25.67, 25.75
Hercules, 31.112
Hezekiah, King, 17.389, 17.399, 17.400, 17.411, 17.416, 17.423, 17.434
Hilaria, 31.211, 31.234
Hilarinus, 7.384
Hilary, Saint, 28.133, 28.190, 28.202

Hinguar, 29.2.18, 29.2.21, 29.2.24, 29.2.27, 29.2.35, 29.2.36, 29.2.46, 29.2.49, 29.2.72, 29.2.79, 29.2.83, 29.2.86, 29.2.89, 29.2.107
Horsa, 18.148
Hubba, 29.2.18, 29.2.22
Hur, 12.13, 12.27
Hyacinth, Saint, 2.43, 2.102, 2.244, 2.333, 2.349, 2.371

India, 32.76, 32.185, 32.244
Indians, 32.6, 32.11, 32.13, 32.18, 32.22
Ireland, 24.240, 24.242
Irish (language), 24.67
Isaac, 15.1.3, 17.128
Isaiah, 17.412, 17.421, 17.430
Isle of Wight, 20.156, 20.338, 20.396
Israel, 10.183, 12.175, 15.1.3, 17.5, 17.37, 17.62, 17.87, 17.89, 17.95, 17.236, 17.266, 17.293, 17.294, 17.314, 17.322, 17.384, 17.387, 17.475, 23.274, 23.293, 23.352, 23.370, 23.391, 23.716
Italy, 14.146, 28.12, 28.188

Jacob (patriarch), 10.177, 15.1.3, 17.128
Jacob (tribe), 23.288
Jamnes, 16.2.69
Jehoram, King, 17.268, 17.329, 17.334, 17.359
Jehu, King, 17.317, 17.326, 17.331, 17.335, 17.339, 17.343, 17.344, 17.348, 17.359, 17.363, 17.365, 17.377
Jerome, Saint, 11.2.12, 14.106
Jerusalem, 1.13.2, 3.55, 3.59, 9.172, 17.470, 23.9, 23.18, 23.213, 23.471, 23.589, 23.602, 23.748, 25.19, 25.24, 25.83
Jesse, 15.2.23
Jewish: cities, 15.2.99, 23.18; kings, 17.474; land, 23.735; people, 1.2, 3.152, 3.158, 3.566, 3.601, 3.604, 9.130, 9.162, 9.173, 9.175, 9.178, 9.183, 9.191, 10.317, 20.373, 20.438, 21.5, 21.6, 22.89, 22.99, 23.69, 23.223, 23.335, 23.365, 23.387, 23.485, 23.507, 23.515, 23.519, 23.551, 23.600, 23.650, 23.653, 25.4, 25.165, 25.176, 29.2.93, 29.2.257, 33.2.27
Jezebel, 17.50, 17.83, 17.93, 17.156, 17.180, 17.184, 17.187, 17.199, 17.200, 17.213, 17.270, 17.324, 17.340
Job, 1.23.2, 15.2.1, 15.2.12
John (baptist), 5.99, 15.2.59, 15.2.64, 28.841
John (evangelist), 9.24, 14.159, 14.197, 14.200, 14.210, 27.90, 27.93, 27.99
John (of John and Paul), 7.314, 7.352, 7.406
John (son of Simon Maccabeus), 23.742
John Maccabeus, 23.211
Jonah, 12.277

Jonathan Maccabeus, 23.213, 23.402, 23.408, 23.717, 23.729, 23.735
Joppa, 9.53, 9.78
Jordan, 3.65, 23.412
Joseph (Jewish doctor), 3.566, 3.614
Joseph (Old Testament son of Jacob), 10.180, 23.255, 31.61
Joshua, 12.6, 12.11, 12.15, 12.20, 12.28, 23.255
Josiah, 17.458, 17.468
Jove, 5.171, 5.174, 5.375, 8.66, 28.714, 31.107
Judas (disciple), 10.287, 18.225, 25.158, 25.163
Judas Maccabeus, 23.212, 23.267, 23.275, 23.280, 23.287, 23.293, 23.294, 23.296, 23.301, 23.305, 23.308, 23.319, 23.323, 23.327, 23.330, 23.336, 23.241, 23.353, 23.357, 23.359, 23.366, 23.369, 23.379, 23.386, 23.388, 23.390, 23.398, 23.408, 23.412, 23.421, 23.422, 23.425, 23.427, 23.430, 23.434, 23.438, 23.23.448, 23.457, 23.469, 23.483, 23.487, 23.495, 23.501, 23.537, 23.579, 23.603, 23.605, 23.606, 23.607, 23.610, 23.612, 23.616, 23.623, 23.635, 23.644, 23.654, 23.660, 23.667, 23.673, 23.678
Judas Thaddeus. *See* Thaddeus
Judea, 14.134, 17.338, 17.388, 17.393, 23.304, 23.326, 23.332, 23.748
Judoc, Saint, 20.116
Julian (emperor), 3.16, 3.205, 3.245, 3.266, 3.269, 3.274, 3.288, 7.394, 7.404, 7.412, 7.420, 28.19, 28.95
Julius (martyr), 18.134

Kings, book of, 33.1.247

Lammas Day, 23.201
Lantfred, 20.403
Latin, language, LatPref.1.1, LatPref.2, LatPref.3, OEPref.2.2, OEPref.2.6, 2.21, 2.44, 6.367, 14.110, 20.403, 33.1.9
Lawrence, Saint, 27.243, 29.2.229
Lent, 11.1.2, 11.1.10, 11.1.11, 11.1.30, 11.2.1, 11.2.3
Leofstan, 29.2.219
Levroux, 28.439
Licinius (emperor), 10.4
Licontius, 28.1277, 28.1286
Lindisfarne, 24.168
Lindsey, 24.177
Lisias, 23.332, 23.363, 23.378
Lives of the Fathers, LatPref.1.2
Loire, 6.159, 28.317, 28.1479
Longinus (centurion), 25.186, 25.216
Lot, 12.209, 12.215
Lucina, 5.461, 5.467
Luke (evangelist), 14.111, 14.150, 14.192
Lupicinus, 28.240
Lydda, 9.39, 9.53, 9.60

Macarius, 20.475, 20.482, 20.489, 20.495
Maccabees, book of, 23.482
Mambres, 16.2.69
Manasseh, King, 17.434, 17.441
Marcellianus, Saint, 5.26, 5.134, 5.340, 5.386
Marcellus, 9.194, 9.197, 9.199, 9.233
Marcellus (priest), 28.1233
March, 9.2
Marcus, Saint, 5.26, 5.134, 5.340, 5.386
Mark (evangelist), 14.1, 14.45, 14.56, 14.76, 14.77, 14.78, 14.84, 14.105, 14.141, 14.188
Martia, 5.35, 5.130
Martianus, 4.104, 4.119, 4.127, 4.141, 4.147, 4.162, 4.168, 4.176, 4.179, 4.185, 4.196, 4.198, 4.211, 4.241, 4.264, 4.284, 4.300, 4.306, 4.309, 4.361, 4.390, 4.409, 4.413, 4.429
Martigny, 26.36
Martin, Saint, 6.74, 6.166, 6.299, 6.320, 6.354, 28 *passim*
Mary, Saint, 1.1, 3.236, 3.241, 4.55, 4.59, 4.72, 6.73, 7.421, 23.520, 27.38, 28.701, 28.1439
Maserfield, 24.155
Mathathias, 23.209, 23.220, 23.225, 23.238, 23.241, 23.244, 23.675
Matthew (evangelist), 14.128, 14.185
Matthias (apostle), 10.289
Maurus, 31.212
Maximian (emperor), 8.369, 26.1, 26.23, 26.54, 26.56
Maximinus (bishop), 3.62
Maximus (emperor), 28.610, 28.616, 28.647
Maximus (executioner), 30.225, 30.226, 30.235, 30.243, 30.267, 30.274, 30.276
Melantia, 2.134, 2.179, 2.203, 2.207, 2.215, 2.259, 2.263
Mercia, 24.151, 24.154, 24.176, 24.284
Mercurius, Saint, 3.244, 3.249, 3.255
Mercury, 28.715
Michael, Saint, 6.73, 28.1438
Migdeus, King, 32.263, 32.288, 32.361, 32.385
Migdonia, 32.253, 32.255, 32.259, 32.262, 32.265, 32.277, 32.296, 32.300, 32.353
Milan, 5.2, 7.1, 28.170, 28.189, 28.1413, 28.1467
Misach, 15.2.37
Modin, 23.675
Monte Cassino, 6.365
Moses, 9.177, 9.217, 10.182, 12.1, 12.6, 12.12, 12.14, 12.16, 12.19, 12.23, 12.25, 12.38, 12.44, 12.156, 12.222, 15.2.67, 16.2.69, 17.471, 23.35, 23.40, 23.72, 23.89, 23.115, 23.124, 23.187, 23.203, 23.384

Naaman, 17.310
Naboth, 17.171, 17.176, 17.183, 17.188, 17.189, 17.192, 17.196, 17.199, 17.202, 17.205, 17.209
Nason, 31.212

Nero (emperor), 9.15, 27.108, 27.117, 27.119, 27.191
New Minster, Winchester, 20.115
Nicanor, 23.601, 23.602, 23.609, 23.613, 23.621, 23.633, 23.640, 23.649
Nicea, 3.324
Nicomedes, 9.264, 9.286
Nicostratus, 5.33, 5.111, 5.126, 5.341, 5.365
Ninevites, 12.275
Noah, 12.185, 12.188, 15.1.2
Northmen, 27.177
Northumbria, 24.3, 24.8, 24.12, 24.71, 24.132, 24.165, 29.2.19, 29.2.22
Northumbrian (language), 24.69
Numerian (emperor), 31.1, 31.222, 31.322

Obadiah, 17.76
Octavius (judge), 25.209
Odin, 28.715
Old Minster, Winchester, 20.27, 20.118, 20.239, 24.143
Onias (priest), 23.750, 23.755, 23.765, 23.784, 23.787, 23.791, 23.797
Oswig, King, 24.164
Oswyn, 29.2.177

Palestine, 23.322
Pannonia, 28.11
Paris, 27.146, 28.563
Pascasius, 8.294, 8.304, 8.312, 8.339, 8.375
Patmos (island), 27.95
Paul (apostle), 1.19.2, 2.25, 5.465, 10.308, 12.290, 14.151, 16.1.1, 16.1.3, 16.2.170, 20.375, 23.76, 27.1, 27.8, 27.18, 27.20, 27.24, 27.30, 27.32, 27.36, 27.46, 27.49, 27.51, 27.53, 27.58, 27.70, 27.72, 27.74, 27.90, 27.107, 27.140, 28.688, 28.898, 33.2.48
Paul (of John and Paul), 7.314, 7.352, 7.406
Paulinus, 28.585
Pavia, 28.11
Penda, King, 24.150, 24.153
Persians, 3.227, 23.532
Peter (apostle), 2.394, 5.465, 7.338, 9 *passim,* 14.141, 14.143, 14.144, 14.148, 14.149, 16.2.73, 20.141, 21.2, 21.8, 21.13, 21.15, 21.25, 21.112, 21.208, 23.849, 23.851, 26.65, 27.107, 27.121, 27.136, 27.140, 28.688, 29.2.92; minster dedicated to (*see* Saint Peter's Minster, Bamborough)
Petronilla, 9.200, 9.231, 9.250, 9.252, 9.261, 9.266
Pharaoh, 16.2.70, 23.348
Philip (father of Eugenia), 2.2, 2.5, 2.12, 2.19, 2.33, 2.104, 2.183, 2.191, 2.200, 2.208, 2.210, 2.235, 2.248, 2.265, 2.271, 2.283, 2.286, 2.290, 2.292, 2.299, 2.314, 2.319
Picts (people), 24.106
Poitiers, 28.134, 28.206, 28.1443, 28.1445, 28.1470, 28.1473
Polemius, 31.4, 31.84
Polycarp (bishop), 27.92

Polycarp (priest), 5.124, 5.198, 5.205, 5.255, 5.270, 5.328
Pompeius (suitor of Basilissa), 2.351
Protus, 2.43, 2.102, 2.244, 2.333, 2.349, 2.371

Quintianus, 8.3, 8.28, 8.39, 8.47, 8.53, 8.61, 8.68, 8.71, 8.81, 8.127, 8.163, 8.179, 8.207
Quirinus (deacon), 22.69

Ravenna, 21.19, 21.36, 21.62, 21.155, 21.189
Red Sea, 10.184, 12.3, 23.349
Rhone, 26.33
Roman: empire, 30.3; law, 2.11; people, 2.273, 5.444, 7.177, 7.293, 8.378, 9.11, 21.5, 21.6, 24.41, 31.291; senate, 2.318, 2.320, 23.646, 30.356, 31.7; style of building, 32.27, 32.79
Rome, 1.13.2, 2.7, 2.297, 2.316, 2.322, 2.327, 5.152, 5.320, 5.329, 5.343, 7.3, 7.8, 7.338, 8.379, 9.9, 9.14, 20.194, 20.196, 21.3, 23.644, 24.120, 24.123, 24.124, 27.108, 27.113, 27.118, 27.124, 27.198, 28.1136, 29.2.229, 30.196, 31.3, 31.135
Rufus, 21.98, 21.104, 21.107, 21.123
Rusticus (priest), 27.213, 27.319

Sabaria, 28.11
Saint Benedict's monastery (Fleury Abbey), 29.1
Saint Peter's Minster, Bamborough, 24.173
Samaria, 17.357, 17.368, 23.291
Saturn, 5.169, 31.104
Saul, 11.3.69, 11.3.72, 17.1, 17.6, 17.12
Scotland, 24.5, 24.48
Scots (people of modern Scotland), 20.452, 24.106
Scythians, 7.300, 7.309, 7.345
Seaxburg, Saint, 19.70, 19.73, 19.86, 19.96
Sebastea, 10.11
Sebastian, 5.1, 5.21, 5.50, 5.93, 5.94, 5.104, 5.105, 5.113, 5.120, 5.132, 5.206, 5.210, 5.223, 5.236, 5.255, 5.264, 5.272, 5.303, 5.338, 5.348, 5.407, 5.414, 5.436, 5.448, 5.450, 5.460, 29.2.106
Seleucus, King, 23.751
Sennacherib, 17.396, 17.405
Senones, 28.1215
Sergius, 2.17, 2.239, 2.249, 2.317, 2.426
Seron, 23.299, 23.319
Severinus (bishop), 28.1385, 28.1399
Severus (emperor), 2.271
Sharon, 9.52
Sicily, 8.2, 8.217
Sidon, 17.61
Sidrach, 15.2.37
Simon (sorcerer), 9.195, 16.2.72
Simon Maccabeus, 23.211, 23.265, 23.399, 23.407, 23.409, 23.734, 23.736, 23.742
Simon Peter, 9.140. *See* Peter
Simon the Tanner, 9.79

Sisinnius (prefect), 27.204, 27.208, 27.217, 27.226, 27.237, 27.276, 27.313
Sodom, 12.192
Solomon, 23.613
Spain, 27.162, 28.833, 33.1.1, 33.1.8
Spanish people, 33.1.1
Stephen, Saint, 6.74
Sulpicius (writer), 28.1, 28.689, 28.691, 28.696, 28.774. 28.1301
Sunday observance, 11.1.3–10
Symaethus, 8.208
Symphronius, 7.15, 7.81, 7.88, 7.116
Syntyche, 32.251
Syracuse, 8.238, 8.267, 8.373
Syria, 15.2.102, 17.311, 22.83, 23.300, 23.621, 32.7, 32.410
Syrian: army, 17.402; king, 17.215, 17.217, 17.395, 23.626

Tabitha, 9.55, 9.67, 9.71
Taurus, 21.166, 21.167, 21.173, 21.186
Terentianus, 7.410, 7.418, 7.425
Tetradius, 28.506, 28.513, 28.522
Thaddeus (disciple), 22.128, 22.133, 22.134, 22.138, 22.141, 22.150, 22.154, 22.162, 22.169, 22.175
Thecla, Saint, 28.702
Theodred (bishop), 29.2.184, 29.2.213
Thor, 28.714
Tiburtius, 5.287, 5.316, 5.334, 5.339, 5.356, 5.374, 5.378, 5.382
Tiburtius, Saint, 30.91, 30.95, 30.117, 30.128, 30.130, 30.140, 30.154, 30.161, 30.171, 30.183, 30.210
Timothy (bishop), 27.91
Timothy (commander), 23.432, 23.483, 23.499, 23.503
Titus, 9.235
Titus (bishop), 27.91
Tours, 28.254, 28.263, 28.1145, 28.1181, 28.1199, 28.1408, 28.1443, 28.1453, 28.1475, 28.1480
Tranquillinus, Saint, 5.34, 5.130, 5.153, 5.161, 5.164, 5.181, 5.186, 5.191, 5.204, 5.262, 5.340, 5.346, 5.364, 5.385
Trier, 28.487
Trinity, 1.3.1, 1.4, 1.5, 1.10.1, 1.12, 5.140, 6.38, 7.416, 9.107, 11.2.8, 11.3.43, 14.216, 15.2.214
Triptia, 32.311
Tyrrhenian sea, 28.1135

Urban (pope), 30.52, 30.129, 30.187, 30.362

Valens (emperor), 3.293, 3.317
Valentinian (emperor), 28.641, 28.646, 28.650
Valerian (prefect), 22.31, 22.32, 22.40, 22.58
Valerian, Saint, 30.12, 30.46, 30.58, 30.66, 30.85, 30.123, 30.200
Valerius (bishop), 33.7, 33.66
Venus, 8.65, 28.716
Vesta, 7.101, 7.118
Victor, 26.91, 26.99, 26.114
Victorinus, 5.342
Vienne, 28.1478
Vitalius, Saint, 26.19

West Saxons, 24.121, 24.122, 24.128, 29.2.26
Wight. *See* Isle of Wight
Wilfrid (bishop), 19.19, 19.35
Wiltshire, 11.2.2
Winchester, 20.14, 20.101, 20.180, 20.224, 20.385, 20.415, 24.142
Winchcombe, 20.33

York, 24.109

Zachariah, 5.98, 14.194
Zoe, 5.100, 5.105, 5.127, 5.341, 5.361